DEUS(ES) NA LITERATURA

DEUS(ES) NA LITERATURA

ORGANIZAÇÃO
Heloísa Maria Moraes Moreira Penna
Júlia Batista Castilho de Avellar
Rodrigo Ladeira Carvalho

Relicário

DADOS INTERNACIONAIS DE CATALOGAÇÃO NA PUBLICAÇÃO (CIP) DE ACORDO COM ISBD

P412d Penna, Heloísa Maria Moraes Moreira
Deus(es) na literatura / Heloísa Maria Moraes Moreira Penna, Júlia Batista Castilho de Avellar, Rodrigo Ladeira Carvalho. - Belo Horizonte, MG : Relicário, 2018.
264 p. ; 15,5cm x 22,5cm. – (v.1)

Inclui bibliografia e índice.
ISBN: 978-85-66786-80-4

1. Literatura. 2. Teologia. 3. Deuses na literatura. 4. Religião. I. Avellar, Júlia Batista Castilho de. II. Carvalho, Rodrigo Ladeira. III. Título.
CDD 200
2018-1313 CDU 2

ELABORADO POR VAGNER RODOLFO DA SILVA - CRB-8/9410

COORDENAÇÃO EDITORIAL Maíra Nassif Passos
DIAGRAMAÇÃO & CAPA Caroline Gischewski
REVISÃO Lucas Morais e Pedro Furtado

RELICÁRIO EDIÇÕES
www.relicarioedicoes.com
contato@relicarioedicoes.com

PREFÁCIO

Graciela Ravetti
Diretora da Faculdade de Letras da UFMG
CNPq/Fapemig/UFMG

Este livro é resultado de um Colóquio realizado na Faculdade de Letras da UFMG (FALE) com o tema título: *Deus(es) na Literatura*. Em decorrência dos debates suscitados nesse encontro científico, as apresentações orais foram transformadas nos interessantes textos que nos são oferecidos nesta publicação. O volume foi dividido em seis partes que organizam os conteúdos e o teor dos trabalhos em uma gradação que vai da primeira seção, de título "Teorias teológicas", passando por "Deus(es) na Antiguidade Clássica", "Deus(es) nas literaturas de língua portuguesa", "Deus(es) nas literaturas de língua estrangeira" e "Deus(es) na música" para finalizar com a VI parte, "Sarau", que recolhe um conjunto de poemas de André Araújo, *A vila do sino*, e a narração de uma apresentação de cantos latinos que vincularam o canto à poesia e à experiência do divino por meio da música.

A reflexão sobre a imagem de Deus na cultura contemporânea sob o signo do simulacro que empreende André Araújo abre um cenário de ponderação teórica e histórica que, de alguma forma, é intensificada pelo ensaio de Claude Tuduri sobre poesia contemporânea e espiritualidade.

Nos textos que compõem a segunda parte do livro, comparecem Tito Lucrécio e sua *De Rerum natura*, no estudo de Matheus Trevizam, que se refere à provável recuperação de conteúdos existentes de autoria de Epicuro de Samos, o que complica a cena teórica do materialismo que pressupõe um mundo sem deuses, ainda que, para Lucrécio, os deuses não só existam e sejam contempláveis como que constituem modelos passíveis de serem imitados. No ensaio de Júlia de Avellar, são os deuses greco-romanos que comparecem, para desempenhar um papel literário no hino a Baco da elegia 5.3 dos *Tristia* de Ovídio. A seção conclui com o trabalho de Heloísa Penna sobre *De Raptu Proserpinae*, de Cláudio Claudiano, no qual, sendo todos os personagens deuses, é favorecida a leitura alegórica para a representação da harmonia universal, como bem explicita o título do ensaio.

Na terceira seção, há um estudo de Anna Palma sobre o conto "O anjo Rafael", de Machado de Assis, no qual se conclui que nesse texto tanto o diabo quanto o anjo são representados como entidades que convivem no interior de um ser duplo. No texto de Jonas Samudio, a prosa de Maria Gabriela Llansol é considerada como uma textualidade na qual se entrelaçam a mística e a escrita, um texto ardente no qual o apaziguamento só chega pelo amor. Já no capítulo de Sérgio Lima sobre um texto de José Miguel Silva, considera-se que o poeta cria uma ideia de deus que não evoca qualquer concepção mística ou transcendental até o ponto de tentar rescrever o mito da morte de Deus para mostrar que a força viva é, ela própria, a possibilidade da existência de deuses.

O último ensaio da seção, de Tereza Virgínia Ribeiro Barbosa, indaga, com relação ao *Grande Sertão: Veredas*, de Guimarães Rosa, a respeito da incidência da palavra "chagas" ao longo do texto e, por meio da elaboração linguística e literária do tema, discute aspectos fundamentais do romance, como a elaboração do personagem de Diadorim como representação do divino e a evidência de que há na narrativa um tratamento bíblico do tema da doença como pecado, ainda que destacando que o ato de Cristo Jesus assumindo os pecados dos seres humanos tenha tornado os homens livres e curados.

Na parte relativa às literaturas estrangeiras, temos o texto de Marcel de Lima Santos, que reflete sobre o xamanismo em certas culturas — americanas, da Oceania e africanas. No ensaio, afirma-se que a literatura que acolhe o tema exprime tanto o reconhecimento como a rejeição próprios ao xamanismo, o qual, neste estudo, é considerado uma espécie de epítome do poeta possuído por um incontrolável desejo de expressar o desconhecido e o inalcançável. No artigo de Eduardo Cursino, estuda-se o paradigma da intraduzibilidade das religiões, resistentes às traduções e influências, e cuja única abordagem possível parece ser por meio da própria conversão, e exemplifica com o caso do cristianismo no Japão. No ensaio de Miriam Mansur, apresenta-se o caso do tratamento que Milton faz de Deus e revela-se que, na complexidade do tratamento literário, o autor chega a se referir à necessidade de justificar Deus, que se humaniza para dar lugar ao exemplo maior de redenção humana e divina, o Cristo. Outros clássicos de literatura estrangeira que comparecem nesta seção é o *Fausto* de Goethe, no ensaio de Luciene Antunes Alves, e a saga de George R. R. Martin, no texto de Tiago Theisen.

Na seção de abordagens "Deus(es) na música", há dois artigos. O de Flávio Lages Rodrigues, que propõe uma reflexão sobre tribos urbanas relacionadas com a evangelização feita por pastores em Belo Horizonte na década de 1990; e o de Paola Arcipreti dos Santos e Luiz Paixão Lima Borges, que partem de uma perspectiva muito diferente da dos outros ensaios, já que estudam certas músicas de Chico Buarque nas quais há referências a Deus e à religião com uma abordagem marxista, a partir da qual, de acordo com os autores, o uso de linguagem sobre o divino é só um elemento compositivo.

O livro propõe respostas, aponta caminhos de pesquisa e convoca novas inquietações sobre um tema complexo e sensível. Essa é a principal riqueza da leitura deste belo e instigante trabalho, fruto de um novo e promissor grupo de pesquisa.

Ilustração de Bernard Foucher, Éditions Tituli.
In: TUDURI, C. *L'arbre au fond de la jetée.* Paris: Éditions Tituli, 2016.

I. TEORIAS TEOLÓGICAS

Limaille de paix et de treilles, rayures d'azur
[et d'abeilles,
chant taillé comme un crayon de soleil
la nuit dans les rues de Taipei.
(Claude Tuduri)

Limalha de paz e de treliças, listras de azul
[e de abelhas,
canto talhado como um lápis de sol,
a noite nas ruas de Taipé.
(Claude Tuduri. Trad. André Araújo)

Littérature, sociologie et théologie spirituelle: *Un Coeur simple* de Gustave Flaubert (1877)

Claude Tuduri

Les *Trois contes* de Gustave Flaubert ont été comme la parenthèse d'un écrivain qui n'arrive plus à poursuivre le roman de l'ironie intitulé *Bouvard et Pécuchet.* L'ermite de Croisset, comme le veut la périphrase devenue lieu commun pour désigner Flaubert, l'ermite de Croisset va se plonger dans l'hagiographie dorée du Moyen-Age pour *La légende de saint-Julien L'hospitalier*, dans la Normandie de son époque pour *Un cœur simple* et enfin dans la Bible pour *Hérodiade.* Chacun des 3 contes lui demandera 5 mois de travail mais on peut tout de suite s'étonner de voir qu'entre le merveilleux chrétien, l'histoire néotestamentaire de la décapitation de saint-Jean le Baptiste et Félicité, le lien est bien la question de Dieu et de la foi mais abordée sous un angle extrêmement différent. On peut rêver et broder sur saint Julien et saint Jean le Baptiste ; ils sont lointains et recouverts par le mythe de la fable pour l'un ou l'autorité des Ecritures et du martyr pour l'autre, mais comment et pourquoi raconter « l'existence ingrate » d'une bonne qui finit par mourir seule le jour de la Fête-Dieu en vénérant un perroquet empaillé qu'elle prend pour l'Esprit-Saint ?

Flaubert s'implique énormément dans cette histoire : il va retourner à Honfleur, à Pont-L'Evêque, visiter les lieux de son enfance mais de tels repérages documentaires sont des « *bains de souvenirs* » qui accentuent une conscience amère de sa propre vieillesse. Les dernières années de son existence l'ont éprouvé ; il a perdu des amis très chers, en particulier Louise Colet et Georges Sand, s'est quasiment ruiné pour venir au secours de sa nièce Caroline Commanville et de son mari malheureux en affaires et la critique, pas moins que le public, ont été féroces pour ses pièces de théâtre qui ne tiennent guère la rampe. En évoquant les lieux qui lui sont le plus familiers, l'écrivain n'entreprend-il pas un voyage à la source de sa propre vocation littéraire ? Si l'on en croit la belle et minutieuse biographie de Michel Winock, la première personne à l'avoir initié au merveilleux des contes n'est-elle pas justement Julie, la bonne de son enfance ? Une longue maladie l'avait incitée à lire toutes sortes de récits et elle en avait aussi rempli l'esprit curieux du jeune Gustave « *qu'elle adorait* » (Winock, 2016, p. 16).

Le personnage de la servante, déjà présent dans *Madame Bovary* sous le nom de Catherine Leroux, va acquérir ici une tout autre importance : évoquer sa simplicité, son dévouement, sa vie par procuration en quelque sorte, ce sera aussi pour Flaubert raconter la naissance de sa vocation à l'écriture comme à partir de « rien », comme à partir d'une inexplicable béance qui creuse une place extraordinaire à l'éclosion du sens. Or, ce renversement prodigieux du négatif, de l'anodin et du méprisable en un surcroît de signification et de plénitude *in absentia*, ne participe-t-il pas d'une étrange mystique de l'écriture chez Flaubert, mystique d'autant plus déterminante qu'elle est, par défaut, obligée de se cacher pour exister ? Un principe d'éviction de tout point de vue déclaré, un principe d'impersonnalité d'une grande pureté d'intention ne peut-il pas porter à une réelle incandescence spirituelle les formes les moins identitaires et idéologiques du langage ?

1. La question du réalisme dans *Un cœur simple*

a) La position de Flaubert d'après sa correspondance

Si Flaubert sait être un entomologiste de la vie sociale, il peut aussi, par son style, en transcender la neutralité : le goût d'une indifférence obstinée n'est pas le dernier mot de son tempérament généreux et entier et il est loin d'être insensible aux malheurs des classes pauvres. Si l'auteur du *Dictionnaire des idées reçues* sait vitupérer avec une incroyable acuité les tics et les petitesses du bourgeois, son attitude à l'égard de Félicité et des simples ne peut se complaire dans l'ironie. Il s'en défend clairement dans une lettre à madame Roger des Genettes datée du 19 juin 1876 :

> L'Histoire d'un Cœur simple est tout bonnement le récit d'une vie obscure, celle d'une pauvre fille de campagne, dévote mais mystique, dévouée sans exaltation et tendre comme du pain frais. Elle aime successivement un homme, les enfants de sa maîtresse, un neveu, un vieillard qu'elle soigne, puis son perroquet ; quand le perroquet est mort, elle le fait empailler et, en mourant à son tour, elle confond le perroquet avec le Saint-Esprit. Cela n'est nullement ironique comme vous le supposez, mais au contraire très sérieux et très triste. Je veux apitoyer, faire pleurer les âmes sensibles, en étant une moi-même. (Flaubert, 2007, p. 56)

A l'évidence, Flaubert, dans les *Trois contes,* se débarrasse de son encombrante panoplie d'auteur réaliste. Quelques mois plus tôt, le 6 février, s'adressant cette fois à Georges Sand, il lui disait son mépris de ce mot et du courant qu'il représente : « *Et notez que j'exècre ce qu'on est convenu d'appeler* le réalisme, *bien qu'on m'en fasse un des pontifes.* » (Flaubert, 1876, t. XV, p. 435). Oeuvre ramassée et à part dans la bibliographie de Flaubert, les *Trois contes* bouleversent les images et les interprétations que l'on pouvait se faire de l'ensemble de sa création romanesque. Elle demeure le dernier ouvrage de son auteur qui meurt avant d'avoir pu achever *Bouvard et Pécuchet.*

Et pourtant, Flaubert (1876, t. XV, p. 435) demeure fidèle à son fameux principe d'impersonnalité, refusant jusqu'à la fin d'asséner une leçon de morale au lecteur : à lui « *de trouver* » dans le récit « *la moralité qui doit s'y trouver* ». Le romancier, comme le conteur, ne peut se substituer à lui et l'exempter de la liberté d'interprétation qui l'engage en son seul nom propre. Selon Flaubert, « *l'art fonde sa propre moralité* » (Tondeur, 1984, p. 23). C'est pourquoi Félicité demeure un récit en perpétuelle métamorphose, tenant toujours en réserve l'interprétation croyante que l'on peut en élaborer *sans devoir ni pouvoir la vérifier* comme pour mieux défendre son statut d'une mystique de l'écriture retorse à toute idéologie, y compris l'idéologie religieuse. Au sujet d'un livre de Georges Sand, Flaubert (1998, t. III, p. 352) écrit à madame Leroyer de Chantepie : « *L'Art ne doit servir de chaire à aucune doctrine sous peine de déchoir ! On fausse toujours la réalité quand on veut l'amener à une conclusion qui n'appartient qu'à Dieu seul...* ».[1]

En bref, il y a chez Flaubert à la fois une mysticité et une politicité de la forme : c'est dans les plis du langage que s'inscrivent en creux mais en profondeur une morale et une spiritualité du récit propre à la conscience la plus intime de l'auteur. Moins l'auteur rapporte son récit à son propre point de vue, plus il le balaye de son propre intéressement, et plus il rend présent le mystère de Dieu à l'oeuvre dans l'écriture de l'histoire.

Face à cette mystique de l'écriture, tantôt furieusement autonome, tantôt compatible avec une spiritualité catholique de l'Incarnation (la particularité de la forme et le jeu irréductible du signifiant à un signifié en portent trace), le déterminisme grégaire des comportements, des mentalités et des idéologies représente l'ennemi. Or, cet ennemi, Flaubert ne renonce jamais à le défier : il y a dans *Un cœur simple* un travail de déconstruction de la sociologie au profit du Nom propre. Flaubert défend son personnage non

1. Lettre du 23 octobre 1863.

par de grands discours attendris mais par une façon très particulière de régler le tempo et le tissage du récit sur la figure rhétorique de la métonymie. Préférer la partie au tout, l'infime à la totalité, c'est mettre l'ensemble de la nouvelle sous le régime d'un renversement continuel du néant à l'existence.

Ce principe stylistique permet au narrateur d'épouser de l'intérieur même de sa façon d'écrire le mouvement profond de son personnage. La lecture d'*Un cœur simple* laisse place à une déconstruction de la sociologie comme règle d'interprétation au profit de l'assomption d'un nom souverain, celui de Félicité. La félicité d'écrire est le triomphe de la littérature et du monde symbolique et spirituel sur le monde social et violent de l'histoire mais cette félicité est fragile. On ne peut pas la démontrer mais on ne peut qu'y croire ou non au détour d'une image, d'une métonymie, d'un silence qui perdure entre les mailles extrêmement serrées du récit flaubertien.

b) La condition ancillaire au 19ème siècle selon les historiens

Pour mieux préciser le rapport complexe et mouvant d'un *Coeur simple* au récit réaliste, il peut être utile de reprendre du recul et de se demander s'il n'y a pas dans la littérature du 19ème siècle d'autres romans traitant du même type de personnage que Félicité. Avant de se lancer dans cette recherche, on peut d'abord établir l'état des lieux en matière d'archives et d'histoire des servantes en France au 19ème siècle. Des historiens comme Pierre Guiraud et Guy Thuillier (1978, p. 16) font remarquer l'absence de sources et d'archives au sujet des domestiques. « *Peu d'études sociales ou psychologiques jusqu'en 1880-1890 : la domesticité appartient à ce qui va de soi, à ce qui est de toute éternité, à ce qui ne se dit pas, à l'invisible quotidien ; la subordination totale de la servante est en quelque sorte occultée, oubliée (aussi bien les théories socialistes des années 1860-1900 ne s'intéressent-elles pratiquement pas à la domesticité, alors qu'elles n'ignorent pas l'ouvrière).* » (Guiraud; Thuillier, 1978, p. 16). Pourtant, à l'époque de Flaubert, le nombre de domestiques est important en France, sans doute autour d'un million de « bonnes à tout faire » sont logées chez l'employeur, même si on peut constater sur ce point une forte disparité entre les professions et les régions. Les taux les plus élevés de domestiques se trouvent dans la Seine et les Alpes maritimes. Les magistrats forment la corporation qui les emploie le plus,[2] les enseignants le groupe qui les embauche le moins.

2. A la fin du 19ème siècle, 94 % de magistrats emploient une domestique contre seulement 12 % des enseignants.

Comme dans toute profession, il existe une hiérarchie à l'intérieur de la domesticité et tout en bas de l'échelle, on constate que les domestiques ruraux sont les plus exploités. C'est le cas du personnage de Flaubert ; Félicité, encore toute petite, est employée « *à garder les vaches dans la campagne.* » puis ensuite devient « *fille de basse-cour* » (Flaubert, 2009, p. 45) avant de quitter la ferme pour aller s'employer à Pont-l'Evêque, à la suite d'une vive déception amoureuse, son fiancé Théodore lui ayant préféré pour « *se garantir de la conscription.* » (Flaubert, 2009, p. 47) un riche mariage de circonstance.

Là encore, la situation sociale de Félicité rejoint le tableau que les historiens dressent des domestiques de cette époque : « *Beaucoup de petites bonnes à tout faire ont d'abord été placées toutes jeunes dans les fermes comme vachères ou servantes.* » (Guiraud; Thuillier, 1978, p. 12). En outre, le statut de ces servantes est « *très différent selon les maisons.* » Il est clair que l'aristocratie et les grandes maisons peuvent leur réserver une place stable et reconnue, « *des privilèges, une indépendance relative, presque une autorité qui n'existe pas ailleurs.* » (Guiraud; Thuillier, 1978, p. 13). Le contexte socioculturel des employeurs de Félicité est fort différent de cette situation-là. Dans la nouvelle de Flaubert (2009, p. 47), madame Aubain, déjà veuve, quand elle embauche Félicité pour sa « *bonne volonté* » avec « *si peu d'exigences* » ne montre aucune magnanimité envers son employée sauf en de très rares circonstances mais elle entretient, au contraire, et comme jalousement, les marques d'une forte supériorité sociale sur son employée ; néanmoins, peu d'indices permettent de préciser le milieu socioprofessionnel de madame Aubain ; on sait seulement qu'elle fait gérer ses propriétés par un dénommé monsieur Bourais, « *ancien avoué* » (Flaubert, 2009, p. 48). Ce dernier passe de nombreuses heures à discuter affaires avec madame Aubain et le narrateur fait curieusement observer quand rien ne paraît nécessiter cette remarque qu'il « *respectait infiniment la magistrature.* » (Flaubert, 2009, p. 48). Le milieu social de madame Aubain n'est pas non plus celui des grands médecins cultivés, d'esprit plutôt voltairien mais moralement humanistes, caractéristiques de la famille de Flaubert.[3] *Un cœur simple* n'a rien donc d'un règlement de compte familial, même si certains noms de lieux — les fermes de Geffosses et de Toucques que madame Aubain fait exploiter par des métayers — reprennent le nom de deux propriétés réelles ayant appartenu à la famille de Flaubert.

3. A noter que Gustave est présenté sur les fonds baptismaux le 13 janvier 1822, bien que sa famille ne soit guère « engagée » dans une adhésion approfondie à la foi catholique.

2. Le personnage de la servante dans la littérature romanesque du 19ème siècle

Quant à l'intertexte de *Félicité*, s'il y a beaucoup de personnages populaires, paysans ou ouvriers chez Zola, Sand et d'autres écrivains plus ou moins « naturalistes » de l'époque, les portraits de « *servante au grand cœur* » demeurent relativement rares dans la littérature du 19ème siècle. Le commencement de la nouvelle indique cependant une analogie littérale avec la Grande Nanon, la servante d'Eugénie Grandet, le célèbre roman de Balzac. Né en 1868, elle a été elle aussi vachère avant de devenir la domestique du père Grandet et de sa fille Eugénie à l'âge de 22 ans. « *La Grande Nanon était peut-être la seule créature humaine capable d'accepter le despotisme de son maître. Toute la ville l'enviait à monsieur et à madame Grandet. La Grande Nanon, ainsi nommée à cause de sa taille haute de cinq pieds huit pouces, appartenait à Grandet depuis trente-cinq ans* » (Sand, 1845, v. 5, p. 219). Dans l'incipit de sa nouvelle, Flaubert reprend le verbe « envier » mais au passé simple « *Pendant un demi-siècle, les bourgeoises de Pont l'Evêque envièrent à madame Aubain sa servante Félicité. Pour cent francs par an, elle faisait la cuisine et le ménage, cousait, lavait, repassait, savait brider un cheval, engraisser les volailles, battre le beurre, et resta fidèle à sa maîtresse — qui cependant n'était pas une personne agréable* » (Flaubert, 2009, p. 43).

Dès le début du conte, il est question d'un antagonisme entre fidélité et tyrannie, une fidélité à la générosité inconditionnelle, d'un côté, celle de Félicité et la sourde tyrannie de l'argent, du côté des Aubain : la relation de domination sociale s'y présente tout de suite de façon abrupte sous le signe de l'avarice et de l'exploitation aveugle des humbles. Madame Aubain n'est pas « *une personne agréable* » ce qui est une litote pour dire l'obéissance à une fonction sociale qui empêche la parole et l'authenticité d'une relation libre et vraie. Le despotisme de l'argent est le despotisme d'une dette où le Nom-du-Père a disparu dans un rapport de force et de négoce. L'une des seules choses que l'on connaisse du mari défunt de madame Aubain est qu'il lui a laissé « *quantité de dettes.* » (Flaubert, 2009, p. 42). Le monde bourgeois masculin est dans *Un cœur simple* une dépense despotique qui laisse aux femmes des dettes qu'elles doivent elles-mêmes acquitter et qui pèsent sur leurs rapports sociaux jusque dans l'espace domestique et privé.

Les maris et les pères chez Balzac et Flaubert ont sans doute en commun de faire des dettes sans laisser de nom, sans ouvrir leurs familles, épouses, filles, à l'ordre de la parole, de la relation et du symbolique. La fidélité de

Félicité parle en gestes et en actions là où la relation sociale est devenue incapable de parler, là où elle se contente de gérer une dette qui signe l'absence de fondation symbolique de la société marchande et la condamnation de son fonctionnement à l'avarice et au légalisme. Dépositaire de cette dette symbolique immémoriale, Félicité est comme « *une femme en bois, fonctionnant de manière automatique* ». « *Dès la cinquantaine* », elle ne marque « *plus aucun âge.* » (Flaubert, 2009, p. 45).

En ce sens, la lucidité réaliste de Flaubert l'éloigne d'une idéalisation du personnage de la servante propre à d'autres récits plus anciens de la littérature romanesque. Par exemple, le personnage principal de Geneviève dans l'oeuvre éponyme de Lamartine (1850) participe d'un autre âge de la domesticité : la place que la bonne occupe dans la société n'y est jamais remise en question et son statut symbolique est assuré par son assimilation au corps social — la famille paternaliste — qui l'emploie et par la symbolique religieuse qu'elle incarne. Ainsi Geneviève raconte-t-elle sa vie « *à un ami de son employeur comme s'il s'agissait d'un confesseur* » (Casas, 2016, p. 147) Geneviève se reconnaît, pour ainsi dire, servante de toute éternité et loin de toute théologie de la libération, elle se présente comme un parangon à imiter pour tous ceux qui partageraient sa condition; la force de sa résignation et la pureté de son abnégation ne souffrent pas l'ombre d'une ambiguïté comme c'est le cas pour la Félicité de Flaubert.

En effet, si Geneviève a accédé à une certaine instruction et qu'elle peut aussi donner visage au réformisme politique de Lamartine qui souhaite une transition douce entre la monarchie et la république, elle est davantage un modèle conventionnel de « dévouement chrétien » que la figure de l'aliénation sociale des domestiques dans le cadre d'une société industrielle et bourgeoise. Sur ce point, le roman des Goncourt intitulé *Germinie Lacerteux*, publié quinze ans plus tard en 1865, opère un renversement spectaculaire du personnage de la domestique en la destituant de toute aura spiritualiste pour la faire entrer avec fracas dans l'un des premiers dispositifs romanesques du naturalisme français. Malgré sa générosité foncière, la bonne des Goncourt est entraînée comme les personnages de Zola dans une spirale de déchéances qui ne laisse plus rien subsister de sa traditionnelle exemplarité.

Quant à Félicité, elle acquiert une originalité de ce qu'elle se situe sur une ligne de crête : entre le joug léger d'une mystique du service (beaucoup plus profonde que celle de *Geneviève*) et celle d'une servitude mécanique et dérisoire qui peut ouvrir la porte à toutes les complicités du fatalisme et de la misère humaine.

Comme le cite bien à propos Lucia Campanella Casas dans sa thèse précédemment mentionnée, Philippe Ariès résume en quelques lignes cette profonde évolution de la condition ancillaire à la fin du 19ème siècle :

> Des relations intenses, de personne à personne, consolidées ou non par des alliances de famille, entretenaient les réseaux de fidélité, de dépendance, qui formaient le fond des sociétés d'Ancien Régime. Ces réseaux de clientèles se sont peu à peu disloqués dans les sociétés marchandes, puis industrielles, et surtout la notion de service personnel, d'homme à homme, n'a cessé de se dégrader, de se charger de sens péjoratif, tandis qu'au contraire les notions de contrat, de correspondance exacte entre les fonctions et leurs rémunérations, de juste prix du mérite, de recrutement égalitaire par concours ou par test, de marché du travail, de barèmes des salaires, d'indexation, etc., étaient valorisées. (Ariès, 1993, p. 355-362)

Quand Flaubert écrit *Un cœur simple*, il se situe comme entre deux régimes de représentation de la vérité de son personnage. La question maintenant est de voir comment et dans quelle mesure il arrive par la profondeur de son style à sortir d'un personnage-type pour accéder à la singularité esthétique et symbolique d'un nom propre d'une exceptionnelle expressivité et justesse.

3. Génétique textuelle et remise en question du « réalisme »

Le régime du nom propre se présente comme une sorte de régime d'exception à l'intérieur du langage qui vient trouer la vraisemblance des conventions réalistes du récit et subvertir également les limites d'une lecture qui se voudrait à son endroit exclusivement sociologique et historiciste. Raymonde Debray-Genette a analysé avec une grande précision les métamorphoses narratives d'*Un cœur simple* qui oscille de façon vertigineuse entre le conte hagiographique et le récit réaliste ; elle a vu aussi, à la lecture des brouillons de Flaubert, combien ce dernier avait choisi de dépouiller et de décanter pour libérer son récit de la *doxa* du naturalisme.

Le déplacement initial du projet flaubertien ouvre à une dimension plus spirituelle : ainsi « *le récit en gestation était une causalité réaliste et sociale au lieu que le récit final est troué de hasards aux effets implicites, symboliques ou moraux.* » (Debray-Genette, 1988, p. 76). Par exemple, il n'y a plus de description de la chambre de Félicité (initialement prévue au chapitre I) avant le chapitre IV.

On constate aussi la suppression d'un grand nombre de conjonctions de coordination à valeur causale ou adversative. Un tel procédé conduit la nouvelle de Flaubert « *à ces grands blancs, ces grands trous qui font que les êtres ne semblent pas responsables de leurs actes, qui empêchent de totaliser les épisodes de leur vie, d'en tirer d'autre bilan que l'absence de conclusion.* »

L'éloignement de toute surenchère réaliste se traduit aussi par l'effacement progressif du portrait physique des personnages principaux et secondaires. « *Dans les brouillons* », les personnages ont « *un corps moins effacé, moins morcelé, d'un caractère plus explicite et vraisemblabilisé. Ils ont un état civil, un passé, un portrait physique, enfin, une sorte de matérialité et d'épaisseur romanesques dont la rédaction finale les privera presque entièrement.* » (Debray-Genette, 1988, p. 77).

De cette façon, Flaubert évite à son récit ce qui arrive à beaucoup de nouvelles et de romans conduits par la seule topique du sentiment ou de la dénonciation : dans les écrits de Flaubert, la vertu n'est pas récompensée ni la justice rétablie. Quand tant d'œuvres littéraires n'ont pas résisté à l'usure du temps qui s'emploie à mettre à nu les limites de leur intéressement idéologique ou d'une histoire événementielle où les personnages sont des fantoches à la psychologie rudimentaire et les événements des reportages grossiers, un *Coeur simple* a conservé son authenticité pour avoir donné naissance à un personnage vraiment unique et parlant.

Le génie stylistique de Flaubert est aussi de produire dans la forme même de son récit un dispositif d'empathie du personnage pour tout son environnement, et par contamination, du lecteur pour Félicité. Le récit développe, en ce sens, un régime d'antonomase généralisée : un objet inerte, inanimé peut devenir un nom vivant et un nom vivant peut retourner à l'inverse à l'état d'objet inerte et inanimé. Les différentes fonctions du perroquet Loulou sur qui Félicité reporte toute son affection dans les dernières années de sa vie s'inscrivent parfaitement dans la topique d'une telle figure de rhétorique qui relève toujours d'une même logique d'ensemble d'abord métonymique : il passe d'un statut d'oiseau vivant à celui d'objet empaillé mais il n'est rien moins qu'inerte pour être chargé d'un poids croissant de signification symbolique. Entièrement investi de la symbolique de l'Esprit-Saint par l'imagination mystique de Félicité, il est un fragment du réel capable de rejoindre le Tout symbolique de la procession des offrandes et de l'autel de la Fête-Dieu. Bien que réduit à l'état d'animal empaillé, il participe esthétiquement au rayonnement d'une présence réelle d'autant plus forte qu'elle intervient au cœur de l'agonie de Félicité, au fond d'une hécatombe de détresses et de malheurs. A l'instant de sa mort, Loulou le perroquet occupera « *dans les cieux entrouverts* » tout l'espace spirituel de la servante, « *planant au-dessus de sa tête* » (Flaubert, 2009, p. 78). L'oiseau qui d'abord évoque la dérision d'une répétition infernale — le psittacisme est la caricature d'une parole devenue moulin à prière sans âme — acquiert force et couleurs à travers l'héroïcité sublime de Félicité. Cette « *mystique à l'état sauvage* »[4] ne se présente pas d'abord comme la garante d'un ordre social qu'il ne faudrait surtout pas réformer mais comme l'intercesseur et l'aiguilleuse d'une communion effective entre les êtres les plus séparés comme aussi entre les êtres, les événements et les choses les moins immédiatement solidaires l'un de l'autre.

4. Topique esthétique et logique de la sociologie pragmatique

Dans cette perspective, la sociologie pragmatique de Luc Boltanski peut être très éclairante. Tandis que la sociologie critique (ou sociologie du dévoilement d'inspiration marxiste) pourrait réduire l'analyse des situations et des personnages à un agencement à peine personnifié de contraintes sociales et économiques, tandis qu'elle présuppose chez le sociologue une position en surplomb identifiant des trajectoires existentielles et des « caractéristiques socio-culturelles » pour bâtir son herméneutique, tandis que les acteurs y sont toujours supposés ignorants des déterminismes qui les feraient agir en permanence à leur insu, la sociologie de Boltanski préserve l'autonomie du réel comme en matière littéraire la prise en compte du récit dans son incalculable complexité. Enfin, en terme de rapports sociaux, elle met l'accent sur tout ce qui peut susciter un accord entre les différents acteurs d'une situation sociale, en privilégiant les éléments communicationnels, relationnels et pratiques à l'oeuvre dans la vie sociale de tous les jours.

Sans pouvoir prolonger cet excursus sociologique, nous pouvons tout de suite ajouter qu'une telle approche développée dans son grand ouvrage *La*

4. Célèbre expression de Paul Claudel qui a ainsi désigné le poète Arthur Rimbaud dans la préface d'une édition de ses œuvres en juillet 1912.

souffrance à distance est très éclairante pour mesurer les effets de sens du fictif et du réaliste sur la représentation de la misère des pauvres En effet, l'évocation de la souffrance se situe au croisement de différents registres de représentation, relevant à la fois de la fiction (littérature, arts visuels, théâtre, etc.) et du documentaire (presse, médias, sciences humaines, discours politiques, etc.).

Luc Boltanski emprunte à Hannah Arendt la distinction pertinente qu'elle établit entre la politique de la pitié qui suppose une distance à l'égard des malheureux et l'attitude de la compassion qui suppose une présence à l'autre en tant que prochain unique et particulier. L'une est d'abord politique et collective ; elle se doit de parler le langage de la justice et d'établir un système d'équivalences entre les malheureux pour pouvoir répondre à leur situation par une logique de dénonciation et d'action. Par contre, la compassion suppose le strict respect de l'individualité de chaque personne. Elle engage l'homme à titre individuel et au lieu de rechercher une mesure commune de la souffrance et des torts subis par le malheureux en vue d'organiser une politique de dénonciation puis de mise en œuvre de la justice et du droit, elle y répond immédiatement par une action personnelle née d'un sentiment de douleur singulier à la blessure de l'autre.

Pour ce qui est de l'écriture littéraire, elle se situe davantage dans la naissance du lecteur à la compassion pour un personnage souffrant que dans la revendication d'une politique raisonnée de la pitié. La différence tient aussi dans le rapport de ces deux positions à l'égard du souffrant : dans un cas, un discours structuré et égalisateur est requis pour distinguer et rassembler selon différents types de situations l'inventaire des malheurs d'une société ; dans l'autre, la vérité de la compassion tient davantage à l'action qu'au discours. Plus l'homme est touché par la douleur de l'autre, moins il se complaît à discourir sur son sort et mieux il agit dans le secret pour venir au secours de l'autre (la parabole du bon samaritain en est un bon exemple).

Enfin, par rapport à un récit littéraire, la pensée de Boltanski peut aussi donner lieu à une transposition légitime entre les fonctions actantielles des différents personnages du récit et les fonctions sociologiques qui régulent le traitement de la souffrance à distance. Qu'elle soit lue dans la perspective d'une topique du sentiment (par ex. le roman anglais *Pamela* de Richardson), dans celle d'une topique de la dénonciation (dénonciation politique et sociale d'une situation de misère) ou dans celle d'une topique esthétique, comme c'est le cas maintenant s'agissant du récit de Flaubert, elles peuvent se recouvrir sans se superposer de façon instructive.

Ainsi la force d'un personnage comme celui de Félicité est de pouvoir conjuguer le rôle de la « bienfaitrice » avec celui de la « malheureuse ». Elle n'est pas réduite à la fonction de malheureuse impuissante et objet de la commisération des « heureux » mais elle vient, au contraire, en maintes circonstances en aide à toutes sortes de personnages : non seulement les plus malheureux qu'elle (les Polonais, le père Colmiche), les enfants et les faibles mais aussi les « bien lotis » de ce monde , madame Aubain et ses semblables par exemple. Enfin, un autre point notable à souligner par rapport à une interprétation sociologique qui voudrait dire le dernier mot de l'histoire d'*Un cœur simple*, tient au fait que la fonction de « persécuteur » n'est jamais stigmatisée par le discours de la servante ou du narrateur.

Il y a bien des cyniques et des pervers dans la nouvelle de Flaubert mais s'ils sont l'objet d'une reconnaissance de culpabilité évidente (Théodore, Bourais, le marquis de Gremanville, madame Aubin, etc.), ils ne sont jamais prétexte à rompre la continuité d'une relation indissoluble entre les êtres, relation analogue à celle qui se perpétue de façon indéchirable entre le visible et l'invisible, l'homme et Dieu, le charnel et le spirituel.

Dans l'économie des fonctions actancielles du récit, il est possible de prendre acte sur le plan herméneutique d'un passage du régime politique des signes et des fonctions sociales à un régime qui le transcende, celui d'un régime inhérent au Nom propre,[5] celui de Félicité et de Loulou devenu ubiquitaire dans le récit. Face au vertige du sens et du non-sens, il n'y a pas de demi-mesure. L'homme ne peut pas dire « oui » ou « non » à la vérité du Sens et de l'écriture selon les conditions de félicité que lui promettrait tel ou tel engagement à lutter contre la souffrance et l'absurde. L'homme en tant qu'il est seul face à l'extériorité du mal et du non-sens ne peut que dire « oui » à l'être et à la vie symbolique jusque dans la mort. On ne peut suspendre son « oui » à la vie et à sa renaissance aux intermittences d'une forme particulière de bonheur ou de régime politique.

Pour l'écriture, en-decà et au-delà du politique, avant et après elle, il y a la vérité d'un régime de liberté extraordinaire, celui de la création

5. Pour la métonymie, il y aurait encore beaucoup d'autres occurrences à relever, en particulier, le mot « *boston* » à la fois nom de lieu et jeu de cartes très en vogue à la fin du 19ème siècle. L'évocation de parties de boston dans *Un cœur simple* s'inscrit dans la description d'un rapport très ritualisé des personnages à la temporalité : « *Tous les jeudis, des habitués venaient faire une partie de boston. Félicité préparait d'avance, les cartes et les chaufferettes. Ils arrivaient à huit heures bien juste, et se retiraient avant le coup de onze* » (Flaubert, 2009, p. 47).

langagière et du Nom propre, celui d'une infinie réversibilité des mérites où l'amour inconditionnel l'emporte sur tout calcul, où la communion des saints permet le dépassement de l'opposition entre compassion personnelle et pitié collective.

En d'autres termes, une logique de dénonciation politique ne suffit pas à faire droit à la constitution d'un objet littéraire. Ce dernier obéit d'abord à une dynamique de différences que l'on vient de voir intimement greffée au statut même du signe et de l'écrit comme dialogisme et intertextualité.

Au terme du processus d'obédience marxiste de réduction de l'oeuvre littéraire à la reproduction en miroir d'un « fait social global », tout écrit littéraire est déclaré (de même que plus largement toute œuvre esthétique) selon une logique de dénonciation radicalement négative agir comme un « *opium* » réservé aux intellectuels quand bien même le roman se voit l'objet de lectorats extrêmement différents les uns des autres, un opium qui irait à l'encontre d'une reconnaissance de la réalité. La défense de la singularité de l'oeuvre esthétique appartiendrait dès lors à une tactique (personnelle) ou une stratégie (collective) visant à dénier la réalité des phénomènes sociaux et historiques au profit d'un acquiescement coupable à leur « pouvoir » inavoué qu'elle (la magie de l'oeuvre, sa force d'enchantement, etc.) se plairait avec naïveté ou cynisme à occulter.

La lecture et l'interprétation d'*Un cœur simple*, le récit de Flaubert publié en 1877 n'invitent pas à souscrire à une telle manipulation historiciste de la littérature. Cependant, l'inquiétude sociale qu'elle exprime peut rendre compte avec beaucoup d'âpreté d'un conflit d'interprétations que l'on peut repérer autant dans la correspondance de l'écrivain que dans son avant-texte. C'est pourquoi ce texte est si symptomatique des rapports entre littérature et sciences humaines. L'écriture flaubertienne hésite entre une lecture naïve « croyante » et une lecture distanciée, « sociale » de l'histoire de Félicité. Il y a du grain à moudre pour les deux lectures, la spiritualiste et la déterministe. La vérité de ce récit tient pour nous à la lucidité de son style qui consent à traverser la beauté et la complexité du réel sans tomber dans une paresse herméneutique qu'aucune tradition spirituelle ne saurait justifier.

En effet, nous pensons qu'une lecture est d'autant plus « spirituelle » qu'elle écoutera jusqu'au bout la lettre du texte et la vérité de sa complexité, quand bien même elle serait douloureuse pour des vues trop quiétistes de la tradition. Une telle interprétation requiert une attention libre de toute déformation idéologique pour faire vraiment droit à l'émergence des formes particulières du récit entendues comme la signature d'un nom, d'un corps et d'un style.

Les ambivalences et les ambiguïtés font aussi partie de l'interprétation croyante et le vertige des déterminismes sociaux — tout se résumerait-il donc à un concours de forces sociales et historiques ? — ce vertige fait aussi partie de l'expérience croyante: nul savoir, venu des sciences humaines ou d'ailleurs, n'est à prendre à la lettre à la manière d'une autorité infaillible enfermant l'expérience de la lecture dans une vision du monde totalitaire mais toute forme de savoir peut donner lieu à un approfondissement de l'acte de croire: il s'élague et peut toujours grandir à l'épreuve de ce qui le met en crise.

5. L'amour du style et le style de l'amour

Enfin, Flaubert dans *Un cœur simple* n'attire jamais sur lui l'attention admirative du lecteur en occupant fictivement la position d'un bienfaiteur ostentatoire à l'égard de ses personnages souffrants comme c'est souvent le cas dans le roman anglais sentimental du 18ème siècle. Au contraire, il s'efface et son style, celui de la pudeur et de la suggestion, peut rappeler celui du dernier Cézanne.

Flaubert procède lui aussi par unification de tous les éléments, ceux du récit tous traités avec une égale importance comme le moindre point du tableau dans la série des *Joueurs de cartes*. Le parfait équilibre de la synthèse et de l'analyse, du détail et de l'unité d'ensemble du récit, permet à l'écriture et à la lecture de participer d'une transformation perpétuellement en acte du signifiant. Tout dans *Un cœur simple* a la gravité d'une nature morte et le mouvement lent d'un grand vaisseau, comme celui sans doute qui conduit Victor, le neveu de Félicité, en Amérique et vers sa propre mort : plus qu'une prolifération de bons sentiments, c'est cet alliage de dépouillement et de mouvement qui dit la promesse d'une compassion que rien ne pourra corrompre. C'est cette attitude grave et contemplative coulée dans la progression d'une intrigue anodine autant qu'irréversible, c'est peut-être cette délicatesse de ne pas trop en dire mais de faire éprouver par petites touches qui nous rend Félicité si parlante.

La métonymie où se résume bientôt tout son être et toute sa vie permet une cristallisation de tout le récit autour d'un paradoxe bouleversant : plus l'être s'abaisse, moins il cherche à fonder le sens de son existence sur ses ambitions et l'amour-propre[6] et plus il se dispose à recevoir la démesure de l'Esprit. La moindre trace d'existence et de signification devient alors capable de se mettre au diapason de l'ensemble du temps et des lieux du récit pour l'illuminer d'un sens insoupçonné. Comme le fragment, dans un régime métonymique, est appelé à prendre la place du tout, la vérité du nom propre gagne dans le récit une présence qui contamine, de segment en segment, de phrase en phrase, de paragraphe en paragraphe, la totalité de la narration.

Les traits stylistiques de cette kénose de l'écriture sont nombreux : préférence du discours indirect libre, déconstruction de la phrase par de brèves phrases nominales, usage du tiret pour des incises troublant la logique de la raison grammaticale en fin de phrase, refus de la métaphore au profit de la métonymie. Le dépouillement ultime du langage, c'est l'assomption du nom propre, la suspension du sens à la ligne de crête de son statut d'invocation singulière.

L'écrivain sait faire resplendir « sa créature » dans le secret d'une succession de « scènes » évoluant à l'ombre de l'histoire mais laissant affleurer la gloire cachée des simples : Félicité endure tout, croit tout, espère tout, et ne connaît pas davantage l'esprit de révolte que l'aigreur de la jalousie. Elle est en ce sens un parfait bouquet de gestes, de rites et de parfums, un pur acte de foi délivré de tout désir de comparaison.

Ce « portrait » de Félicité obéit à un art de la litote d'une extrême expressivité ; il est aux antipodes de la cristallisation romantique, où la jeune femme rêvée laisse éclater la blancheur de son teint, le noir acéré de sa pupille, sa « taille de guêpe » ou la finesse de ses mains. Autant le portrait romantique multiplie l'hyperbole (« si tendre », « si éblouissant », « si raffiné », etc.), autant, ici, le portrait de Félicité se réduit à un « faire » en série qui menace de l'anéantir.

Sa description physique n'intervient qu'à la fin du premier chapitre. *Son visage était maigre, et sa voix aiguë. A vingt-cinq ans, on lui en donnait quarante ; dès la cinquantaine, elle ne marqua plus aucun âge.* La métaphore de l'animalité, si négative chez Balzac, où l'âpreté au gain et aux rangs change les hommes en « *loup-cervier* » (Balzac, 1855), cette métaphore adopte ici un caractère tout autre : elle est, au contraire, l'emblème d'une capacité à

6. Ce dépouillement renvoie en théologie à la notion de kénose dont l'épître aux Philippiens contient la définition la plus éloquente. Le Christ n'a pas retenu jalousement le rang qui l'égalait à Dieu.

relier le cosmique, l'humain et le divin. La sauvagerie de Félicité n'a rien de naturaliste : elle est acquise aux raisons supérieures des intuitions du coeur. « *Un instinct de l'honneur* » (Flaubert, 2009, p. 46) démarque Félicité de toute forme de cynisme, et la sagesse qu'elle déploie dès qu'elle agit pour les autres — et c'est là le seul mode de son agir — montre une ignorance experte qui sait providentiellement dominer la nature. La façon dont elle sauve ses proches de l'attaque d'un taureau, et surtout son sang-froid au plus fort des deuils les plus éprouvants, en sont des exemples parmi beaucoup d'autres.

Enfin, l'originalité la plus profonde du portrait de Félicité tient dans la suggestion de sa vie spirituelle. Dépourvue d'éducation religieuse et scolaire, elle vit du mystère de Dieu plus qu'elle ne le proclame. La Passion lui est familière avant même qu'elle ne l'entende : « *Pourquoi l'avaient-ils crucifié, lui qui chérissait les enfants, nourrissait les foules, guérissait les aveugles, et avait voulu, par douceur, naître au milieu des pauvres sur le fumier d'une étable* ? » (Flaubert, 2009, p. 45). [7]

Son rapport aux choses est aussi vierge que son rapport aux autres êtres, et il laisse éclater dans toute sa force la vérité du sensible : « *Les semailles, les moissons, les pressoirs, toutes ces choses familières dont parle l'Evangile se trouvaient dans sa vie ; le passage de Dieu les avait sanctifiées ; et elle aima plus tendrement les agneaux par amour de l'Agneau, les colombes à cause du Saint-Esprit.* » (Flaubert, 2009, p. 56).

Elle devine sans comprendre la grandeur du Verbe incarné qui préfère l'amour à la connaissance, le proche au lointain, l'alliance à l'abstraction. A force de transférer peu à peu sa faculté d'aimer à des objets de plus en plus humbles, Félicité se voit investie d'une capacité extraordinaire à relier le sacré et le profane. Loulou, le perroquet en qui se réfugient les derniers transports de son affectivité indomptable, devient ainsi l'effigie colorée de l'Esprit-Saint, représenté habituellement sous la forme d'une colombe. N'est-ce pas là *l'imagination que donnent les vraies tendresses* ? (Flaubert, 2009, p. 78). [8]

Du ridicule au sublime, de la misère à l'espérance, de la crédulité à la foi, il n'y a qu'un pas. Au lecteur de le franchir, si Flaubert ne se permet pas de toujours le faire de façon explicite. En tous les cas, il aura dans la création de ce portrait su magnifiquement céder ses droits d'auteur : là où les mots prennent le pas sur les choses et la vérité du coeur, l'écrivain aura

---

7. *« Son visage était maigre, et sa voix aiguë. A vingt-cinq ans, on lui en donnait quarante; dès la cinquantaine, elle ne marqua plus aucun âge. »*

8. *«..planant au-dessus de sa tête. »*

suggéré un monde symbolique où leur réconciliation s'aperçoit comme à la manière d'un songe.

> *Une vapeur d'azur monta dans la chambre de Félicité. Elle avança les narines, en la humant avec une sensualité mystique ; puis ferma les paupières. [...] Quand elle exhala son dernier souffle, elle crut voir, dans les cieux entrouverts, un perroquet gigantesque, planant au-dessus de sa tête.*

REFERÊNCIAS

ARIÈS, Philippe. «Le service domestique : permanence et variations.» *Essais de mémoire: 1943-1983*. Paris : Seuil, 1993.

BALZAC, Honoré de. *La maison Nucingen,* Œuvres complètes de H. de Balzac, XI, A. Houssiaux, 1855. Disponível em: <https://fr.wikisource.org/wiki/La_Maison_Nucingen>.

CASAS, Lucia Campanella. *Poétique de la domestique en France et au Rio de la Plata, de 1850 a nos jours*. Littératures. Perpignan: Université de Perpignan, 2016.

DEBRAY-GENETTE, Raymonde. *Métamorphoses du récit. Autour de Flaubert.* Paris : Le Seuil, coll. Poétique, 1988.

FLAUBERT, Gustave. *Trois contes,* présentation par Pierre-Marc de Biasi, Gustave Flaubert. Paris : Garnier-Flammarion, 2009.

______. *Oeuvres complètes*. Paris : Club de l'Honnête Homme, 1971-1975. 16 vol. Lettre à Georges Sand, 6 février 1876, t. XV. p. 435.

______. *Correspondance,* « Bibliothèque de la *Pléiade* ». Paris : *Gallimard, 1991.*

GUIRAUD, Pierre; THUILLIER, Guy. *Vie quotidienne des domestiques au 19ème siècle*. Paris : Hachette, 1978.

SAND, Georges. *Eugénie Grandet*, v. 5. Paris: éditions Fume, 1845.

TONDEUR, Claire-Lise. *Gustave Flaubert,* critique : thèmes et structures, Purdue university monographs in Romance languages. 1984.

WINOCK, Michel. *Flaubert*. Paris : Gallimard, 2016.

Literatura, sociologia e teologia espiritual: *Um coração simples*, de Gustave Flaubert (1877)

Claude Tuduri
Tradução de André Araújo

Os *Trois contes* [Três contos], de Gustave Flaubert, foram uma espécie de parênteses na produção de um escritor que não conseguiu continuar o romance de ironia intitulado *Bouvard et Pécuchet*. O eremita de Croisset, como o deseja a perífrase tornada lugar comum para designar Flaubert, vai mergulhar na hagiografia dourada da Idade Média por meio de *La légende de saint-Julien L'hospitalier* [A lenda de São Julião hospitaleiro], na Normandia de sua época, com *Um coração simples* e, enfim, na Bíblia, com Herodíades.

Cada um dos três contos vai exigir dele cinco meses de trabalho, mas podemos nos admirar ao constatarmos que, entre o maravilhoso cristão, a história neotestamentária da decapitação de São João Batista e Félicité, a ligação é, de fato, a questão de Deus e da fé, abordada a partir de um ângulo extremamente diferente. Podemos sonhar e desenhar São Julião e São João Batista; eles são distantes e recobertos pelo mito da fábula, num caso, ou pela autoridade das Escrituras e do martírio, no outro. Mas como e por que contar "a existência ingrata" de uma empregada que acaba por morrer sozinha no dia de Corpus Christi, venerando um papagaio empalhado que ela toma como sendo o Espírito Santo?

Flaubert dedica-se muito a essa história: ele vai voltar a Honfleur, a Pont-L'Evêque, vai visitar os lugares de sua infância, mas tais pesquisas documentais são como "banhos de lembranças" que acentuam uma consciência amarga de sua própria velhice. Os últimos anos de sua existência comprovaram; ele perdeu amigos preciosos, em particular, Louise Colet e Georges Sand, e praticamente arruinou-se para socorrer sua sobrinha Caroline Commanville e o marido dela inapto para os negócios. A crítica, não menos que o público, foi imparcial com relação a suas peças de teatro, que não obtiveram sucesso de público. Invocando os lugares que lhe são mais familiares, o escritor não empreende uma viagem à fonte de sua própria vocação literária? Se nós dermos crédito à minuciosa biografia de Michel Winock, a primeira pessoa que o inicia no universo maravilhoso dos contos não é justamente Julie, a empregada de sua infância? Uma longa doença a havia incitado a ler todo tipo de narrativas e ela havia, assim, preenchido o espírito curioso do jovem Gustave, "a quem ela adorava" (Winock, 2016, p. 16).

A personagem da serviçal, já presente em *Madame Bovary*, sob o nome de Catherine Leroux, vai adquirir aqui outra importância: evocar sua simplicidade, sua dedicação; sua vida por procuração, de certa maneira, será, também, para Flaubert, uma maneira de contar o nascimento de sua vocação de escritor, a partir do "nada", como a partir de um inexplicável vazio que aprofunda um lugar extraordinário para a eclosão do sentido. Ora, essa inversão prodigiosa do negativo, do insignificante e do desprezível, num aumento de significação e de plenitude ausente, não participa de uma estranha mística da escrita de Flaubert, mística mais determinante que é, por falha, obrigada a se esconder para existir? Um princípio de exclusão de todo ponto de vista declarado, um princípio de impessoalidade de uma grande pureza de intenção não pode levar a uma real incandescência espiritual as formas menos identitárias e ideológicas da linguagem?

1. A questão do realismo em *Um coração simples*

a) A posição de Flaubert, segundo sua correspondência

Se Flaubert sabe ser um entomologista da vida social, ele pode também, por seu estilo, transcender a neutralidade: o gosto por uma indiferença obstinada não é a última palavra de seu temperamento generoso e inteiro, e o escritor está longe de ser insensível à infelicidade dos pobres. Se o autor do *Dictionnaire des idées reçues* [Dicionário de ideias recebidas] tivesse insultado com uma incrível acuidade as manias e a pequenez do burguês, sua atitude com relação à Félicité e aos simples não poderia se satisfazer com a ironia. Ele se defende claramente numa carta à senhora Roger des Genettes, datada de 19 de junho de 1876:

> A História de *Um coração simples* é simplesmente a narrativa de uma vida obscura, a de uma moça do campo, devota, mas mística, dedicada sem exaltação e macia como um pão fresco. Ela ama sucessivamente um homem, as crianças de sua patroa, um sobrinho, um velho a quem ela cuida, finalmente, seu papagaio; quando o papagaio morre, ela o empalha e, morrendo por sua vez, ela o confunde com o Espírito Santo. Isso não é, de maneira alguma, irônico como supondes, mas, ao contrário, muito sério e triste. Eu quero

provocar piedade, fazer chorar as almas sensíveis, sendo uma delas eu mesmo. (Flaubert, 2007, p. 56)

Evidentemente, Flaubert, nos *Três contos,* livra-se de sua pesada pecha de autor realista. Alguns meses antes, em seis de fevereiro, dirigindo-se a Georges Sand, falava-lhe de seu desprezo por esta palavra e do que ela representava: "E notai que eu abomino o que é conveniente chamar de realismo, apesar de que eu me faça um dos seus maiores expoentes" (Flaubert, 1876, t. XV, p. 435). Trabalho recolhido e à parte na bibliografia de Flaubert, os *Três contos* perturbam as imagens e as interpretações que se podiam fazer do conjunto de sua criação romanesca. Ela permanece obra de seu autor, que morre antes de ter podido acabar *Bouvard et Pécuchet.*

Flaubert, porém, permanece fiel a seu famoso princípio de impessoalidade, recusando até o fim dar ao leitor uma lição de moral: cabe a ele "encontrar", na narrativa, "a moralidade que deve ser encontrada" (Sand, 1845, v. XV, p. 435). O romancista, como o contista, não pode substituir-se a ele e isentá-lo da liberdade de interpretação que o compromete pessoalmente. Segundo Flaubert (*in* Tondeur, 1984, p. 23), "a arte funda sua própria moralidade". É, por isso, que Félicité permanece uma narrativa em metamorfose perpétua, tendo sempre em reserva a interpretação do fiel crente, quem pode elaborá-la "sem dever nem poder verificá-la" como para defender melhor seu status de uma mística da escrita avessa a toda ideologia, inclusive à ideologia religiosa. A respeito de um livro de Georges Sand, Flaubert (1998, p. 352) escreve à senhora Leroyer de Chantepie: "A arte não deve servir de tribuna a nenhuma doutrina sob pena de depreciar-se! Falseamos sempre a realidade quando queremos chegar a uma conclusão que pertence apenas a Deus..." [1]

Em suma, existe, em Flaubert, ao mesmo tempo, uma mística e uma política da forma: é nas dobras da linguagem que se inscrevem, profundamente, uma moral e uma espiritualidade da narrativa, própria à consciência mais íntima do autor. Quanto menos o autor refere sua narrativa ao seu próprio ponto de vista, mais ele se livra de seu próprio interesse e mais ele torna presente o mistério de Deus atuante na escrita da história.

Diante dessa mística da escrita — ora furiosamente autônoma, ora compatível com uma espiritualidade católica da Encarnação (a particularidade da forma e o jogo irredutível do significante a um significado guardam essa característica) —, o determinismo gregário dos comportamentos, das

1. Carta de 23 de outubro de 1863.

mentalidades e das ideologias representa o inimigo. Ora, esse inimigo, Flaubert não renuncia nunca a desafiá-lo: em *Um coração simples*, há um trabalho de desconstrução da sociologia em proveito do Nome próprio. Flaubert defende sua personagem não por um grande discurso indulgente, mas por meio de um modo muito particular de organizar o tempo e a tessitura da narrativa com o auxílio da figura retórica da metonímia. Preferir a parte ao todo, o ínfimo à totalidade, é colocar o conjunto da novidade sob o regime de uma inversão contínua do nada frente à existência.

O princípio estilístico permite ao narrador desposar a partir do interior mesmo de sua maneira de escrever o movimento profundo de sua personagem. A leitura de *Um coração simples* dá lugar a uma desconstrução da sociologia como regra de interpretação em proveito da assunção de um nome soberano, o nome de Félicité. A felicidade de escrever é o triunfo da literatura e do mundo simbólico e espiritual sobre o mundo social e violento da história, embora essa felicidade seja frágil. Não se pode demonstrá-la, mas podemos crer ou não no contorno de uma imagem, de uma metonímia, de um silêncio que perdura entre as malhas extremamente fechadas da narrativa flaubertiana.

b) A condição do trabalho doméstico, no século XIX, segundo os historiadores

Para precisar melhor a relação complexa e movente de *Um coração simples* na narrativa realista, pode ser útil tomar um pouco de distância e perguntar-se se não existem, na literatura do século XIX, outros romances tratando do mesmo tipo de personagem, como Félicité. Antes de nos lançarmos nesta busca, podemos primeiro estabelecer o estado de coisas, em matéria de arquivos e de história, das empregadas, na França do século XIX. Historiadores, como Pierre Guiraud et Guy Thuillier destacam a ausência de fontes e de arquivos que dizem respeito às domésticas.

> Poucos estudos sociais ou psicológicos até 1880-1890: não se pergunta sobre a vida doméstica, ela não muda, não se fala no assunto, pertence à invisibilidade cotidiana; a subordinação total da serviçal é, em alguma medida, oculta, esquecida (mesmo as teorias socialistas dos anos 1860-1900 não se interessam praticamente nunca pela vida doméstica, ainda que elas não ignorem a vida dos operários). (Guiraud; Thuiller, 1978, p. 16)

Entretanto, à época de Flaubert, o número de domésticas é importante na França. Sem dúvida, em torno de um milhão de empregadas viviam nas casas dos patrões, embora se constate, sob esse ponto de vista, uma forte disparidade entre as profissões e as regiões. As taxas mais elevadas de domésticas se encontravam na região do Sena e nos Alpes marítimos. Os magistrados eram a corporação que mais empregava as domésticas, enquanto os professores constituíam o grupo que menos utilizava esse trabalho.[2]

Como em toda profissão, existe uma hierarquia no interior da vida doméstica, e, na parte inferior da escala, constata-se que os domésticos rurais são os mais explorados. É o caso da personagem de Flaubert; Félicité, ainda pequena, é uma serviçal que "toma conta de vacas no campo". Em seguida, torna-se "menina de celeiro" (Flaubert, 2009, p. 45), antes de deixar a fazenda para ir trabalhar em Pont-l'Evêque, depois de uma forte desilusão amorosa: seu noivo Théodore, para "garantir-se na circunscrição", preferiu um casamento por conveniência a ela (Flaubert, 2009, p. 47).

A situação social de Félicité integra o quadro que os historiadores desenham sobre a vida doméstica dessa época: "Muitas jovens domésticas que faziam de tudo foram destinadas desde a mais tenra idade a trabalhar nas fazendas cuidando do gado ou como serviçais" (Guiraud; Thuillier, 1978, p. 12). Além disso, o status dessas empregadas é "muito diferente de uma casa para outra". É claro que a aristocracia e as grandes propriedades podem reservar para elas um lugar estável e reconhecido: "privilégios, uma independência relativa, quase uma autoridade que não existe em outros lugares" (Guiraud; Thuillier, 1978, p. 13).

O contexto sociocultural dos empregadores de Félicité é muito diferente desse tipo de situação. Na novela de Flaubert, a senhora Aubain é uma viúva que, quando dá emprego a Félicité por sua "boa vontade", fazendo inclusive "muito poucas exigências" (Flaubert, 2009, p. 47), não mostra nenhuma deferência para com a empregada, salvo em muito raras circunstâncias, mas mantém, ao contrário, ciosamente, uma forte superioridade sobre ela. No entanto, poucos indícios permitem identificar o meio social e profissional da senhora Aubain; sabe-se apenas que ela tem, como gerente de suas propriedades, certo senhor Bourais, "um antigo advogado" (Flaubert, 2009, p. 48). Este último passa muitas horas discutindo negócios com a senhora Aubain, e o narrador faz essa observação, curiosamente, mesmo quando

2. No fim do século XIX, 94% dos magistrados empregam uma doméstica contra apenas 12% dos professores.

nada parece precisar desse registro: "respeitava infinitamente a magistratura" (Flaubert, 2009, p. 43). O meio social da senhora Aubain não é mais o dos grandes médicos, cultos, de espírito voltairiano, mas moralmente humanista, característica da família de Flaubert.[3] *Um coração simples* não tem nada a ver com um acerto de contas familiar, embora certos nomes de lugares — as fazendas de Geffosses e de Toucques, que a senhora Aubain explora por meio de meeiros — retomam o nome de duas propriedades reais pertencentes à família de Flaubert.

2. A personagem da doméstica na literatura romanesca do século XIX

Quanto à intertextualidade de *Félicité*, se existem muitos personagens populares, camponeses ou trabalhadores, nas obras de Zola, Sand e outros escritores mais ou menos "naturalistas" da época, os retratos de "domésticas dedicadas" permanecem relativamente raros na literatura do século XIX. O começo da novela indica, porém, uma analogia literal com a Grande Nanon, a empregada de Eugénie Grandet, o célebre romance de Balzac. Nascida em 1868, ela foi também uma cuidadora de rebanhos, antes de tornar-se a doméstica do senhor Grandet e de sua filha Eugénie, aos 22 anos. "A Grande Nanon era talvez a única criatura humana capaz de aceitar o despotismo de seu senhor. Toda a cidade tinha inveja do senhor e da senhora Grandet. A Grande Nanon, assim conhecida pela sua altura de cinco pés e oito polegadas, pertencia aos Grandet (*in* Sand, 1845, v. 5, p. 219) há trinta e cinco anos". Na abertura de sua novela, Flaubert (2009, p. 43) retoma o verbo invejar, mas no passado simples:

> Durante meio século, os burgueses de Pont l'Evêque tiveram inveja da senhora Aubain por causa de sua empregada Félicité. Por cem francos ao ano, ela cozinhava e arrumava a casa, costurava, lavava, passava, montava a cavalo, cuidava das aves, fazia manteiga, continuava fiel a sua senhora, que, no entanto, não era uma pessoa agradável.

Desde o início do conto, há um antagonismo entre a fidelidade e a tirania, uma fidelidade à generosidade incondicional, de um lado, a de Félicité, e a surda tirania do dinheiro, do lado dos Aubain: a relação de

3. Note-se que Gustave é apresentado nos registros de batismo de 13 de janeiro de 1822, apesar de sua família não ser "comprometida" com a fé católica.

dominação social apresenta-se, em seguida, de maneira abrupta, sob o signo da avareza e da exploração cega dos humildes. A senhora Aubain não é "uma pessoa agradável", o que é uma atenuação para falar da obediência a uma função social que impede a palavra e a autenticidade de uma relação livre e verdadeira. O despotismo do dinheiro e o despotismo de uma dívida em que o Nome do Pai desapareceu numa referência de força e de negócio. Uma das únicas coisas que se sabe do falecido marido da senhora Aubain é que ele deixou "muitas dívidas" (Flaubert, 2009, p. 42). O mundo burguês masculino é, em *Um coração simples*, um signo despótico, pois deixa às mulheres dívidas que elas mesmas devem quitar e que pesam sobre suas relações sociais no espaço doméstico e privado.

Os maridos e os pais, nas obras de Balzac e Flaubert, têm em comum o fato de deixarem dívidas sem, contudo, comunicarem a suas famílias, esposas, filhas, numa ausência de relação simbólica. A fidelidade de Félicité fala em gestos e em ações lá onde a relação social tornou-se incapaz da palavra, lá onde ela se contenta com gerenciar uma dívida que evidencia a ausência da fundação simbólica da sociedade de mercado e a condenação de seu funcionamento sob a avareza e o legalismo. Depositária dessa dívida simbólica imemorial, Félicité é como "um autômato, uma mulher funcionando de modo automático". "Desde os cinquenta anos", ela parece não "envelhecer" (Flaubert, 2009, p. 45).

Nesse sentido, a lucidez realista de Flaubert distancia-se de uma idealização da personagem da doméstica, característica de outras narrativas mais antigas da literatura romanesca. Por exemplo, a personagem principal de Geneviève, na obra homônima de Lamartine (1850), revela outro momento da vida doméstica: o lugar que a empregada ocupa na sociedade não é questionado nunca e seu status simbólico é garantido pela sua assimilação no corpo social — a família paternalista — que a emprega e pelo simbolismo religioso que ela encarna. Assim, Geneviève conta sua vida "a um amigo de seu patrão, como se se tratasse de um confessor" (Casas, 2016, p. 417).

Geneviève se reconhecia como sendo a eterna serviçal, por assim dizer, e longe de toda teologia da libertação, ela se apresenta como um protótipo a ser imitado por todos os que compartilhariam de sua condição; a força de sua resignação e a pureza de sua abnegação não sofrem ambiguidade, como é o caso da Félicité de Flaubert. Com efeito, se Geneviève teve acesso a certa instrução e pode, assim, dar contornos ao reformismo político de Lamartine, que deseja uma transição tranquila entre a monarquia e a república, ela é mais um modelo convencional de "comprometimento cristão" do que a figura da alienação social das domésticas na sociedade industrial e burguesa.

A esse respeito, o romance dos Goncourt, intitulado *Germinie Lacerteux*, publicado quinze anos mais tarde, em 1865, opera uma inversão espetacular da personagem da doméstica, destituindo-a de toda aura espiritualista para fazê-la fracassar num dos primeiros dispositivos romanescos do naturalismo francês. Apesar de sua generosidade devotada, a serviçal dos Goncourt encontra-se imersa, como as personagens de Zola, numa espiral decadente, que não deixa nada de sua tradicional exemplaridade subsistir.

Quanto à Félicité, ela adquire uma originalidade, por situar-se sobre uma corda bamba: entre o jugo leve de uma mística do serviço (muito mais profunda que a de *Geneviève*) e a de uma servidão mecânica e irrisória, que pode abrir a porta a todas as cumplicidades do fatalismo e da miséria humana.

Como evidenciado por Lucia Campanella Casas, em sua tese mencionada anteriormente, Philippe Ariès (1993, p. 355) resume em poucas linhas esta profunda evolução da condição doméstica no fim do século XIX:

> As intensas relações pessoais, consolidadas ou não por laços de família, mantinham redes de fidelidade, de dependência, que formavam o pano de fundo das sociedades do Antigo Regime. Essas redes de clientes são pouco a pouco deslocadas nas sociedades de mercado, em seguida industriais e, sobretudo, a noção de serviço pessoal, de homem a homem, não para de se degradar, de se encher de sentido pejorativo, enquanto que as noções de contrato, de correspondência exata entre as funções e suas remunerações, de preço justo, de recrutamento igualitário por concurso ou por teste, de mercado de trabalho, de níveis salariais, de indexação etc., estavam valorizadas.

Quando Flaubert escreve *Um coração simples*, ele se situa entre dois regimes de representação da verdade de sua personagem. A questão agora é ver como e em que medida ele consegue, pela profundidade de seu estilo, sair de uma personagem-modelo para aceder à singularidade estética e simbólica de um nome próprio de uma excepcional expressividade e justeza.

3. Genética textual e questões acerca do "realismo"

O regime do nome próprio se apresenta como um tipo de regime de exceção no interior da linguagem que vem perturbar a verossimilhança das convenções realistas da narrativa e subverter igualmente os limites de uma leitura que se queria exclusivamente sociológica e historicista. Raymonde Debray-Genette analisou com grande precisão as metamorfoses narrativas de *Um coração simples*, que oscila de maneira vertiginosa entre o conto hagiográfico e a narrativa realista; ela viu, também, a partir da leitura dos rascunhos de Flaubert, o quanto este último havia escolhido depurar e decantar seu texto para liberar sua narrativa da *doxa* do naturalismo.

O deslocamento inicial do projeto flaubertiano abre a uma dimensão mais espiritual: "a narrativa em gestação era uma causalidade realista e social, enquanto que a narrativa final é perturbada de acasos, efeitos implícitos, simbólicos ou morais" (Debray-Genette, 1988, p. 76). Por exemplo, não há mais a descrição do quarto de Félicité (inicialmente prevista para o capítulo I), antes do capítulo IV. Constata-se também a supressão de um grande número de conjunções de subordinação com valor causal ou adversativo. Tal procedimento conduz a novela de Flaubert "a estes grandes brancos, as grandes lacunas que fazem com que os seres não pareçam os responsáveis pelos seus atos, que impeçam de totalizar os episódios de sua vida, de propor outro balanço, diferente da ausência de conclusão". O distanciamento de toda sobrecarga realista se traduz também pelo apagamento progressivo do retrato físico das personagens principais e secundárias. "Nos rascunhos", as personagens têm "um corpo menos apagado, menos fragmentado, de um caráter mais explícito e verossímil. Eles têm um estado civil, um passado, um retrato físico, enfim, um tipo de materialidade e uma espessura romanesca que a redação final os privará quase inteiramente" (Debray-Genette, 1988, p. 77).

Desse modo, Flaubert evita em sua narrativa o que acontece com muitas novelas e romances conduzidos pelo sentimentalismo ou pela denúncia: nos escritos de Flaubert, a virtude não é recompensada nem a justiça restabelecida. Quando muitas obras da literatura não resistiram à usura do tempo que se encarrega de desnudar os limites de seu interesse ideológico ou de uma história factual, em que as personagens são fantoches com uma psicologia rudimentar e episódios de falas grosseiras, *Um coração simples* conserva sua autenticidade por fazer nascer uma personagem verdadeiramente única e falante.

A genialidade de Flaubert é também a de produzir, em sua narrativa, um dispositivo de empatia da personagem com o seu entorno, e por contaminação, do leitor por Félicité. A narrativa desenvolve, nesse sentido, um regime de antonomásia generalizada: um objeto inerte, inanimado, pode tornar-se um nome vivo e um nome vivo pode retornar ao inverso, ao estado inerte e inanimado. As diferentes funções do papagaio Loulou a quem Félicité dedica toda sua afeição, nos últimos anos de sua vida, inscrevem-se perfeitamente como uma figura de retórica que se destaca por uma lógica de conjunto, antes de mais, metonímica: ele passa de um status de pássaro vivo ao de um objeto empalhado, mas que não é nada menos que algo inerte para ser investido de uma carga crescente de significação simbólica. Inteiramente investido do simbolismo do Espírito Santo, pela imaginação mística de Félicité, ele é um fragmento do real capaz de reunir o Todo simbólico da procissão das oferendas e do altar da Festa de Corpus Christi.

Embora reduzido ao estado de animal empalhado, ele participa esteticamente do brilho de uma presença real tão forte que intervém no coração da agonia de Félicité, no fundo de uma hecatombe de tristezas e infortúnios. No instante de sua morte, Loulou, o papagaio, ocupará, "nos céus entreabertos", todo espaço espiritual da serviçal "pairando sobre sua cabeça" (Flaubert, 2009, p. 78). O pássaro que antes evocava o ridículo de uma repetição infernal — a verborragia é a caricatura de uma palavra triturada como uma oração sem alma — adquire força e cores por meio do heroísmo sublime de Félicité. Essa "mística em estado selvagem"[4] não se apresenta como a garantia de uma ordem social que não precisaria de reforma, mas como o intercessor e o controlador de uma comunhão efetiva entre os seres mais separados, bem como entre os seres, os acontecimentos e as coisas menos intimamente ligadas uma à outra.

4. Tópico estético e lógico da sociologia pragmática

Nessa perspectiva, a sociologia pragmática de Luc Boltanski pode ser elucidativa. Enquanto que a sociologia crítica (ou a sociologia da revelação de inspiração marxista) poderia reduzir a análise das situações e das personagens a um agenciamento simplesmente personificado de restrições sociais e econômicas, dado que ela pressupõe uma posição em beiral, identificando trajetórias existenciais e "características sócio-culturais" para construir sua hermenêutica e, para os atores supostamente ignorantes, os determinismos que os fariam agir na esteira deles. A sociologia de Boltanski preserva a autonomia do real e, também, em matéria literária, considera a narrativa

4. Famosa expressão de Paul Claudel que assim designa o poeta Arthur Rimbaud no prefácio de uma edição de suas obras em julho de 1912.

na sua incalculável complexidade. Enfim, em termos de relações sociais, ela acentua tudo o que pode suscitar um acordo entre os diferentes atores de uma situação social, privilegiando os elementos comunicacionais, relacionais e práticos atuantes na vida social de todo dia.

Sem poder prolongar esta incursão sociológica, podemos dizer ainda que tal abordagem desenvolvida na sua grande obra *La souffrance à distance* [O sofrimento à distância] é muito elucidativa, pelo fato de medir os efeitos de sentido do fictício e do realismo na representação da miséria dos pobres. Com efeito, a evocação do sofrimento se situa no cruzamento de diferentes registros de representação, considerando-se ao mesmo tempo a ficção (literatura, artes visuais, teatro etc.) e o documentário (imprensa, mídias, ciências humanas, discursos políticos etc.).

Luc Boltanski toma emprestado de Hannah Arendt a distinção pertinente que ela estabelece entre a política da piedade, que supõe uma distância com relação aos infelizes, e a atitude de compaixão, que supõe uma presença significativa para o outro, como próximo, único e particular. Uma é privilegiadamente política e coletiva; ela deve falar a linguagem da justiça e estabelecer um sistema de equivalências entre os infelizes para poder responder a sua situação por uma lógica de denúncia e de ação. Por outro lado, a compaixão supõe, ao contrário, o estrito respeito da individualidade de cada pessoa. Ela compromete o homem individualmente e, em vez de buscar uma medida comum do sofrimento e dos erros sofridos pelo infeliz, a fim de organizar uma política de denúncia e depois de atuação da justiça e do direito, ela responde imediatamente por uma ação pessoal, nascida de um sentimento de dor singular em relação à ferida do outro.

No que diz respeito à escrita literária, ela se situa mais no nascimento do sentimento de compaixão no leitor, por meio de uma personagem que sofre, do que na reivindicação de uma política razoável da piedade. A diferença mantém-se também na relação entre essas duas posições e aquele que sofre: num caso, um discurso estruturado e igualitário é requerido para distinguir e reunir, segundo diferentes tipos de situações, o inventário dos infortúnios de uma sociedade; no outro, a verdade da compaixão mantém-se mais na ação que no discurso. Quanto mais o homem é tocado pela dor do outro, menos ele fala sobre sua própria condição e mais ele atua secretamente, buscando socorrer seu semelhante (a parábola do bom samaritano é, pois, um bom exemplo disso).

Enfim, com relação à narrativa literária, o pensamento de Boltanski pode ainda dar lugar a uma transposição legítima entre as funções de reciprocidade entre as diferentes personagens da narrativa e as funções sociológicas que regulam o tratamento do sofrimento à distância. Que ela seja lida na perspectiva de um tópico do sentimento (por exemplo, o romance inglês *Pamela*, de Richardson), na de um tópico da denúncia (denúncia política e social de uma situação de miséria) ou na de um tópico estético, como é o caso agora, em se tratando da narrativa de Flaubert, elas podem recobrir-se sem se sobreporem de maneira instrutiva.

Assim, a força de uma personagem como Félicité é a de poder conjugar o papel de benfeitor e o de infeliz. Ela não se reduz à função de infeliz, impotente e objeto da comiseração dos "felizes", mas ela vem, ao contrário, por diversas vezes, em socorro de toda sorte de personagens: não apenas os mais infelizes que ela (os polonoses, o padre Colmiche), as crianças, os fracos, mas também os mais favorecidos deste mundo, a senhora Aubain e seus semelhantes, por exemplo. Enfim, outro ponto importante a destacar, com relação a uma interpretação sociológica, que a última palavra da história de *Um coração simples* quer apresentar, atém-se ao fato de que a função de "perseguidor" não é jamais estigmatizada pelo discurso da serviçal ou do narrador. Há muitos cínicos e perversos na novela de Flaubert, mas se eles são objeto de um reconhecimento de culpabilidade evidente (Théodore, Bourais, o marquês de Gremanville, a senhora Aubin etc.), eles não servem jamais de pretexto para romper a continuidade de uma relação indissolúvel entre os seres, relação análoga à que se perpetua de maneira que não se desfaz o vínculo entre o visível e o invisível, o homem e Deus, o carnal e o espiritual.

Na economia das funções de reciprocidade da narrativa, é possível reconhecer, no plano hermenêutico, a passagem do regime político dos signos e das funções sociais a um regime que o transcende, o de um regime inerente ao Nome próprio,[5] o de Félicité e de Loulou, tornado ubíquo na narrativa. Diante da vertigem do sentido e do sem-sentido, não existe meio termo. O homem não pode dizer "sim" ou "não" à verdade do Sentido e

5. Para a metonímia, haveria ainda muitas outras ocorrências a destacar, em particular, a palavra "boston" ao mesmo tempo nome de lugar e jogo de cartas muito em voga no final do século XIX. A evocação de partidas de boston em *Um coração simples* inscreve-se na descrição de uma relação muito ritualizada dos personagens com relação ao tempo: "Todas as quintas-feiras, os frequentadores vinham jogar uma partida de boston. Félicité preparava de antemão as cartas e os aquecedores. Eles chegavam às oito horas em ponto e se retiravam antes de baterem onze horas" (Flaubert, 2009, p. 8).

da escrita, segundo as condições de felicidade que lhe prometeria tal ou tal comprometimento na luta contra o sofrimento e o absurdo. O homem, na qualidade de único ser face à exterioridade do mal e do sem-sentido, não pode dizer "sim" ao ser e à vida simbólica até a morte. Não podemos suspender nosso "sim" à vida e ao seu renascimento nas intermitências de uma forma particular de felicidade ou de regime político. Para a escrita, aquém ou além da esfera política, antes e depois dela, há a verdade de um regime de liberdade extraordinária, o regime da criação linguística e do Nome próprio, o regime de uma infinita reversibilidade dos méritos em que o amor incondicional supera todo cálculo, em que a comunhão dos santos permite ultrapassar a oposição entre a compaixão pessoal e a piedade coletiva.

Em outros termos, uma lógica de denúncia política não é suficiente para fazer valer a constituição de um objeto literário. Este último obedece, sobretudo, a uma dinâmica de diferenças que aparecem intimamente enxertadas no mesmo status do signo e da escrita, como dialogismo e intertextualidade. No término do processo de obediência marxista de redução da obra literária à reprodução especular de um "fato social global", todo escrito literário é declarado (e, por extensão, toda obra estética), segundo uma lógica de denúncia radicalmente negativa, agir como um "ópio" reservado aos intelectuais, apesar de o romance ser objeto de grupos de leitores extremamente diferentes uns dos outros, um ópio que iria ao encontro de um reconhecimento da realidade. A defesa da singularidade da obra estética pertenceria, a partir de então, a uma tática (pessoal) ou a uma estratégia (coletiva), visando a negar a realidade dos fenômenos sociais e históricos, em proveito de uma aquiescência culpável a seu "poder" inconfessado que ela (a magia da obra, sua força de encantamento etc.) se satisfaria com a ingenuidade ou o cinismo a ocultar.

A leitura e a interpretação de *Um coração simples*, a narrativa de Flaubert publicada em 1877, não convidam a subscrever tal manipulação historicista da literatura. Porém, a inquietude social que ela exprime pode dar conta com muita aspereza de um conflito de interpretações que se pode identificar tanto na correspondência do escritor quanto no seu projeto textual. Por isso, esse texto é tão sintomático das relações entre a literatura e as ciências humanas. A escrita flaubertiana hesita entre uma leitura ingênua "crente" e uma leitura distanciada, "social" da história de Félicité. Há muita matéria para reflexão nessas duas leituras, a espiritualista e a determinista. A verdade desta narrativa encontra-se, para nós, na lucidez de uma leitura que consente em atravessar a beleza e a complexidade de seu estilo sem cair numa preguiça hermenêutica que nenhuma tradição espiritual saberia justificar.

Com efeito, pensamos que uma leitura é mais "espiritual" quando escuta até o fim a letra do texto e a verdade de sua complexidade, apesar de que possa ser dolorosa, segundo as visões demasiado quietistas da tradição. Tal interpretação requer uma atenção livre de toda deformação ideológica para fazer valer a emergência das formas particulares da narrativa, entendidas como a assinatura de um nome, de um corpo e de um estilo.

As ambivalências e as ambiguidades fazem parte da interpretação daquele que crê e a vertigem dos determinismos sociais — tudo se resumiria, então, a um concurso de forças sociais e históricas? — faz também parte da experiência daquele que crê: nenhum saber, vindo das ciências humanas ou de outro lugar, deve ser tomado ao pé da letra, como se fosse uma autoridade infalível, fechando a experiência da leitura num saber totalitário, mas toda forma de saber pode dar lugar a um aprofundamento do ato de crer: ele pode ser podado e pode sempre crescer, a despeito do que o coloque em crise.

5. O amor do estilo e o estilo do amor

Enfim, Flaubert, em *Um coração simples*, não chama jamais sobre si a atenção admirativa do leitor, ocupando ficcionalmente a posição de um benfeitor que se ostente diante de suas personagens que sofrem, como acontece frequentemente no romance sentimental inglês do século XVIII. Ao contrário, ele desaparece e seu estilo, cheio de pudor e de sugestão, pode fazer-nos lembrar do estilo do último Cézanne. Flaubert procede, ele também, à unificação de todos os elementos da narrativa, tratados com igual importância, mesmo o menor ponto, como num quadro da série dos *Joueurs de cartes* [Jogadores de cartas]. O perfeito equilíbrio da síntese e da análise, do detalhe e da unidade do conjunto da narrativa, permite à escrita e à leitura participar de uma transformação perpétua no ato do significado. Tudo em *Um coração simples* tem a gravidade de uma natureza morta e o movimento lento de uma grande embarcação, como aquela que conduz Victor, o sobrinho de Félicité, à América e à sua própria morte. Mais que uma proliferação de bons sentimentos, é essa profusão de desnudamento e de movimento que dita a promessa de uma compaixão que nada poderá corromper. É essa atitude grave e contemplativa, lançada na progressão de uma intriga insignificante, ainda que irreversível, talvez essa delicadeza de não dizer muito, mas de provocar por pequenos gestos, o que faz Félicité ser tão expressiva.

A metonímia em que se resume rapidamente todo seu ser e toda sua vida permite uma cristalização de toda a narrativa em torno de um paradoxo perturbador: quanto mais o ser se abaixa, menos ele pretende fundar o sentido de sua existência sobre suas ambições e seu amor próprio[6] e mais ele se dispõe a receber a desmesura do Espírito. O menor traço de existência e de significação torna-se, então, capaz de se colocar no diapasão do conjunto do tempo e dos lugares da narrativa para iluminá-lo de um sentido insuspeitado. Como o fragmento que, num regime metonímico, é chamado a tomar o lugar do todo, a verdade do nome próprio ganha, na narrativa, uma presença que contamina, de segmento em segmento, de frase em frase, de parágrafo em parágrafo, a totalidade da narração.

Os traços estilísticos dessa *kenose* da escrita são numerosos: preferência do discurso indireto livre; desconstrução da frase em favor de breves frases nominais; uso do travessão para sinalizar as falas, perturbando a lógica da razão gramatical, no final da frase; recusa da metáfora em proveito da metonímia. A depuração última da linguagem, a assunção do nome próprio, a suspensão do sentido no limite de seu status de invocação singular. O escritor sabe fazer resplandecer "sua criatura", no segredo de uma sucessão de "cenas", evoluindo à sombra da história, mas deixando aflorar a glória escondida dos simples: Félicité tudo suporta, tudo crê, tudo espera, e conhece menos o espírito de revolta que a amargura da inveja. Ela é, nesse sentido, um perfeito buquê de gestos, de ritos e de perfumes, um puro ato de fé livre de todo desejo de comparação.

Esse "retrato" de Félicité obedece à arte da atenuação de uma extrema expressividade; ele é o oposto da cristalização romântica em que a jovem sonhada deixa explodir a brancura de sua tez, o negro afiado de sua pupila, sua talha esguia ou a fineza de suas mãos. Quanto mais o retrato romântico multiplica a hipérbole (tão terna, tão fascinante, tão refinada etc.), mais o retrato de Félicité se reduz a um "fazer" em série que ameaça suplantá-la.

Sua descrição física aparece apenas no final do primeiro capítulo. "Seu rosto era magro, sua voz aguda. Aos vinte e cinco anos, nós lhe dávamos

6. Este esvaziamento remete, teologicamente, à noção de *kenose*, referida na Carta aos Filipenses, que contém a definição mais eloquente. O Cristo não reteve ciosamente para si sua condição divina.

quarenta; aos cinquenta, ela parecia não ter mais idade". A metáfora da animalidade, tão negativa em Balzac, em que a ganância e a ambição social transformam os homens em "linces" (Balzac, 1855), tem aqui outra característica: ela é, ao contrário, o emblema de uma capacidade de religar o cósmico, o humano e o divino. A selvageria de Félicité nada tem de naturalista: ela procede de instâncias superiores das intuições do coração. "Um instinto de honra" (Flaubert, 2009, p. 46) preserva Félicité de toda forma de cinismo, e a sabedoria que ela emprega quando age em favor dos outros — e esse é seu único modo de agir — mostra uma ignorância esperta que sabe providencialmente dominar a natureza. A forma como ela salva sua família do ataque de um touro e, sobretudo, seu sangue frio no luto mais duro são alguns exemplos, entre tantos outros.

Enfim, a originalidade mais profunda do retrato de Félicité encontra-se na sugestão de sua vida espiritual. Desprovida de educação religiosa e escolar, ela vive do mistério de Deus mais do que parece. A Paixão lhe é familiar, antes mesmo que ela ouça falar dela: "Por que o tinham crucificado, ele que amava as crianças, alimentava as multidões, curava os cegos e quis, com sua doçura, nascer no meio dos pobres na manjedoura de um estábulo?" (Flaubert, 2009, p. 54).

Sua relação com as coisas é tão pura quanto sua relação com os seres, e isso deixa explodir em toda sua força a verdade do sensível: "As sementeiras, as colheitas, as prensas, todas essas coisas familiares de que fala o Evangelho encontram-se na sua vida; a passagem de Deus as tinha santificado; e ela ama mais ternamente os cordeiros por causa do amor do Cordeiro, e as pombas por causa do Espírito Santo" (Flaubert, 2009, p. 56).

Ela adivinha sem compreender a grandeza do Verbo encarnado, que prefere o amor ao conhecimento, o próximo ao distante, a aliança à abstração. À força de transferir pouco a pouco sua faculdade de amar aos objetos mais e mais simples, Félicité vê-se investida de uma capacidade extraordinária de religar o sagrado e o profano. Loulou, o papagaio em quem se refugiam seus últimos arroubos de afetividade indômita, torna-se, assim, a efígie colorida do Espírito Santo, representado habitualmente sob a forma de uma pomba. Não aparece aqui "a imaginação que as verdadeiras ternuras sugerem"? (Flaubert, 2009, p. 43).

Do ridículo ao sublime, da miséria à esperança, da credulidade à fé, apenas um passo. Cabe ao leitor franqueá-lo, se Flaubert não se permite torná-lo explícito. Em todo caso, ele terá sabido ceder magnificamente seus direitos de autor quando da criação deste retrato: lá onde as palavras tomam o lugar das coisas e da verdade do coração, o escritor terá sugerido um mundo simbólico onde sua reconciliação se percebe à maneira de um sonho.

> Um cheiro de céu subiu ao quarto de Félicité. Ela avança as narinas, respirando-o com uma sensualidade mística; depois cerrou as pálpebras. [...] Quando exalou seu último suspiro, pareceu ver, nos céus entreabertos, um papagaio gigantesco, pairando em cima de sua cabeça. (Flaubert, 2009, p. 78)

REFERÊNCIAS

ARIÈS, Philippe. «Le service domestique : permanence et variations.» *Essais de mémoire: 1943-1983*. Paris : Seuil, 1993.

BALZAC, Honoré de. *La maison Nucingen*, Œuvres complètes de H. de Balzac, XI, A. Houssiaux, 1855. Disponível em: <https://fr.wikisource.org/wiki/La_Maison_Nucingen>.

CASAS, Lucia Campanella. *Poétique de la domestique en France et au Rio de la Plata, de 1850 a nos jours*. Littératures. Perpignan: Université de Perpignan, 2016.

DEBRAY-GENETTE, Raymonde. *Métamorphoses du récit. Autour de Flaubert*. Paris : Le Seuil, coll. Poétique, 1988.

FLAUBERT, Gustave. *Trois contes*, présentation par Pierre-Marc de Biasi, Gustave Flaubert, Paris : Garnier-Flammarion, 2009.

GUIRAUD, Pierre; THUILLIER, Guy. *Vie quotidienne des domestiques au 19ème siècle*. Paris : Hachette, 1978.

SAND, Georges. *Eugénie Grandet*, v. 5. Paris : éditions Fume, 1845.

TONDEUR, Claire-Lise. *Gustave Flaubert*, critique : thèmes et structures, Purdue university monographs in Romance languages. 1984.

WINOCK, Michel. *Flaubert*. Paris : Gallimard, 2016.

A imagem de Deus na cultura contemporânea sob o signo do simulacro

André Luís de Araújo

Preâmbulo

Durante muito tempo, a questão da imagem esteve relacionada ao conceito de verdade. No entanto, vivemos num mundo onde as imagens nos definem, atraem e, muitas vezes, decepcionam e enganam. Santo Agostinho afirmava que "buscando entender o mundo por meio da imagem, o homem teve acesso à verdade, do mesmo modo, perdendo o mundo na imagem, o homem se perdeu na vaidade".[1] Temos, assim, o direito de perguntar-nos: a imagem é portadora de verdade ou dificulta-nos nesse caminho? Como entender esse sistema de signos que a imagem forma? Seria a imagem arbitrária? Podemos controlá-la?

Primeiramente, sabemos que, de modo geral, uma imagem nos remete a um objeto. Entretanto, isso não é suficiente para defini-la. Pelo contrário, essa relação não tem correspondência imediata, como se houvesse regras imutáveis na relação imagem-objeto. Além disso, não é necessário que toda relação entre a imagem e o seu original seja uma relação de similitude; uma imagem deformada ou desfigurada pode evocar ainda um objeto. Como nos mostra Olivier Boulnois, em *Au-delà de l'image* [Para além da imagem], a relação da imagem com o original pode dar-se em muitos sentidos: "a imagem pode trazer presente o objeto, fundar sua memorização no espírito, dar-nos um equivalente simbólico, sustentar sua veneração etc." (Boulnois, 2008, p. 12). Desse modo, quanto mais modos de ser para a imagem, mais maneiras de enxergar o objeto. Assim também, um mesmo suporte pode apresentar muitas relações: utilidade, similitude, inadequação, narração, veneração...

O que entendemos, então, por imagem? Para começar, uma imagem é a representação visual, em certa medida, mental, de um objeto, de um ser vivo ou de um conceito. Ela pode ser natural, uma sombra ou um reflexo; pode ser ainda artificial, uma pintura, uma fotografia. Em todo caso, visual ou não, tangível ou conceitual, ela pode, por um lado, expressar uma relação de similitude direta com o seu original; ou, por outro lado, estar ligada a ele

1. *Sermon* 60 (PL 38, 403).

por uma relação mais simbólica, metafórica ou alegórica, termos próprios à semiótica da linguagem.

Se começarmos pelo mundo romano, a *imago* designava o retrato de um ancestral, feita em cera e colocada no átrio para celebrações fúnebres. Portanto, na sua etimologia, a imagem figura o retrato de um morto. E essa relação se estenderá a todo tipo de retrato. Será apenas num sentido derivado que ela vai designar posteriormente os simulacros, as cópias ou as reproduções de realidades passadas. Embora o conceito deva ser examinado mais de perto, Hans Belting[2] e Olivier Boulnois estão de acordo ao afirmar que não se deve perder de vista, num certo enraizamento antropológico e religioso, que a imagem funda a identidade daquele que a detém, ela institui essa identidade por referência à sua origem e à sua linhagem.

Se considerarmos isso, o conceito de imagem muda ao longo do tempo. Os especialistas observam que, durante a Idade Média,[3] por exemplo, o conceito de imagem inclui as estátuas, os baixos-relevos, mesmo se hoje em dia pensamos mais nas formas planas. Evidentemente, nessa época, o conceito exclui geralmente as metáforas presentes num texto, enquanto nós as nomeamos frequentemente imagens. *Ymago*, na terminologia medieval, designa a forma de um objeto único, distinto, pintado, cinzelado ou esculpido, mais que um campo pictural. A imagem é o retrato de uma coisa. Por uma questão de precisão, encontramos igualmente os termos *pictura* (imagem pintada) ou, mais raramente, *sculptura*. Uma forma *ymaginata* não constitui uma forma imaginária, mas uma forma posta em imagem (imaginada — "*imagée*"). De maneira análoga, a imagem narrativa é frequentemente chamada *historia* e uma mesma *historia* pode compor-se de muitas *imagines*. Assim, note-se bem que uma crucifixão pode apresentar uma cena da vida do Cristo (*historia*) — um crucificado —, mas ela é também uma imagem frontal (*ymago*), a tal ponto que ela pode ser vista como um ícone, um objeto de veneração.

Consequentemente, esses exemplos questionam a significação inscrita numa imagem, porque ela pode ser polivalente. A imagem pode contar uma história e atuar como o retrato de uma pessoa. De todo modo, sempre é possível que uma interpretação exceda a intenção do ato criador de uma imagem. Isso pode ajudar-nos a franquear o caminho das teorias da imagem, quando se trata de identidades religiosas. Nessa perspectiva, o cristianismo

---

2. Cf. *Image et culte* (Belting, 1998).

3. Boulnois precisa bem a evolução do termo *image* na Idade Média, em contraste com os nossos dias, antes de passar às teorias da imagem a partir das identidades religiosas.

aparece, de alguma maneira, como uma síntese entre a idolatria pagã e a rejeição icônica dos judeus e dos muçulmanos, pelo fato de que a utilização de imagens e a crítica ao seu culto transformou-se no enfrentamento entre a religião do irrepresentável e a idolatria da representação.

De fato, a utilização de imagens em lugares de culto será a origem de um desacordo entre as três grandes religiões monoteístas, no que se refere ao paganismo associado a essa prática. De modo que o judaísmo, a partir do século V da nossa era, vai proibir o uso de ícones nas suas sinagogas, antes ornadas de pinturas antigas, para reforçar sua própria identidade religiosa, frente a um cristianismo que se tinha apropriado da dimensão do visual. Em certa medida, o Islã terá a mesma atitude com relação aos ícones. Quanto ao cristianismo, é bom notar, como as duas outras religiões monoteístas, ele rejeita o que possa representar Deus, o Pai, sempre invisível. A religião cristã autoriza apenas a representação do Cristo em sua humanidade.

Nesse sentido, para além da inadequação dessas representações já evocadas, é importante analisar o pano de fundo de uma racionalidade teológica que trabalha na história, especialmente em Santo Agostinho e nos Padres da Igreja e que têm consequência nos dias de hoje. Por isso, o período medieval é particularmente propício a esse estudo, na medida em que ele mantém viva a questão da validade da imagem, independentemente da pertença religiosa ou do prazer estético. Em consequência, os filósofos e os teólogos medievais vão perguntar-se frequentemente: é possível conhecer alguma coisa sem imagens? Toda imagem é enganosa, inadequada? É lícito fazer uma imagem do Absoluto? A partir de quê pode-se imaginar Deus?

1. O poder das imagens

Quando as imagens começaram a ganhar força na Igreja, elas tornaram-se indesejáveis e os teólogos procuraram um meio de tirar-lhes o poder, afirma Hans Belting na introdução de sua obra *Image et culte : une histoire de l'art avant l'époque de l'art* [*Imagem e culto: uma história da arte antes da época da arte*]. Segundo o autor, as imagens começaram a exercer uma atração mais forte que as instituições mesmas e a agir de maneira autônoma em nome de Deus. No entanto, apesar de, às vezes, proibidas ou condenadas, elas estavam, de algum modo, sempre presentes, pois continuavam a corresponder aos desejos dos fiéis. Era, então, possível subordinar sua aparição às condições que garantissem seu controle. Porém, como a Igreja primitiva não tinha nem teoria, nem prática do uso da imagem, tratava-se primeiro de definir em que consistia a tradição. Assim, "explicando" as imagens e "vigiando" seu acesso, os teólogos podiam esperar ter tudo sob controle. Nessa perspectiva, a aparição de certa *teologia dos manuais* inscreve-se nesse movimento de criação de um dispositivo doutrinal controlado pela hierarquia da Igreja. Ela está a serviço da transmissão da doutrina da fé aos futuros padres e supõe, por isso, uma articulação do que é o dogma e do que seja teológico, conforme a opinião dos doutores católicos já legitimados pela instituição.[4]

Isso significa que apenas a saída da teologia dos manuais poderá conduzir efetivamente para uma pluralidade de formas de pensamento, tributária de contextos culturais diversos. Consequentemente, esta passagem deve fazer-nos compreender os fatores atuais dessa tomada de consciência que considera a síntese do mistério divino nos manuais, por exemplo, como uma forma de pensamento entre outras, ao mesmo tempo em que pode dar lugar a outras maneiras de abordar os dogmas e as imagens, orientando sua função reguladora.

De fato, uma verdadeira experiência de Deus revela a cada cultura a graça da autocomunicação absoluta do Mistério divino, diria Karl Rahner, o que deve tornar possível a manifestação dessa criatividade teológica tanto quanto sua representação e sua predicação eclesial, formas de pensar e de viver a fé na união dos corações, sem o risco de instrumentalizar o caráter dogmático. Nessa perspectiva, apenas um processo relacional de uma constituição divina e humana, mutuamente em comunhão, poderá salvaguardar, a um só tempo, a simplicidade de Deus e a novidade do homem que se procuram e se transfiguram reciprocamente.

1.1. Imagem natural e imagem artificial

Para começar a compreender essa passagem da teologia dos manuais a novas formas de pensamento, podemos observar que antes de Agostinho o conceito de imagem sofria de uma ambiguidade fundamental. Para Platão, por exemplo, a imagem perfeita deveria possuir exatamente todos os traços do original, a ponto de lhe ser idêntica. Assim, para haver uma imagem perfeita de um objeto, deveríamos reproduzi-lo inteiro, identicamente. Contudo, teríamos dois objetos, em vez do objeto e sua imagem. De fato, a

4. Christoph Theobald faz uma análise muito atenta do papel da teologia dos manuais na renovação do pensamento teológico trinitário do século XX.

imagem perfeita deixa de ser uma imagem para ser seu duplo. É necessário, então, ficar aquém da imagem perfeita e reconhecer que toda imagem implica uma forma de imperfeição e de dissemelhança.

Agostinho se questiona sobre a imagem artificial. Para ele, como para Aristóteles, a arte imita a natureza e a natureza provém do pensamento divino que a criou. As ideias, os modelos não teriam como subsistir antes do pensamento divino. Assim, as formas naturais, unidas à matéria e submissas ao devir, participam das formas ideais que preexistem em Deus desde toda eternidade. Entretanto, a produção artesanal difere da criação divina: esta cria a partir de nada, aquela a partir de uma matéria preexistente.

Nesse sentido, a obra artesanal é sempre menos perfeita que o original natural, cuja forma provém de Deus e depende dele. É melhor reconhecer a semelhança da criatura com Deus que seguir a correspondência de uma imagem artificial ao seu original natural. O artesão se situa, assim, num plano inferior. Por isso, Agostinho destaca, ao mesmo tempo, a inferioridade das atividades manuais e a fragilidade dos que lhe dão valor e lhe rendem culto.

A veneração dessas imagens artificiais se distancia ainda de um grau de verdade. Assim, a beleza natural ultrapassa a beleza artificial: a natureza é mais próxima de Deus que a sua imitação feita pelo homem. Nos dois casos, é necessário voltar à ideia de Deus, mas a imagem natural reconduz a Ele mais diretamente que a imagem artificial.

2. Deus sem imagem?

O homem é caracterizado pelo desejo de ver. Esse desejo espera ser preenchido pelo objeto mais perfeito. Entretanto, Deus é invisível. Assim, se o inteligível é sem imagem, Deus não pode ser visto sob uma forma. Por isso, Agostinho propõe então um desvio: para louvá-lo, apesar de seu caráter irrepresentável, o homem partirá do que pode ser representado — a criação da qual Ele é o princípio; ele vai louvá-lo a partir de sua obra. Deus é irrepresentável, mas pensável como a fonte e o autor de tudo o que é representável.

Segundo Agostinho, o espírito é mais que a visão, pois o invisível é maior que o visível. O criador é maior que sua obra, é Ele que deve ser amado, enquanto que a criatura deve ser apenas contemplada. Agostinho aborda, então, o problema das aparições de Deus, ou seja, das teofanias bíblicas: como o invisível se faz visível? Na sua concepção, as teofanias não revelam nada da substância divina: corpo, anjo ou homem não são em nada adequados à divindade. A visão não pode ser o órgão do conhecimento de Deus.

Agostinho distancia-se, assim, de muitos Padres da Igreja, para os quais a autoridade da proibição bíblica: "*O homem não pode ver meu rosto e continuar vivo*" (Êxodo 33, 20), válido para o Antigo Testamento, foi abolida pelo Novo, onde Deus se faz visível no Cristo. Os dois tempos da Escritura correspondem, de certo modo, a dois regimes de visibilidade diferentes. Nessa perspectiva, o Filho reserva pela sua Encarnação, a revelação completa, quando de sua Transfiguração. No entanto, se o Filho mostra, de certa maneira, seu rosto, ele guarda outro rosto absolutamente invisível, a Verdade da qual ele é Imagem, seu Pai, que se faz conhecer a partir dele. Mas, para Agostinho, ao contrário, o conhecimento de Deus provém de uma experiência mais poderosa, mais elevada: o espírito. Isto dito, primeiramente, é necessário tentar compreender que Agostinho se esforça por harmonizar sua análise filosófica da invisibilidade divina com as declarações da Escritura, evidentemente. Porém, o problema não está ligado às referências que ele escolhe que em primeira análise podem parecer afirmar o contrário de sua proposta, segundo Boulnois: "*Bem-aventurados os corações puros, porque verão a Deus*" (Mt 5, 8). Podemos, com isso, nos perguntarmos: como compreender então que alguns verão a Deus?

Agostinho entende que ver o Filho de Deus, o que é igual ao Pai, na sua divindade, é impossível aos maus. Isso é reservado apenas para os justos, em plena conformidade com a bem-aventurança da Escritura. A questão que se coloca parece-nos ser mais profunda, porque, segundo Agostinho, por causa dos maus, Jesus Cristo recebe do Pai o poder de julgar visivelmente, "a fim de que todos os ressuscitados possam vê-lo no estado em que ele é visível a todos, mas a uns para a perdição, a outros para a vida eterna. [...] Ele se mostrará pleno de bondade na visão que os corações puros terão. Mas, aos maus, o juiz não lhes parecerá bom" (BA 15, 175).

Assim, eles verão, neste momento, aquele que transpassaram, isto é: "Se eles o tivessem conhecido, eles não teriam jamais crucificado o Senhor da Glória" (1 Cor 2, 8) — dirá ainda Agostinho em acordo com o Apóstolo Paulo. Afirmando isso, parece que a alteridade desta natureza humana assumida pelo *Logos* do Pai desde a Encarnação, conforme São João, corre o risco, de algum modo, de ser uma espécie de maldição, que Jesus deve "suportar" até o momento do juízo final. Esta natureza decaída é eternamente a causa de danação de todo homem, mesmo daquele que revestiu a nossa humanidade. Como poderia ele, então, revelar-nos, nessas condições, o rosto do Pai, quando nós dizemos que ele é a imagem do Deus invisível? E por que apenas os justos seriam capazes de vê-lo?

Em todo caso, graças a Rahner, podemos afirmar que a natureza humana não é uma máscara (πρόσωπον), uma imagem revestida desde o exterior, ao abrigo da qual o *Logos* do Pai age no mundo e revela sua ação. Ao contrário:

> [...] ela [*a natureza humana*] é desde a origem o símbolo real e constitutivo do Logos, de modo que, partindo da raiz ontológica suprema, pode-se e deve-se dizer: o homem é possível, porque a exteriorização do Logos é possível. [...] o que Jesus é e faz como homem, é a existência revelando em nós o Logos, que é nossa salvação. Então, sem nenhuma atenuação, pode-se verdadeiramente dizer: está aqui o Logos de Deus e o Logos entre nós. O Logos imanente e o Logos da economia da salvação, ou seja, rigorosamente o mesmo. (Rahner, 1967, p. 128-129. Tradução nossa)

Assim, se a essência divina é ela mesma invisível, Deus é, porém, livre para fazer-se visível. Ele pode dar-se a ver. Certamente, a invisibilidade de Deus constitui sua natureza, mas sua liberdade é tal que ele pode dar-se a conhecer, fazendo-se visível. A aparição é imprevisível, porque seu surgimento depende desta vontade livre que a torna visível ou não. Nesse sentido, as teofanias são livres manifestações.

Deus é, assim, de natureza invisível. Não somente o Pai, mas o Mistério da Trindade, como nos diz Agostinho, e uma vez que Ele não é somente invisível, mas imutável, Ele aparece a quem Ele quer, na forma que quer, de tal modo que sua natureza imutável permanece íntegra. Os místicos que declaram que o viram, viram-no quando Ele quis, na forma que Ele quis, e não na sua essência divina, porque por ela, ele continua escondido mesmo quando foi visto. Desse modo, afirma-se que o visível de Deus não é o que Ele é.

As teofanias continuam metáforas do invisível no visível. A visão de Deus é, assim, sua compreensão como um verbo mental, a narrativa inefável do Filho, seu Verbo por excelência, sua Imagem perfeita. Se Deus escapa à visão, o Filho a contou numa narração inefável e esta Palavra do Filho cumpriu o desejo humano de ver Deus, tendo um modo de ser intelectual, para além do visível e do sensível. Esse Logos do Pai que torna Deus visível é mais que uma simples palavra sonora ou que uma simples imagem visível, Ele se comunica a nós por um ato de amor até o fim e faz conhecer aos espíritos a alteridade Daquele que é (Êxodo 3, 14).

3. A imagem de Deus na cultura contemporânea e o simulacro

Acompanhar a análise que Jean Baudrillard (2005) faz das diferenças encontradas por ele entre a ordem da representação e a ordem da simulação permitiu elucidar, por extensão, que imagem de Deus se pode ter, na cultura contemporânea, sob o signo do simulacro. O autor, crítico da sociedade de consumo e da massificação das relações humanas, falecido em 06 de março de 2007, morreu aclamado como um dos pensadores mais presentes e contestados no debate público desde o fim dos anos de 1960. Aliando a crítica à sociedade do espetáculo à análise dos signos sociais, desenvolveu uma série de teorias que remetem ao estudo dos impactos da comunicação e das mídias na sociedade e na cultura contemporâneas. Partia, pois, do princípio de uma realidade construída (hiper-realidade), discutindo a estrutura do processo em que a cultura de massa produz essa realidade virtual.

Nesse sentido, conforme assinala o sociólogo polonês Zygmunt Bauman, a obra de Jean Baudrillard é fundamental para a crítica dos fetiches contemporâneos, por ser o responsável por um trabalho absolutamente necessário em um mundo obcecado pelas imagens, em que a condição preliminar para qualquer tentativa de melhorar a situação é resistir ao seu poder sedutor e escapar ao seu encantamento. Bauman considera que Baudrillard *limpou o terreno*, deparando-se com o vazio e aproximando-se perigosamente do niilismo. Destacou, assim, a contribuição e a tarefa árdua da sociologia numa sociedade em que as funções públicas foram abandonadas pelo Estado e terceirizadas para iniciativas de mercado ou subsidiadas para a política de vida individual.

Hoje, espera-se que os indivíduos construam, individualmente, usando recursos próprios, soluções particulares para problemas que são comuns e produzidos socialmente. Diante disso, é fundamental um conhecimento confiável sobre os modos como os fatos da vida são produzidos e nos confrontam, e essas fontes e raízes não podem ser apreendidas dentro da experiência individual apenas.

4. A representação e a simulação

Em vista disso, Baudrillard, a partir das conceituações da imagem e da representação, como percepção interpretada, um sensível e, ao mesmo tempo, uma descrição, avança rumo a uma perspectiva de supressão contínua de uma alteridade que a ordem dos simulacros instaura. Deixando claro que é na própria dialética de ausência e presença, implícita no conceito de representação, que o referente, simultaneamente evocado e cancelado, torna-se uma permanente miragem, que coloca o pensamento ante o dilema do falso e do verdadeiro.

Para tanto, sua análise explora as diferenças encontradas entre a ordem da representação e a ordem da simulação. Segundo ele, na representação, existe uma suposta equivalência do signo e do real, considerada utópica, imaginária. Na simulação, parte-se de uma negação radical do signo como valor. Além disso, afirma que a simulação não corresponde a um território, a uma referência, a uma substância, mas à geração por modelos de algo sem origem nem realidade. E, por mais que tentemos fazer coincidir o real com seus modelos de simulação, estaremos sempre diante de vestígios do real, uma vez que ele pode ser produzido e reproduzido um número indefinido de vezes.

A era da simulação se abre, pois, com a liquidação dos referentes. Não se trata, assim, de imitação, nem de reiteração, nem de paródia, mas de suplantação do real pelos signos do real, isto é, de uma operação de dissuasão de todo o processo real, oferecendo todos os signos do real, mas em curtocircuito, sendo importante compreender que:

> Dissimular é fingir não ter o que se tem. Simular é fingir ter o que não se tem. Um remete a uma presença, o outro a uma ausência. Mas a questão é mais complicada, já que simular não é fingir: 'Aquele que finge uma doença pode simplesmente deitar-se e fazer crer que está doente. Aquele que simula uma doença aparenta ter alguns sintomas dela'. Assim, pois, fingir, ou dissimular, deixam intacto o princípio de realidade: há uma diferença clara, só que mascarada. Por sua vez a simulação volta a questionar a diferença do 'verdadeiro' e do 'falso', do 'real' e do 'imaginário'. (Baudrillard, 2005, p. 12, tradução nossa)

Assim sendo, basta uma pequena alteração na lógica da narração, e a imaginação promove a formação de um novo disfarce. O esforço por separar a realidade da ficção evidencia a tentativa de encobrir as contradições do projeto de definição da verdade. Em muitos casos, é difícil não acreditar que a realidade não passe de uma grande farsa e que o homem não seja um grande mentiroso. Não se trata somente da realidade ficcional, uma vez que a substância imaginária penetra em todas as coisas. Parece faltar algo à constituição da verdade, visto que ela permanece como uma questão que resiste à determinação, e os acontecimentos não conferem nenhuma clareza aos objetos da realidade, além de a natureza humana permanecer um mistério desconhecido, porque não pode ou não quer abandonar a ambiguidade da invenção, da criação.

Há, sem dúvida, uma potencialização do real como universo de produção de histórias, e, na ordem no simulacro, essa distância entre o real e o imaginário é dissolvida, não havendo espaço perspectivo, nem distinção entre o modelo e a operação do real propriamente dito. Assim, é necessário um grande esforço para se enxergar o espaço do conectivo, o que só é possível quando se consegue um *zoom* nas relações, no cruzamento dos fios esgarçados do tecido. É, pois, uma coisa só: um ciclo que se fecha — do imaginário como álibi do real, passa-se ao real como álibi do modelo e, consequentemente, o real se transforma em nossa verdadeira utopia. Tendemos a ver a malha, não as partes que a constituem.

> A distância entre real e imaginário possibilita a intervenção crítica. Na utopia, essa distância é clara e precisa: o imaginário transcende o real. Na ficção científica, a distância reduz-se. A esfera do imaginário (a ficção) é um prolongamento do real. Não há, contudo, diferenças qualitativas entre uma e outra. (Mello, 1988, p. 34)

O trabalho de todas as nossas forças envolve o pensar na dispersão, na administração da falha, seus erros e suas incursões. Não é mais errar só, nem errar simplesmente, é mais complexo e atual, é lidar com riscos, é chamar novos personagens, novos interlocutores que queiram participar da trama da linguagem, que permita, por isso mesmo, um discurso fecundo e desenvolto, surpreendendo o significado da teoria em seu nascedouro, fazendo silêncio para ouvir os ruídos e participar da contemplação solene das cenas, para além da metafísica das aparências.

Aqui cabe, perfeitamente, a pergunta a respeito de Deus e de sua imagem. Afinal, a histeria característica de nosso tempo produz e reproduz realidades e valores, competindo-nos refletir se não corremos o risco de fazer o mesmo com Ele, uma vez que, segundo Baudrillard, o que a sociedade busca, ao continuar produzindo e superproduzindo, é ressuscitar o real que se lhe escapa. Assim, tal produção "material" se converte em hiper-real, de tal sorte que se fixa uma realidade que tende a esmaecer todo o sentido e toda a profundidade.

O perigo está em que todos concorremos para essa cumplicidade, dado que precisamos salvar um princípio de realidade. E a massa, conforme pontua Baudrillard, é uma esfera cada vez mais densa, onde implode todo o social, devorado em um processo de simulação ininterrupto. Por isso, em contrapartida, ele insiste em que é urgente a leitura dos fatos e dos signos — e incluímos aqui a imagem de Deus nessa cultura de massa — também pelo reverso, indo além de sua montagem oficial, pois é necessário atentar, ainda, para o trabalho das mídias que querem manter a ilusão de possibilidade de certos fenômenos, da realidade, de uma finalidade histórica e da objetividade mesma dos fatos.

É, então, producente averiguar as grandes dimensões, profundidades e distâncias que o observador não pode dominar, dado que, também, segundo Deleuze (2003, p. 264): "O simulacro inclui em si o ponto de vista diferencial; o observador faz parte do próprio simulacro, que se transforma e se deforma com o seu ponto de vista". Com isso, vê-se que a sorte está lançada e a cultura do simulacro se impõe, saturando um sistema em suas próprias forças, até um ponto de esvaziamento em que o centro funciona como um incinerador que absorve a energia cultural e a devora.

Com isso, os valores vão sendo arrastados, sob a pecha de saneamento, restauração e desinfecção — *design* esnobe e higiênico —, segundo Baudrillard, evidenciando o verdadeiro risco. "Este espaço de dissuasão, articulado sobre uma ideologia de visibilidade, de transparência, de polivalência, de consenso e de contato, e sancionado pela chantagem da segurança, é, hoje, virtualmente, o espaço de todas as relações sociais".[5] E, por assim dizer, está desenvolvido aí todo o tratamento que conferimos à cultura, seus signos e aos demais elementos que nos formam.

E a imagem de Deus também se torna sintoma desse tempo acelerado e transitório, difratado, implodido, encadeado e desencadeado aleatoriamente,

5. Tradução nossa (Baudrillard, 2005, p. 85).

pertencente a esse monumento de dissuasão cultural. A subversão e a destruição violenta, portanto, são as respostas a esse mundo da produção. As repostas a um universo de redes, de combinação e de fluxos não podem ser outras que não a reversão e a implosão. O mesmo ocorrerá com as instituições, o Estado e o poder.

Desse modo, as massas retiveram apenas, como termina Baudrillard, a Imagem de Deus, com toda a problemática já sinalizada, não sua Ideia. Elas não foram alcançadas pela Ideia de Deus, que se restringiu ao mundo dos clérigos, nem pelos horrores do pecado, nem pelo medo em vista da salvação pessoal. O que retiveram foi o mundo mágico dos mártires e dos santos, do Juízo Final, da morte, das bruxarias, do espetáculo e do litúrgico da Igreja — a imanência do ritual contra a transcendência da Ideia.

Pagãos foram e assim continuaram à sua maneira, vivendo de superstições, muitas vezes. É uma forma própria de colocar em xeque o imperativo categórico da moral e da fé, o imperativo do Sentido, sempre rechaçado. Não se trata de que não tiveram acesso às "luzes superiores da religião": isso foi negligenciado. Rejeitam o Transcendente — posto em suspensão —, a diferença, a espera, a ascese. O Reino de Deus parece encontrar-se na imanência de imagens, num desvio fantástico do princípio religioso, situado, não raro, em práticas de feitiçaria, facilmente absorvidas.

Por fim, vê-se que essa imagem não é nem sequer justa, uma vez que a cultura de massa funciona, como conclui Baudrillard, como um gigantesco buraco negro que dobra, curva e retorce inexoravelmente todas as energias e radiações luminosas que se aproximam dela. Esfera implosiva, em que a curvatura dos espaços se acelera e todas as dimensões se curvam sobre si mesmas e retraem até se anularem, não deixando em seu lugar mais que uma esfera que a tudo engole potencialmente.

Considerações finais

Mais que conclusões, parece-nos propício provocar logo uma discussão, para partilhar inquietações, propor e ampliar perspectivas de abertura, mais do que a pretensão de um mero alinhamento em torno do tema proposto. Falta-nos certo distanciamento ainda diante de questões tão candentes.

Há lugar para discussão de uma abordagem "teo-literária" na Academia que se diz "laica"? Corre-se o risco de proselitismo?

Diante disso, é possível propor uma mística sem religião?

Ultimamente muito se tem discutido sobre o nosso tempo como a "era líquida". Há limites para essa nossa "sociedade líquida"? Ela se liquefaz em todos os seus referentes? Isso se dá do mesmo modo em toda parte?

Em que medida o simulacro na cultura revela uma perspectiva existencialista e nos abre pistas para falar de Deus? A Literatura pode ser, por isso mesmo, um campo de discussão privilegiado a esse respeito?

REFERÊNCIAS

BAUDRILLARD, Jean. *Cultura y Simulacro.* Barcelona: Kairós, 2005.

BELTING, H. *Image et culte.* Paris: CERF, 1998.

BOULNOIS, O. *Au-delà de l'image.* Paris: Seuil, 2008.

DELEUZE, Gilles. *Lógica do Sentido.* Trad. Luiz Roberto Salinas Fortes. São Paulo: Perspectiva, 2003.

MAC DOWEL, João A. *Investigação Filosófica sobre Deus*: Curso de Filosofia da Religião. Belo Horizonte, 2006. Texto policopiado.

MELO, Hygina Bruzzi de. *A cultura do simulacro:* filosofia e modernidade em Jean Baudrillard. São Paulo: Loyola, 1988.

RAHNER, K. « Quelques remarques sur le traité dogmatique 'De Trinitate' », dans *Ecrits théologiques*, Paris : DDB, 1967. t. 8, p. 107-140.

SAINT AUGUSTIN. *Mélanges doctrinaux.* BA 10. Paris : Desclée de Brouwer et Cie, 1952. p. 326-329.

______. *La Trinité.* BA 15. Perpignan : Institut d'Études Augustiniennes, 1997. p. 86-181.

SESBOÜÉ, B. « Le Mystère de la Trinité: réflexion spéculative et élaboration du langage », dans *Le Dieu du Salut.* Paris : Desclée, Histoire des dogmes. Tome I, p. 305-317.

THEOBALD, C. « Le passage de la théologie des manuels à de nouvelles formes de pensée », *dans Les sources du renouveau de la théologie trinitaire au XXe. siècle.* E. Durand et V. Holzer (Dir.). Paris : Cerf, 2008. p. 33-59.

Poésie contemporaine et spiritualité

Claude Tuduri

Le chant
C'est comme l'eau d'un ruisseau
Qui coule sur des galets,

Vers la source.

C'est la promesse
de la source au soleil.

Guillevic (2001, p. 323)

Pour ne pas nous noyer dans un *imbroglio* théorique interminable et dans la pesante explicitation d'une méthodologie laborieuse, nous chercherons dans cette conférence à faire se rejoindre autant que possible le rythme de la parole et celui de la pensée. La poésie a d'abord été un art de l'oralité, la vérité du mythe et de la présence à Dieu et à son infini comme ajusté aux autres et réunis en une seule célébration du mystère de la vie et de la voix humaine, de l'autre et de l'être.

La poésie et l'expérience spirituelle ont en commun de vouloir se déposséder du savoir. Se déposséder du savoir, c'est préférer le chant au discours, la vérité du style toujours en devenir à la démonstration d'une rationalité qui se satisfait des mouvements de sa propre logique. En même temps, chaque poème relance l'exigence d'une intelligence de plus en plus fine du monde ; il ne nie pas la légitimité de la raison mais en souligne la fragilité hors des particularités de son assise incarnée, laissant affleurer dans son expression la plus singulière l'énigme que l'âme et la voix de l'homme demeurent toujours davantage à elle-même.

Certes, l'expérience spirituelle, pas moins que la littérature, ne naît par un phénomène de génération spontanée et comme indépendamment de l'histoire et de la culture des sociétés. Au contraire, le paradoxe tient à ce que la poésie comme l'expérience spirituelle découpent une oasis de silence au beau milieu des frémissements et des rumeurs du monde. Mais plus le silence se fait silence à l'intérieur de l'écriture et du poème, plus il devient, sans le vouloir, réceptif à ce que la vie des hommes et de leurs cités murmure secrètement en sa soif innombrable. Le poète aux aguets est comme le sismographe des secousses et des variations d'un monde sensible encore inhabité mais l'exploration des caves et des greniers de ce monde toujours en devenir l'ouvre paradoxalement à la surprise d'une épiphanie que rien ne prouve mais que tout peut montrer : cette épiphanie, à la fois attente et promesse, déjà révélée mais encore inexprimable et clandestine, se détache sur le fond d'un horizon comme universellement partagé. Tout, pas seulement la nature, peut devenir un « *temple où de vivants piliers laissent parfois sortir de confuses paroles* » (Baudelaire, *Correspondances*). La hantise de recueillir et de répondre à ce qui donne sens au monde, à ses instants de plénitude les plus chargés de sens, traverse le cœur de toute l'humanité.

1. La littérature et le mal

Mais il y a parfois une naïveté trompeuse dans l'élaboration d'un discours sur la littérature et l'expérience spirituelle. Les instants de plénitude que la poésie signifie ne sont pas les instants lisses dont rêve un spiritualisme désincarné. Rappelons-nous la célèbre formule de Rimbaud dans *Une saison en enfer* : « *Le combat spirituel est aussi brutal que la bataille d'hommes mais la vision de la justice est le plaisir de Dieu seul* ». Oui, il y a toujours dans l'acte de lire et d'écrire une part de fable et d'imposture qui vient au grand jour ; elle est, en ce sens, une épreuve, un risque, la remise en question d'une image de soi trop flatteuse.

Comme le dit très bien Marguerite Yourcenar, et qui est encore davantage applicable à la poésie qu'au roman, l'accès à l'écriture peut révéler la facticité d'un « moi » qui répète un discours plus qu'il ne le vit. Là où le sujet est appelé à se dire de façon originale, à faire enfin correspondre l'écriture à la profondeur d'une parole, d'un regard et d'une présence au monde, là peut surabonder la mise à nu d'une soumission mortifère aux tics et aux habitus de notre environnement social. Au lieu de donner pudiquement à déchiffrer la profondeur de la vie et du monde, on ne donne en spectacle au lecteur que le mirage d'un lyrisme décoratif et bavard où le « moi » n'a pas eu le courage de sortir de lui-même et d'un imaginaire tissé de conventions et de clichés.

C'est pourquoi la poésie exige une attention réelle à l'authenticité des mouvements intérieurs, elle est une formidable école d'attention à soi et de présence au monde. Il s'agit de demeurer à l'écoute des transitions de l'espace et du temps et de s'éveiller à l'entrelacement foisonnant de signes qui surviennent comme des instants de prédilection dans la suite ininterrompue des phénomènes de ce monde. Ouvert aux modifications imperceptibles qui transforment peu à peu le paysage de notre géographie intime au contact des choses et des êtres, nous pourrons entrer en extériorité dans une certaine maturation de la vie spirituelle. Nous ne serons plus enfermés dans un souci de soi et dans le cadre mental d'une psychologie, mais nous serons vraiment disponibles à une parole qui porte en elle tous les possibles, telle « *la future vigueur* » annoncée par le *Bateau ivre* de Rimbaud : des «*millions d'oiseaux d'or* » veulent s'envoler de la cage de notre âme aliénée par une intériorité faussée par toutes sortes de mythes et de mimétismes sociaux.

C'est pourquoi le poète désireux de dire le mystère de Dieu dans la profération imprévisible de son chant évolue sur une ligne de crête. Il oscille entre le jaillissement d'une intimité toute neuve et contemporaine de sa propre exploration des autres et du monde et la permanence d'une veille amoureuse qui engage la réalité de sa réponse à un Fils de l'homme reconnu comme chemin de vérité et de vie. Si l'accueil de l'immanence poétique transcende toute identité sectaire et toute appartenance religieuse, sociale et culturelle, il n'est pas si aisé de discerner comment un tel accueil peut se relier à une adhésion authentique à l'esprit du Christ ou bien, au contraire, faire sournoisement violence à la sainte humanité de sa parole.

Quand on présente souvent le christianisme de façon erronée et platonique en reconduisant un dualisme de l'esprit et de la chair que le catholicisme a toujours refusé comme étant sa propre caricature, on gauchit aussi de la même façon l'expérience spirituelle en la réduisant à une expérience intérieure individuelle et seulement cérébrale. Dans son magnifique poème en hommage à Philippe Jaccottet et à son épouse, Jean-Pierre Lemaire intitulé «Dehors est l'amour » dit avec force et clarté l'ouverture du sujet croyant à l'extériorité et à une certaine forme d'humble objectivité:

Dehors était l'amour
seul comme un soleil en marge des mondes
nous illuminant au seuil de nous-mêmes
et nous avons crié vers lui
nous avons tendu les bras pour qu'il nous prenne
quand nous tenions encore
sans le savoir, à l'ombre
à la maison des morts. (Lemaire, 2016, p. 207)

L'écriture poétique bouleverse le bel ordonnancement du monde entre dehors et dedans, existence et essence, origine et développement dérivé, horizontalité et verticalité, chair et Esprit. Elle terrasse l'idole invisible qui retient l'homme sur la pente des ressassements de son moi comme Sisyphe prisonnier de l'éternel retour à son propre rocher jamais porté jusqu'en haut de la montagne.

La mobilité du « moi » est la loi du langage qui ne s'instaure qu'à travers la simultanéité d'une absence et d'une présence. Au contraire, la pérennité de l'amour ne recherche d'autre loi que celle d'une action et d'une présence toujours plus présente, une relation acquise davantage à l'écoute qu'à l'expression, une relation où tout à l'autre, nous sommes enfin délivrés des vicissitudes de l'ego ; oui, la pérennité de l'amour recherche une présence toujours plus une et indéchirable.

C'est là le grand défi de la poésie et de l'expérience spirituelle. Comment surmonter la contradiction entre l'un et le multiple, l'éternel et l'éphémère en donnant toutes ses chances au langage ? Max Jacob, poète d'origine juive, ami de Picasso, a traversé avec une grande authenticité cette contradiction entre le ruissellement vertigineux de la créativité poétique et l'ascèse d'une présence à Dieu toujours plus entière. Dans *Le cornet à dés (1917)*, son recueil le plus connu, les feux d'artifice du langage interdisent toute construction durable du sens.

Certes, la combinatoire ludique des opérations sémantiques y est quantitativement infinie mais c'est au prix d'un éclatement permanent de la signification et du sujet qui s'y livre. Au contraire, dans *Le laboratoire central*, Max Jacob, réunifié par le dépouillement de la prière, développe un langage décanté et vivant ; le poète ne se condamne plus à se déloger sans cesse de son assise la plus profonde, il consent à dire sa chair, ses limites, la vulnérabilité d'une âme et d'un regard émouvant et bigarré sur le monde. On pourrait ajouter aussi que dans *Le laboratoire central*, la poésie enfin chante et respire. Le corps a désormais fait droit à la parole, il s'incarne, se donne à entendre et à voir sous toutes ses coutures, de l'angoisse à l'allégresse, de la suspicion à la foi. Même errante, l'espérance s'y donne le droit d'apparaître, de crier ou de sourire.

2. La poésie et la spiritualité : le lieu commun d'un souffle et d'un chant

Car la spiritualité, ce n'est pas d'abord une activité mentale, c'est d'abord une question de souffle. Philippe Jaccottet, poète suisse vivant en France, insiste sur cette dimension du souffle. Le souffle est indissociable de la forme poétique ; comme un surcroît d'être qui vient à nous sans que nous puissions le choisir, le souffle nous ramène à la source, à la racine du don de sentir, de vivre et de penser. Le souffle « *pousse, monte, s'épanouit, disparaît, il nous anime, nous échappe, nous adoptons un langage où se combine la rigueur et les vagues, mais nous essayons de le saisir sans l'étouffer. Il se peut que la beauté naisse quand la limite et l'illimité deviennent visibles en même temps, c'est-à-dire quand on voit des formes qui ne disent pas tout et qu'elles laissent à l'insaisissable sa part.* » (Jaccottet, 1984, p. 40).

L'expérience spirituelle, c'est aussi une certaine façon de scander le langage, de le respirer. Il s'agit de remettre son corps au diapason d'un souffle dont on ne sait d'où il vient et où il va. Un autre poète contemporain, Jean-Pierre Siméon, même s'il s'inscrit dans une poésie politiquement située dans une optique matérialiste, reconnaît aussi à la poésie la primauté de ce souffle. La poésie est, pour lui, l'acte de « *faire advenir un rythme incongru dans la langue* »[1] et ce rythme « *nait du silence introduit dans la langue parlée* ». La citation d'Aragon qui renchérit son affirmation — « *la poésie est ce qui n'exige pas d'être compris mais la révolte de l'oreille* » — est particulièrement significative. La révolte de l'oreille, c'est la révolte contre la monotonie neutre du langage et sa réduction à une série d'informations utiles et univoques. Jean-Pierre Siméon emploie aussi plus loin une belle comparaison : la vitre, tout entière transparente, n'arrête pas le regard tandis que le vitrail le suspend. De même par rapport au langage de la communication et de l'information, la poésie, à l'instar d'un vitrail, « *arrête l'oreille* ». Mais qu'est-ce que ce saisissement de l'oreille signifie et à quel silence introduit-il ? La poésie exigerait-elle de n'être pas comprise pour sortir des ornières du langage ?

a) Baudelaire et sa descendance : une exigence de lisibilité

Aujourd'hui, la plupart des poètes contemporains s'accorderont sans doute sur la nécessité du rythme comme marque de la poésie. Ils en souligneront

1. Conférence de Jean-Pierre Siméon du 19 janvier 2015, Maison des Métallos, Paris, disponible à l'adresse suivante <https://www.youtube.com/watch?v=DbX37uL68hY>.

d'autant plus la nécessité que la langue française n'a pas d'accent tonique et que le travail poétique est de l'en pourvoir, d'intensifier sa cadence et son tempo par un jeu complexe d'allitérations, d'assonances et de dissonances, de syncopes, de parataxes et d'exclamations, de longues et fluides invocations lyriques et de rejets qui stigmatisent un mot à l'intérieur du poème. Le bouleversement de la grammaire dit la nouveauté d'un langage qui veut s'accorder au souffle d'un corps qui pense et expérimente la plénitude d'un étrange silence ; la mise en page du poème en vers l'atteste avec ses nombreux « blancs » que l'on peut voir comme les silences de la typographie.

Cependant, la poésie n'exigerait-elle pas d'être comprise ? La révolte de l'oreille, le parti-pris de la musicalité et du signifiant suffirait-il à donner toutes ses chances au poème ?

Victor Hugo, Charles Baudelaire et le meilleur Apollinaire, et aujourd'hui, Philippe Jaccottet et Jean-Pierre Lemaire demeurent lisibles et offrent au lecteur des métaphores et une narrativité intelligibles. En tous les cas, il n'y a pas d'hermétisme dans leurs poèmes les plus aboutis. Quant à Baudelaire, si son univers poétique transcende les limites du simple entendement, il ménage presque toujours une tension entre une émotion neuve et les requêtes classiques de la raison. Il ne se complaît jamais dans un occultisme qui noierait la poésie dans un imaginaire nébuleux et chétif. Pour Baudelaire, le surnaturel, l'au-delà du naturel se traduit par l'allégorie, la symbolique des correspondances et le culte des images mais non par l'occultisme. La poésie ne peut pas se contenter de signer la défaite de la raison. Baudelaire ne trouble pas les eaux de son oeuvre pour la faire paraître plus profonde[2] (Nietzsche). Si certains poèmes « sataniques » des *Fleurs du mal* demeurent palpitants d'un esprit furieux, désespéré et jaloux, Baudelaire ne se réfugie pas dans l'entre-deux d'un ésotérisme opaque et crapuleux. La dynamique d'une double postulation entre la lumière et les ténèbres demeure toujours transparente au lecteur. Baudelaire n'est jamais complice d'une dénégation subtile du mal et du péché ; il en montre les violents attraits mais ne cède jamais à l'imposture intellectuelle et spirituelle qui dissiperait la distinction entre le réel et l'imaginaire au profit des saumâtres vapeurs de l'occultisme si répandues à son époque.

---

2. Cf. la fameuse affirmation de Zarathoustra in *Ainsi parlait Zarathoustra* (trad.Albert, 1903), Seconde partie, 184 <https://fr.wikisource.org/wiki/Ainsi_parlait_Zarathoustra/Deuxi%C3%A8me_partie/Des_po%C3%A8tes>.

L'absence de toute mémoire, de toute référence à une tradition spirituelle risque d'obscurcir la poésie, de la soustraire à l'exigence de rationalité qui a toujours accompagné les grandes élaborations théologiques propres au protestantisme et au catholicisme. Comme l'écrit aussi Yves Bonnefoy dans plusieurs de ses ouvrages sur Baudelaire, la tension entre l'éternel et l'éphémère propre à l'acte poétique selon l'auteur des *Fleurs du mal*, risque d'être vidée de son sens si la notion d'éternité se réduit à une peau de chagrin. La lecture des grands textes théologiques de la tradition chrétienne, des *Confessions* de saint-Augustin à Karl Rahner et Karl Barth en passant par saint-Thomas d'Aquin ouvre à une mémoire de l'éternité, à une « *histoire de l'éternité* » dirait José Luis Borges avec une note d'humour, indispensable à la fécondité spirituelle de la création poétique.

Enfin, le dialogue avec la philosophie a toujours été déterminant et structurant dans le renouvellement de la poésie par la théologie spirituelle. Un poète mystique comme saint Jean de La Croix continue d'éclairer beaucoup de poètes et de philosophes contemporains à travers les nouvelles passerelles qu'il a su inventer entre l'amour de Dieu et l'amour profane. De même, aujourd'hui, Madeleine Delbrêl, mystique d'une grande profondeur, n'aurait pas développé sa spiritualité de la ville sans un dialogue approfondi avec le marxisme. La référence à un évangélisme qui méprise toute tradition théologique et philosophique menace l'écriture poétique d'un spiritualisme fondamentaliste proche du délire verbal ; les critiques de la revue *L'infini* de Philippe Sollers, et, en particulier, de Philippe Murray, ont su désigner avec une ironie cruelle mais lucide les dégâts littéraires de l'ésotérisme au 19ème et au 20ème siècle.

En bref, la réduction de la poésie à un surréalisme de surface risque de rompre le « pacte lyrique » de la création poétique. Il ne s'agit donc pas de restreindre le langage de la poésie à l'évanescence d'un onirisme hermétique mais de défendre l'intelligibilité esthétique et spirituelle du poème. *A une passante, Harmonies du soir, Le cygne, L'albatros, Le balcon, La mer, Spleen, Correspondances* disent une expérience sublime de Dieu à travers un langage et un rapport au monde qui ne doivent rien à l'occultisme mais qui honorent, au contraire, la requête de cohérence et de clarté de la conscience humaine.

b) La poésie contemporaine ou la gloire des miettes et du fragment

Aujourd'hui, les poètes catholiques et les poètes agnostiques partagent une interprétation fragmentaire du monde. La théologie n'est plus une « somme » d'accords entre la foi, la sagesse biblique et la philosophie grecque mais elle est un traité, comme l'aménagement d'un point d'équilibre entre le scandale du non-sens et la persévérance d'une fidélité et d'une divine raison qui espère contre toute espérance. Elle avoue les limites de son savoir, elle dresse le lieu d'une connaissance fragmentaire où la plénitude d'une totalité des savoirs est mise à mal par le principe pascal qui la fonde et l'habite de l'intérieur ; la théologie dogmatique réserve moins de réponses que de questions ; elle s'efface davantage devant une théologie pratique et spirituelle où les récits particuliers et leurs témoignages donnent plus d'humanité et de sens à toute sa symbolique : la folie de la Croix peut toujours ruiner l'économie symbolique des fables mystiques que l'homme se plaît à échafauder sur les théâtres mouvants de ce monde. Le dévoilement existentialiste de l'être côtoie davantage le travail de la révélation à l'oeuvre dans l'histoire particulière de chaque personne et l'énigme du lien qui relie l'individu à son groupe social ou sa communauté de foi se voit enfin interrogé.

Un regard moderne et postmoderne sur la question de Dieu dans la poésie peut aussi indiquer la proximité des thèmes et des symboliques qui la traverse. Par exemple, l'exaltation de la nature a été l'objet d'un regain de créativité avec le romantisme (Victor Hugo, Lamartine, Baudelaire, Nerval plus particulièrement) et le catholicisme moderne et contemporain (Philippe Delaveau, Gérard Bocholier, Philippe Mac Léod, Yves Leclair) a pu redécouvrir à travers lui la force tonifiante des psaumes que recouvrait une insistance morbide sur la notion de péché originel. De même, des auteurs marqués par le judaïsme comme Claude Vigée et Edmond Jabès ont pu associer l'expérience de l'écriture à celle de l'exode et de l'exil. Le silence du désert y dit le nom de Dieu enlisé dans le sable sanglant de l'histoire ; il rejoint le nomadisme de la poésie comme trace et lui assigne la vocation impossible d'une mémoire prophétique condamnée à toujours renaître de ses cendres ; le poème y est le dépositaire de la promesse messianique, celle d'une terre sainte, d'un nouveau nom et d'une descendance, là où l'hospitalité de la paix pourrait redonner tous ses droits au visage de l'autre.

Par ailleurs, une symbolique de la demeure et de l'être continue de hanter la poésie française. Elle est héritière de Malherbe, Heidegger, Jules Supervielle, Saint-John Perse. Avec *Le parti-pris des choses* de Francis Ponge, elle a acquis une forme de description quasi scientifique des choses non pas retranscrites mais transformées en « *objeu* » (objet + jeu) par la naissance perpétuelle de la parole. Un savon, une huître, une orange font naître à l'émerveillement d'une joie à la fois claire et impersonnelle comme l'éclosion de la chose au sens, une chose devenue « objoie » (objet + joie) sous le regard d'un auteur « *enfant qui se souvient* » (Baudelaire). On ne doit pas se laisser trop abuser par l'apparent matérialisme de Ponge marqué aussi par le protestantisme. Il y a toujours une métaphore spirituelle possible dans les extases matérielles que les choses les plus simples suscitent chez ce poète. Son univers précis et lumineux engendre davantage à l'infini d'une présence et d'une parole toujours en genèse qu'à un univers clos et déterministe : comme les citrons de Cézanne lui aussi marqué par la Provence, la poésie de Ponge réserve la surprise d'un tissu esthétique et symbolique particulièrement unifié où la « *rage de l'expression* » recompose un monde limpide, savoureux et musical délivré du chaos.

Cette célébration de l'être se retrouve aussi chez René Char qui l'a déployée à partir de son Vaucluse natal et d'une expérience risquée de résistance au nazisme. Jean Mambrino a aussi inscrit sa poésie dans la liturgie d'une présence marquée par l'héritage de Gerard Manley Hopkins. La contemplation de la forêt, la mise en scène de ses clairières et de son bruissement de lumières et d'oiseaux montre un monde à l'ombre de l'histoire où les « *choses ont reçu l'ordre de se taire* » (Mambrino, 1979, p. 110-111). Chez Jean-Yves Masson, grand traducteur de la littérature allemande, le « *festin céleste* » de l'homme, habitant admirable du monde, qui doit « *marier le feu et l'eau* »,[3] rappelle que « *toute vie vient d'en-haut* ». Cependant, la nature y est davantage chez lui un « *jardin* » marqué par les paysages industriels et les corons miniers de son enfance lorraine de même que la métaphore de l'activité poétique y est davantage celle d'une remontée à la lumière des trésors enfouis du « sous-sol » de la langue. Ecrire, c'est remettre en offrande tout ce qui a été glané dans l'exploration éprouvante des profondeurs de la terre, de la conscience et du langage.

---

3. In : *Le matricule des anges*, interview de Jean-Yves Masson avec Marc Blanchet, n° 039, juin-août 2002, version numérique <http://www.lmda.net/din/tit_lmda.php?Id=14263>.

En bref, cette poésie de l'être et de la présence, même si elle n'adopte pas un langage religieux qui risquerait de nuire à la liberté de l'acte poétique, participe aussi d'un certain renouveau de la poésie catholique en France. Elle nous permet de renouveler notre interprétation des poètes chrétiens qui ont su accorder la grâce d'un style et la pérennité d'une tradition, qu'il s'agisse de Paul Claudel, Charles Péguy, Pierre Reverdy, Marie Noël, Anne Périer et bien d'autres encore.

Pour terminer, j'aimerais insister sur la réalité d'un phénomène propre à la poésie. La force d'invocation qui la fait naître rend impossible toute classification. Elle existe d'emblée dans un rapport incontrôlable à l'intertextualité. Elle porte en elle mille références contradictoires et signifie par là l'âpre merveille de la parole humaine. Au-delà des conflits des points de vue et des interprétations, il lui est possible de donner en partage le secret d'un surcroît de sens dont elle est à la fois la promesse et le dépositaire. Elle tombe toujours à la manière d'un météore au milieu des éboulis du langage et comme le chiffonnier de Baudelaire, nous devenons par elle l'éternel confident d'une recomposition épiphanique de l'histoire à partir de bric et de broc, à partir de petits fragments de sens que nous devons soigneusement choisir et agencer selon les injonctions d'un nouveau chemin de Damas.

Des poètes aussi différents que Jean-Pierre Lemaire et René Char peuvent un temps se rejoindre dans cet univers qui ne connaît pas de séparation définitive mais, au contraire, la reprise d'une sympathie à distance mais comme pour toujours irréversible.

Voilà ce que dans le poème, *Présence*, écrivait René Char:

Présence[4]

Hâte-toi de transmettre ta part de merveilleux, de rébellion, de bienfaisance
effectivement, tu es en retard sur la vie,
la vie inexprimable,
la seule en fin de compte à laquelle tu t'acceptes de t'unir
celle qui t'es refusée chaque jour par les êtres et les choses
si tu rencontres la mort durant ton labeur
reçois-la comme la nuque en sueur trouve bon le mouchoir aride
en t''inclinant

---

4. « Commune présence », *Moulin premier* in *Le Marteau sans maître*, Œuvres complètes. Gallimard : La Pléiade. 1983. p. 80-81.

si tu veux rire
offre ta soumission
jamais tes armes
tu as été créé pour des moments peu communs
modifie-toi disparais sans regret
au gré de la rigueur suave
quartier suivant quartier la liquidation du monde se poursuit
sans interruption
sans égarement
essaime la poussière
nul ne décèlera votre union.

Quant à Jean-Pierre Lemaire, il fait se dilater aussi ce jeu de cache-cache entre présence et absence à l'intérieur du poème. Mais il l'invoque d'abord au nom d'un autre, rappelle que la présence au monde ne saurait être le dernier mot de l'histoire mais que nous sommes infatigablement les otages joyeux et consentants d'une dramatique infinie de mort et de résurrection qui nous dépasse et déborde ; dans le poème intitulé *La bague*, le poète célèbre sa disparition au nom d'un Crucifié de l'histoire qui rend visible le Nom caché de tout être, « *l'absent de tout bouquet* » dont tant de fruits demeurent dans le secret :

La douleur t'a passé une bague aux doigts
il y a des années. Elle brille à peine
tu y penses moins qu'à ta montre ou tes lunettes.
Mais si tu l'oublies le matin sur un meuble
tu disparais pour toute la journée
dans les limbes du temps, et quand tu la portes
ce sont les autres qui deviennent visibles.[5]

5. « La bague », Jean-Pierre Lemaire in *Le pays derrière les larmes*. Paris : Poésie/Gallimard, 2016. p. 200.

REFERÊNCIAS

BAUDELAIRE Charles. *Oeuvres complètes.* Paris : Gallimard, La Pléiade, 1961.

CHAR, René. « Commune présence », *Moulin premier* in *Le Marteau sans maître*, Œuvres complètes. Paris : La Pléiade, Gallimard, 1983.

DELBREL, Madeleine. *La joie de croire.* Paris : Le Seuil, Coll.Livre de vie, 1995.

GUILLEVIC, Eugène. *Arte poética.* Paris : Coll.Poésie/Gallimard, 2001.

JACOB, Max. *Le laboratoire central.* Paris : Coll.Poésie/Gallimard, 1980

JACCOTTET, Philippe. *La Semaison Carnets 1954-1979*. Collection Blanche. Paris: Gallimard, 1984.

LEMAIRE Jean-Pierre. *Le pays derrière les larmes.* Paris : Coll.Poésie/Gallimard, 2016.

MAMBRINO, Jean. *L'oiseau-coeur.* Paris : Stock-Poésie, 1979.

MASSON, Yves. *Le matricule des anges* [O registro dos anjos], entrevista de Jean-Yves Masson a Marc Blanchet, n. 39, junho-agosto 2002. Disponível em: <http://www.lmda.net/din/tit_lmda.php?Id=14263>.

PONGE, Francis. *Le parti pris des choses.* coll.Poésie. Paris : Gallimard, 1967.

RIMBAUD, Arthur. *Une saison en enfer.* Oeuvres complètes, Paris : Gallimard, La Pléiade, 1972.

TUDURI, Claude. *L'arbre au fond de la jetée.* Paris: Éditions Tituli, 2016.

Poesia contemporânea e espiritualidade

Claude Tuduri
Tradução de André Araújo

O canto
é como a água de um riacho
que corre sobre seixos,

em direção à fonte.

É a promessa
da fonte ao sol.

"O canto", Guillevic (2001, p. 323).

A fim de não nos afundarmos num imbróglio teórico interminável e numa explicação fastidiosa de uma metodologia trabalhosa, nós buscaremos, nesta conferência, juntar, tanto quanto possível, o ritmo da palavra e o do pensamento. A poesia, antes de mais, é a arte da oralidade, a verdade do mito e da presença de Deus e de seu infinito, como que ajustado aos outros e reunidos em uma única celebração do mistério da vida e da voz humana, do outro e do ser.

A poesia e a experiência espiritual têm em comum o desejo de se desvencilhar do saber. Desvencilhar-se do saber é preferir o canto ao discurso, a verdade do estilo sempre em devir à demonstração de uma racionalidade que se satisfaz com os movimentos de sua própria lógica. Ao mesmo tempo, cada poema relança a exigência de uma inteligência cada vez mais fina do mundo; ele não nega a legitimidade da razão, mas destaca a fragilidade dela fora das particularidades de sua fundamentação encarnada, deixando aflorar na sua expressão o mais singular enigma que a alma e a voz do homem guardam em si.

Certamente, a experiência espiritual, não menos que a literatura, não nasce por meio de um fenômeno de geração espontânea, independente da história e da cultura das sociedades. Ao contrário, o paradoxo sustenta que a poesia, bem como a experiência espiritual, recorta um oásis de silêncio no meio da agitação e dos rumores do mundo. No entanto, quanto mais o silêncio se faz silêncio no interior da escrita do poema, mais ele se torna, sem o querer, receptivo ao que a vida dos homens e de suas cidades murmura secretamente na sua sede inominável. O poeta à espreita é como o sismógrafo dos tremores e das variações de um mundo sensível ainda inabitado, mas a exploração das cavernas e dos sótãos deste mundo sempre em devir trabalha paradoxalmente na surpresa de uma epifania que não prova nada, mas que tudo pode mostrar: esta epifania, ao mesmo tempo espera e promessa, já revelada, mas ainda inexprimível e clandestina, libera-se sobre o fundo de um horizonte universalmente partilhado. Tudo, não somente a natureza, pode tornar-se um "templo onde os vivos pilares deixam, às vezes, sair palavras confusas" (Baudelaire, *Correspondências*). O assombro de recolher e de responder ao que dá sentido ao mundo, aos seus instantes de plenitude mais carregados de sentido, atravessa o coração de toda a humanidade.

1. A literatura e o mal

Entretanto, existe, às vezes, uma ingenuidade enganadora na elaboração de um discurso sobre a literatura e a experiência espiritual. Os instantes de plenitude que a poesia revela não são os instantes suaves, como sonha um espiritualismo desencarnado. Lembremo-nos da célebre fórmula de Rimbaud (1972, p. 117) em *Uma estação no inferno*: "O combate espiritual é tão brutal como a batalha dos homens, mas a visão da justiça é o prazer de Deus apenas". Sim, existe sempre no ato de ler e de escrever uma parte de fábula e de impostura que irrompe; ela é, neste sentido, uma prova, um risco, a dúvida sobre uma imagem exagerada de si.

Como bem diz Marguerite Yourcenar, e o que é ainda mais aplicável à poesia que ao romance, o acesso à escrita pode revelar a ficcionalidade de um "eu" que mais repete um discurso, sem, contudo, vivê-lo. Lá onde o sujeito é chamado a se dizer de maneira original, a fazer enfim corresponder a escrita à profundidade de uma palavra, de um olhar e de uma presença no mundo, lá pode superabundar a nudez de uma submissão mortífera repleta de manias e hábitos de nosso meio social. Em vez de decifrar com pudor pudicamente a profundidade da vida e do mundo, dá-se em espetáculo ao leitor apenas a miragem de um lirismo decorativo e falastrão onde o "eu" não tem coragem de sair de si mesmo e de um imaginário tecido de convenções e de clichês.

É por isso que a poesia exige uma atenção real à autenticidade dos movimentos interiores, ela é uma excelente escola de atenção a si e de presença no mundo. Trata-se de permanecer à escuta das transições de espaço e de tempo e de se despertar do entrelaçamento fusional de signos que sobrevêm como instantes de predileção na sequência ininterrupta de fenômenos deste mundo. Aberto às modificações imperceptíveis que transformam pouco a pouco a paisagem de nossa geografia íntima no contato das coisas e dos seres, nós poderemos entrar como exterioridade numa certa maturação da vida espiritual. Assim, nós não estaremos mais fechados em nossas preocupações pessoais e no contexto mental de uma psicologia, mas nós estaremos verdadeiramente disponíveis a uma palavra que traz em si todos os possíveis, como "o vigor futuro", anunciado pelo *Barco bêbado*, de Rimbaud: "milhões de pássaros de ouro" querem voar da gaiola de nossa alma alienada por uma interioridade falseada por toda sorte de mitos e de mimetismos sociais.

Por essa razão, o poeta, desejoso de dizer o mistério de Deus na proliferação imprevisível de seu canto evolui sobre uma corda bamba. Ele oscila entre a efusão de uma intimidade nova e contemporânea de seu próprio reconhecimento dos outros e do mundo e a permanência de uma vigília amorosa que compromete a realidade de sua resposta a um Filho do homem reconhecido como caminho de verdade e de vida. Se o acolhimento da imanência poética transcende toda identidade sectária e toda pertença religiosa, social e cultural, não é tão fácil reconhecer de que modo tal acolhimento pode estar relacionado a uma adesão autêntica ao espírito do Cristo ou, ao contrário, violentar maliciosamente a santa humanidade de sua palavra.

Quando se apresenta frequentemente o cristianismo de modo errôneo e platônico, reconduzindo um dualismo do espírito e da carne que o catolicismo recusou sempre como sendo sua própria caricatura, deforma-se, também, da mesma maneira, a experiência espiritual, reduzindo-a a uma experiência interior individual e unicamente cerebral. Em seu magnífico poema intitulado « Fora está o amor », em homenagem a Philippe Jaccottet e a sua esposa, Jean-Pierre Lemaire fala com força e clareza da abertura do sujeito que crê a uma exterioridade e a certa forma de objetividade humilde:

Fora estava o amor
sozinho como um sol à margem dos mundos
iluminando-nos no limiar de nós mesmos
e gritamos na sua direção

estendemos os braços para que ele nos envolvesse
quando nos tínhamos ainda
sem o saber, à sombra
na casa dos mortos. (Lemaire, 2016, p. 207)

A escrita poética perturba a boa ordem do mundo entre o dentro e o fora, a existência e a essência, a origem e o desenvolvimento, a horizontalidade e a verticalidade, a carne e o Espírito. Ela destrói o ídolo invisível que retém o homem sobre a encosta dos escombros de seu eu, como Sísifo prisioneiro do eterno retorno ao seu próprio rochedo, jamais levado ao cume da montanha.

A mobilidade do "eu" é a lei da linguagem que se instaura apenas por meio da simultaneidade de uma ausência e de uma presença. Ao contrário, a perenidade do amor não busca outra lei que a de uma ação e de uma presença sempre mais presente, uma relação adquirida sempre mais à escuta que à expressão, uma relação em que uma vez mais, somos liberados das vicissitudes do ego; sim, a perenidade do amor busca uma presença sempre mais una e que não se desfaz.

Aí está o grande desafio da poesia e da experiência espiritual. Como resolver a contradição entre o uno e o múltiplo, o eterno e o efêmero dando todas as possibilidades à linguagem? Max Jacob, poeta de origem judia, amigo de Picasso, atravessou com uma grande autenticidade essa contradição entre o gotejar vertiginoso da criatividade poética e a ascese de uma presença de Deus sempre mais inteira.

Em *Le cornet à dés* [O cone dos dados] (1917), sua coletânea mais conhecida, os fogos de artifício da linguagem interditam toda construção durável do sentido. Certamente, a combinação lúdica das operações semânticas é quantitativamente infinita, mas ao preço de uma explosão permanente do significado e do sujeito que se entrega.

Ao contrário, em *Le laboratoire central* [O laboratório central], Max Jacob, reunificado pelo esvaziamento da oração, desenvolve uma linguagem decantada e viva; o poeta não se condena mais a se desalojar sem cessar de seu lugar mais profundo, ele consente em dizer sua carne, seus limites, a vulnerabilidade de uma alma, e de um olhar comovido e disparatado sobre o mundo.

Poderíamos acrescentar também que, n'*O laboratório central*, a poesia enfim canta e respira. O corpo tem, a partir de então, direito à palavra. Ele se encarna, dá-se a ouvir e a ver sob todas as suas costuras, da angústia à alegria, da desconfiança à fé. Mesmo errante, a esperança dá-se o direito de aparecer, de gritar ou de sorrir.

2. A poesia e a espiritualidade: o lugar comum de um sopro e de um canto

Porque a espiritualidade não é uma atividade mental é, antes de tudo, uma questão de respiração. Philippe Jaccottet, um poeta suíço que vive na França, insiste sobre essa dimensão da respiração. A respiração (o sopro) é indissociável da forma poética; como um acréscimo de ser que vem a nós sem que optemos por ela, a respiração nos leva à fonte, à raiz do dom de sentir, de viver e de pensar. O sopro "empurra, sobe, floresce, desaparece, ele nos anima, nos escapa, adotamos uma linguagem em que se combinam o rigor e as ondas, e tentamos tocá-lo sem o sufocar. Pode ser que a beleza nasça quando o limite e o ilimitado tornam-se visíveis ao mesmo tempo, isto é, quando se veem as formas que não dizem tudo e quando elas deixam sua parcela ao indescritível" (Jaccottet, 1984, p. 40).

A experiência espiritual é ainda certa maneira de escandir a linguagem, de fazê-la respirar. Trata-se de colocar o corpo em sintonia com o sopro que ninguém sabe de onde vem, nem para onde vai. Analogamente, Jean-Pierre Siméon, embora se inscreva numa poesia política e deliberadamente materialista, reconhece, também, para a poesia, o primado dessa respiração. A poesia é, para ele, o ato de "fazer advir um ritmo incongruente na língua"[1] e este ritmo "nasce do silêncio introduzido na língua falada". A citação de Aragon — "a poesia é o que não exige ser compreendido, é a revolta da orelha" — é particularmente significativa. A revolta da orelha é a revolta contra a monotonia neutra da linguagem e sua redução a uma série de informações úteis e unívocas. Jean-Pierre Siméon emprega também mais adiante uma bela comparação: o vidro, inteiramente transparente, não imobiliza o olhar, enquanto que o vitral o suspende. Do mesmo modo, no que diz respeito à linguagem da comunicação e da informação, a poesia, à maneira de um vitral, "imobiliza a orelha". Mas o que essa sensação produzida na orelha significa e a que silêncio ela introduz? A poesia exigiria não ser compreendida para sair do sofrimento da linguagem?

1. Conférence de Jean-Pierre Siméon du 19 janvier 2015, Maison des Métallos, Paris, disponible à l'adresse suivante. Disponível em: <https://www.youtube.com/watch?v=DbX37uL68hY>.

a) Baudelaire e sua descendência: uma exigência de legibilidade

Hoje, grande parte dos poetas contemporâneos concorda que a necessidade do ritmo é uma marca da poesia. Eles destacarão, sobretudo, que a língua francesa não necessita de acento tônico e que o trabalho poético consiste em preenchê-lo, intensificar sua cadência e seu tempo por meio de um jogo complexo de aliterações, assonâncias e dissonâncias, síncopes, parataxes e exclamações, longas e fluidas invocações líricas e de rejeitos que estigmatizam uma palavra no interior do poema. A perturbação da gramática dita a novidade de uma linguagem que quer dar ao sopro um corpo que pensa e experimenta a plenitude de um silêncio estranho; a distribuição do poema em versos na página atesta, com seus números "brancos", que se podem ver os silêncios da tipografia.

No entanto, a poesia não exigiria ser compreendida? A revolta da orelha, o viés da musicalidade e do significante seriam suficientes para dar todas as possibilidades ao poema? Victor Hugo, Charles Baudelaire e o melhor Apollinaire, e hoje, Philippe Jaccottet e Jean-Pierre Lemaire continuam legíveis e oferecem ao leitor metáforas e uma narratividade inteligíveis. Em todos os casos, não há hermetismo nos seus melhores poemas. Quanto a Baudelaire, se o seu universo poético transcende os limites da simples compreensão, ele trabalha quase sempre uma tensão entre uma emoção nova e os motivos clássicos da razão. Ele não se satisfaz jamais com o ocultismo que afogaria a poesia num imaginário nebuloso e doentio. Para Baudelaire, o sobrenatural, o que ultrapassa o natural, traduz-se pela alegoria, o simbolismo das correspondências e o culto às imagens, mas não pelo ocultismo. A poesia não pode se contentar em assinalar a derrota da razão. Baudelaire não "turva jamais sua água para que ela pareça mais profunda"[2] (Nietzsche). Se determinados poemas "satânicos" de *Flores do mal* permanecem palpitantes de um espírito furioso, desesperado e ciumento, Baudelaire não se refugia no entre-lugar de um esoterismo opaco e vil. A dinâmica de uma dupla postulação entre a luz e as trevas permanece sempre transparente ao leitor. Baudelaire não é jamais o cúmplice de uma negação sutil do mal e do pecado; ele mostra os violentos encantos, mas não cede nunca à impostura

2. Cf. a famosa afirmação de Zarathustra in *Ainsi parlait Zarathoustra* (trad. Albert, 1903), Seconde partie, 184. Disponível em: <https://fr.wikisource.org/wiki/Ainsi_parlait_Zarathoustra/Deuxi%C3%A8me_partie/Des_po%C3%A8tes>.

intelectual e espiritual que dissiparia a distinção entre o real e o imaginário em proveito dos vapores salobros do ocultismo tão comuns na sua época.

A ausência de toda memória, de toda referência a uma tradição espiritual corre o risco de obscurecer a poesia, de retirar dela a exigência de racionalidade que acompanhou sempre as grandes elaborações teológicas próprias ao protestantismo e ao catolicismo. Como escreveu também Yves Bonnefoy em várias de suas obras sobre Baudelaire, a tensão entre o eterno e o efêmero, própria ao ato poético, segundo o autor de *Flores do mal*, corre o risco de esvaziá-lo do seu sentido se a noção de eternidade se reduzir a uma lamentação. A leitura de grandes textos teológicos da tradição cristã, das *Confissões* de Santo Agostinho a Karl Rahner e Karl Barth, passando por São Tomás de Aquino, abre a uma memória da eternidade, a uma "história da eternidade", diria Jorge Luis Borges, com uma nota de humor, indispensável à fecundidade espiritual da criação poética.

Enfim, o diálogo com a filosofia sempre foi determinante e estruturante na renovação da poesia pela teologia espiritual. Um poeta místico como São João da Cruz continua a esclarecer muitos poetas e filósofos contemporâneos por meio de novas vias que ele soube inventar entre o amor de Deus e o amor profano. De igual modo, hoje, Madeleine Delbrêl, mística de grande profundidade, não teria desenvolvido uma espiritualidade da cidade sem um diálogo aprofundado com o marxismo. A referência a um evangelismo que despreza toda a tradição teológica e filosófica ameaça a escrita poética de um espiritualismo fundamentalista próximo do delírio verbal; os críticos da revista *L'infini* [O infinito], de Philippe Sollers, e, em particular, Philippe Murray, souberam designar, com uma ironia cruel mas lúcida, os danos literários do esoterismo dos séculos XIX e XX.

Em suma, a redução da poesia a um surrealismo de superfície corre risco de romper o "pacto lírico" da criação poética. Não se trata de restringir a linguagem da poesia à evanescência de um onirismo hermético, mas de defender a inteligibilidade estética e espiritual do poema. *A une passante* [A uma passante], *Harmonies du soir* [Harmonias da noite], *Le cygne* [O cisne], *L'albatros* [O albatroz], *Le balcon* [O balcão], *La mer* [O mar], *Spleen* [Baço], *Correspondances* [Correspondências] falam de uma experiência sublime de Deus por meio de uma linguagem e uma relação com o mundo que não devem nada ao ocultismo, pelo contrário, destacam a busca de coerência e de clareza da consciência humana.

b) A poesia contemporânea ou a glória das migalhas e do fragmento

Hoje, os poetas católicos e os poetas agnósticos compartilham de uma interpretação fragmentada do mundo. A teologia não é mais a "soma" dos acordos entre a fé, a sabedoria bíblica e a filosofia grega, mas ela é um tratado, como o desenvolvimento de um ponto de equilíbrio entre o escândalo do sem-sentido e a perseverança de uma fidelidade e de uma razão divina que espera contra toda esperança. Ela confessa os limites de seu saber e elabora o lugar de um conhecimento fragmentado no qual a plenitude de uma totalidade de saberes é posta à prova pelo princípio pascal que a funda e a habita: a teologia dogmática reserva menos respostas que perguntas; ela se retira diante de uma teologia prática e espiritual em que as narrativas particulares e seus testemunhos dão mais humanidade e sentido a toda sua simbologia: a loucura da Cruz pode arruinar a economia do simbólico das fábulas místicas que o homem gosta de construir sobre os teatros móveis deste mundo. A descoberta existencialista do ser aparece ao lado do trabalho da revelação atuante na história particular de cada pessoa e o enigma do elo que une o indivíduo ao seu grupo social ou sua comunidade de fé se vê, enfim, questionado.

Um olhar moderno e pós-moderno sobre a questão de Deus na poesia pode também indicar a proximidade de temas e de símbolos da poesia. Por exemplo, a exaltação da natureza foi objeto de uma explosão de criatividade com o romantismo (Victor Hugo, Lamartine, Baudelaire, Nerval mais particularmente) e o catolicismo moderno e contemporâneo (Philippe Delaveau, Gérard Bocholier, Philippe Mac Léod, Yves Leclair) pôde redescobrir por meio dele a força revigorante dos salmos que recobrava uma insistência mórbida sobre a noção de pecado original. Do mesmo modo, os autores marcados pelo judaísmo, como Claude Vigée e Edmond Jabès puderam associar a experiência da escrita àquela do êxodo e do exílio. O silêncio do deserto diz o nome de Deus afundado na areia sangrenta da história; ele se junta ao nomadismo da poesia como traço e lhe assinala a vocação impossível de uma memória profética condenada a sempre renascer das cinzas; o poema é o depositário da promessa messiânica, aquela de uma terra santa, de um nome novo e de uma descendência, lá onde a hospitalidade da paz poderia dar de novo todos os seus direitos ao rosto do outro.

Além disso, um simbolismo da permanência e do ser continuam a assombrar a poesia francesa. Ela é herdeira de Malherbe, Heidegger,

Saint-John Perse, Jules Supervielle. Com *Le parti-pris des choses* [A arbitrariedade das coisas], de Francis Ponge, ela adquiriu uma forma de descrição quase científica das coisas não transcritas de novo, mas transformadas em "*objeu*" (objeto + jogo) pelo nascimento perpétuo da palavra. Um sabão, uma ostra ou uma laranja fazem nascer maravilhosamente uma alegria, ao mesmo tempo clara e impessoal, como a eclosão da coisa ao sentido, uma coisa tornada "*objoie*" (objeto + alegria) sob o olhar de um autor "criança que se lembra" (Baudelaire). Não se deve deixar abusar muito do aparente materialismo de Ponge marcado também pelo protestantismo. Há sempre uma metáfora espiritual possível nos êxtases materiais que as coisas mais simples suscitam no poeta. Seu universo preciso e luminoso gera mais no infinito de uma presença e de uma palavra sempre em gênese que num universo fechado e determinista: como os limões de Cézanne, ele também marcado pela Provence, a poesia de Ponge reserva a surpresa de um tecido estético e simbólico particularmente unificado onde a "raiva da expressão" recompõe um mundo límpido, saboroso e musical livre do caos.

Esta celebração do ser encontra-se em René Char que a desenvolveu a partir de seu Vaucluse natal e de uma experiência arriscada de resistência contra o nazismo. Jean Mambrino inscreveu também sua poesia na liturgia de uma presença marcada pela herança de Gérard Manley Hopkins. A contemplação da floresta, a representação de suas clareiras e do seu farfalhar de luzes e de pássaros mostra um mundo à sombra da história onde as "coisas receberam a ordem de se calar" (Mambrino, 1979, p. 110-111). Em Jean-Yves Masson, grande tradutor da literatura alemã, o "festim celeste" do homem, habitante admirável do mundo, que deve "casar o fogo e a água",[3] lembra que "toda vida nasce do alto". Entretanto, a natureza é, na sua obra, um "jardim" marcado pelas paisagens industriais e pelos rincões mineradores de sua infância na Lorena. A metáfora da atividade poética é a que remonta à luz dos tesouros enterrados do "subsolo" da língua. Escrever é oferecer tudo o que foi adquirido na explosão provada das profundezas da terra, da consciência e da linguagem.

Em suma, esta poesia do ser e da presença, mesmo se ela não adota uma linguagem religiosa que correria o risco de anular a liberdade do ato poético, participa também de certa renovação da poesia católica na França.

---

3. In: *Le matricule des anges* [O registro dos anjos], entrevista de Jean-Yves Masson a Marc Blanchet, n. 39, junho-agosto 2002. Disponível em: <http://www.lmda.net/din/tit_lmda.php?Id=14263>.

Ela permite-nos renovar nossa interpretação dos poetas da tradição que souberam dar a graça de um estilo e a perenidade de uma tradição, quer se trate de Paul Claudel, de Charles Péguy, de Pierre Reverdy, de Marie Noël, de Anne Périer e de muitos outros.

Para terminar, eu gostaria de insistir sobre a realidade de um fenômeno próprio à poesia. A força de invocação que a fez nascer torna impossível toda classificação. Ela existe, desde sempre, numa relação incontrolável com a intertextualidade. Ela abriga em si muitas referências contraditórias e revela, assim, a amarga maravilha da palavra humana. Para além dos conflitos de pontos de vista e de interpretações, é possível partilhar o segredo de um aumento de sentido em que ela é ao mesmo tempo a promessa e a depositária. Ela cai sempre à maneira de um meteoro no meio dos escombros da linguagem e, como o *chiffonnier* de Baudelaire, nós nos tornamos por ela o eterno confidente de uma recomposição epifânica da história a partir de pedaços, de pequenos fragmentos de sentido que devemos cuidadosamente escolher e agenciar, segundo as injunções de um novo caminho de Damasco.

Poetas tão diferentes, como Jean-Pierre Lemaire e René Char, podem um tempo se juntar nesse universo que não conhece separação definitiva, mas, ao contrário, a retomada de uma simpatia remota, mas eternamente irreversível.

Vejamos o que no poema *Présence* [Presença], escrevia René Char:

Présence [Presença. In: Martelo sem mestre][4]

Apressa-te em transmitir tua parte de encanto, de rebelião, de favores
com efeito, estás atrasado na vida,
a vida que não se exprime,
a única, no fim das contas, à qual aceitas unir-te
a que te é recusada cada dia pelos seres e coisas

se encontrares a morte durante tua luta
recebe-a como a nuca suada que encontra com prazer o lenço árido
inclinando-te

4. « Commune présence », Moulin premier in Le Marteau sans maître [O martelo sem mestre], Œuvres complètes. Paris : La Pléiade, Gallimard, 1983. p. 80-81.

se queres rir,
oferece tua submissão
jamais tuas armas
foste criado para momentos incomuns
modifica-te e desaparece sem lamento
ao sabor do rigor suave
bairro a bairro a liquidação do mundo continua
sem interrupção
sem distração

espalha a poeira
ninguém revelará vossa união.

Quanto a Jean-Pierre Lemaire, ele faz dilatar-se também este jogo de esconde-esconde entre presença e ausência no interior do poema. Mas ele invoca antes o nome de um outro, lembra que a presença no mundo não saberia ser a última palavra da história, mas que nós somos incansavelmente os reféns alegres e consentidos de um drama infinito de morte e de ressurreição que nos ultrapassa e transborda; no poema intitulado *La bague* [A aliança], o poeta celebra sua desaparição em nome de um Crucificado da história que torna visível o Nome escondido de todo ser, "o ausente de todo buquê" no qual tantos frutos permanecem em segredo:

A dor te colocou uma aliança nos dedos
há anos. Ela simplesmente brilha
pensas nela menos que no teu relógio e nos teus óculos
Mas se a deixares de manhã sobre um móvel
e desapareceres todo o dia
no limbo do tempo, quando a usares,
são os outros que se tornarão visíveis.[5]

5. *La bague* [A aliança], de Jean-Pierre Lemaire. In: *Le pays derrière les larmes* [O país atrás das lágrimas]. Paris : Poésie/Gallimard, 2016. p. 200.

REFERÊNCIAS

BAUDELAIRE Charles. *Oeuvres complètes.* Paris : Gallimard, La Pléiade, 1961.

CHAR, René. « Commune présence », *Moulin premier* in *Le Marteau sans maître*, Œuvres complètes. Paris : La Pléiade, Gallimard, 1983.

DELBREL, Madeleine. *La joie de croire.* Paris : Le Seuil, Coll.Livre de vie, 1995.

GUILLEVIC, Eugène. *Arte poética.* Paris : Coll.Poésie/Gallimard, 2001.

JACOB, Max. *Le laboratoire central.* Paris : Coll.Poésie/Gallimard, 1980

JACCOTTET, Philippe. *La Semaison Carnets 1954-1979.* Collection Blanche. Paris : Gallimard, 1984.

LEMAIRE Jean-Pierre. *Le pays derrière les larmes.* Paris : Coll.Poésie/Gallimard, 2016.

MAMBRINO, Jean. *L'oiseau-coeur.* Paris : Stock-Poésie, 1979.

MASSON, Yves. *Le matricule des anges* [O registro dos anjos], entrevista de Jean-Yves Masson a Marc Blanchet, n. 39, junho-agosto 2002. Disponível em: <http://www.lmda.net/din/tit_lmda.php?Id=14263>.

PONGE, Francis. *Le parti pris des choses.* coll.Poésie. Paris : Gallimard, 1967.

RIMBAUD, Arthur. *Une saison en enfer.* Oeuvres complètes, Paris : Gallimard, La Pléiade, 1972.

TUDURI, Claude. *L'arbre au fond de la jetée.* Paris: Éditions Tituli, 2016.

Ilustração de Bernard Foucher, Éditions Tituli.
In: TUDURI, C. *L'arbre au fond de la jetée*. Paris: Éditions Tituli, 2016.

II. DEUS(ES) NA ANTIGUIDADE CLÁSSICA

Ville flottant d'ombre en ombre par ses
[lanternes rondes
tongs et diphtongues chuintant
[nerveusement à l'oreille,
partout des artères aux venelles, invisible
[encens, de mille ancêtres en veille,
l'aube aux néons blancs rode au fond
[des ruines
où couve interminable un été sans sommeil.
(Claude Tuduri)

Cidade flutuante de sombra em sombra pelas suas
[lanternas redondas
chinelos e ditongos sibilando
[nervosamente na orelha,
por todo lado, das artérias aos becos, invisível
[incenso, de milhares de ancestrais em vigília,
a aurora de neons brancos vaga no fundo
[das ruínas
onde lateja interminável um verão sem sono.
(Claude Tuduri. Trad. André Araújo)

Deuses e religião em Lucrécio

Matheus Trevizam

Introdução

Nosso objetivo é expor em linhas gerais alguns pontos de importância no tocante ao modo de entendimento, por Tito Lucrécio Caro, dos aspectos do divino e da religião. Esse autor latino, deve-se lembrar, não foi o inventor dos conteúdos veiculados no poema didático *De rerum natura* — meados do século I a.C. —, mas se nutre de saberes e visões de mundo, é provável, em grande parte já expressos pelo filósofo Epicuro de Samos — 341-270 a.C. — em obras, hoje, perdidas para o público.

Justamente, o Epicurismo caracterizou-se por ser uma escola de pensamento de nítidas tendências *materialistas*: com isso, de acordo com Pierre Hadot (2010, p. 174 e 176-177), não devemos entender que seus adeptos se dedicassem à acumulação de bens e riquezas mundanas, mas sim que partilhavam de uma visão segundo a qual nosso Universo funcionava regido por engrenagens próprias, alheias à vontade e intervenção dos deuses. Esses, por sua vez, concebidos como seres eternamente perfeitos, belos, dotados de inquestionável bem-estar e atributos de quietude e imperturbabilidade, não tinham sua existência negada pelos epicuristas (Hadot, 2010, p. 180-181), mas eram vistos como impassíveis habitantes dos *intermundia* — os espaços entre os diferentes corpos celestes —, sem chances ou razões de virem a agir sobre a vida humana ou a maquinaria da Natureza.

Análise

É desse fundo de pensamento comum a todos os seguidores de Epicuro que Lucrécio, pois, se alimenta para lançar os alicerces não só de seus juízos sobre os deuses, mas ainda daqueles vinculados às crenças e práticas religiosas humanas no *De rerum natura*. Parece, então, bastante paradoxal que um nítido entusiasta dessa filosofia, como Lucrécio, opte por iniciar sua única obra com destacada referência ao divino. Aqui mencionamos o assim chamado "Hino a Vênus" do canto I de *De rerum natura* (v. 1-43), no qual o poeta homenageia, pela letra do texto, justo uma das principais deusas do

Panteão clássico, além de vincular sua influência a benéficos fenômenos da Natureza (o clima ameno da primavera, a germinação de flores nos campos, a disposição de várias espécies animais para a reprodução etc.).

Como, dessa maneira, entender a estranha "intromissão" de Vênus logo à abertura do poema epicurista em jogo? Sem ser preciso imputar tal traço da obra a alguma incoerência ou desarranjo compositivo do autor,[1] deve-se levar em conta, primeiramente, o peso de convenções de ordem literária a justificarem semelhante destaque concedido à deusa do Amor no contexto aludido. Na verdade, a invocação de entes sobrenaturais, sejam deuses ou as Musas, logo à abertura de textos inseridos na tradição Clássica constitui um lugar-comum sobretudo da épica Antiga, desde os poemas homéricos.

Ora, alguns críticos têm destacado, precisamente, as vinculações da poesia didática antiga com o gênero épico: para Peter Toohey (2010, p. 5-6), assim, os gêneros da Literatura clássica, longe de serem rígidos e imutáveis no quesito do tipo das contribuições que acolheram, caracterizaram-se pela subdivisão em algumas variedades possíveis, de modo que a épica, cujos espécimes se encontram agrupados, nas Letras greco-latinas, antes de mais nada devido ao uso do metro hexâmetro datílico, pôde repartir-se entre aquela "mítica" (com obras como a *Ilíada*, a *Odisseia* e a *Eneida*), a histórica (cf. *Annales* de Ênio, séc. III-II a.C.), o *epýllion* (poema 64 de Catulo) e a poesia didática.

Ademais, Vênus não é uma deusa qualquer neste contexto de emprego lucreciano, já que se trata da patrona tradicional dos romanos e de uma protetora da família dos Mêmios, sendo Caio Mêmio, pretor da Bitínia em 57 a.C., o dedicatário do *De rerum natura*. Mas também se deve considerar que Vênus, além das funções convencionais de "inspiradora" da poesia épica/didática e de ente sobrenatural apropriado às homenagens e "tutela" de Mêmio e de Roma, assume papel fortemente simbólico no Hino. Monica Gale, então, ressaltando que o materialismo de Lucrécio e de todos os epicuristas na verdade vetaria por completo a compreensão literal da "influência" de Vênus sobre a Natureza — estações, plantas, animais... — na passagem que temos considerado, esclarece a pertinência de entender tais menções à deusa sob o viés do símbolo:

1. Cf. Toohey (2010, p. 103-104), sobre as "denúncias" de Patin (*L'anti Lucrèce chez Lucrèce*. Paris: 1868) quanto ao fato de divisarmos no *De rerum natura*, supostamente, uma verdadeira arena de batalha entre os "sentimentos" de Lucrécio e sua aceitação racional do Epicurismo.

> Se ela [Vênus] não deve ser entendida literalmente, pode ser possível, em vez disso, vê-la como uma figura simbólica. Lucrécio nos dá uma dica importante, nesse sentido, quando apela a ela, no verso 1, como 'deleite' ou, de forma mais literal, 'prazer (*uoluptas*) de homens e deuses'. O próprio Epicuro descrevera o processo de alcançar o estado de tranquilidade mental — que via ao modo do bem supremo — como 'apaziguamento' ou *galenismos* (a palavra grega normalmente se refere à 'calma' no sentido meteorológico, mais do que no psicológico). A prece inicial de Lucrécio poderia ser vista como um desenvolvimento da metáfora concisa de Epicuro, sob a forma de uma imagem mais extensa: Vênus é a personificação do prazer epicurista, e sua chegada acalma as tempestades de inverno, dando entrada à 'serenidade' da primavera. É o prazer, também, que leva os animais a se acasalarem e, assim, a reproduzirem sua espécie; Lucrécio o torna explícito em 2.171-3: 'o próprio prazer divino, o condutor da vida, lidera os mortais e os atrai para reproduzirem sua espécie através da obra de Vênus'. A linguagem, aqui, lembra bastante 1.10-20, em que Vênus é mencionada, de maneira similar, liderando os animais em seu encalço e induzindo-os a 'reproduzirem sua espécie'; mas Lucrécio agora torna explícito que a força motivadora é, de fato, o prazer (ou o desejo do prazer), enquanto a 'obra de Vênus' é pouco além de um eufemismo para o ato sexual. A deusa foi substituída, poder-se-ia dizer, pela força desmitologizada do prazer.[2] (Gale, 2001, p. 34)

Ainda no quesito da "presença" e atuação dos deuses neste nosso mundo, devemos lembrar que o próprio Epicuro é dito um *deus* no proêmio do livro V de *De rerum natura* (v. 8), devido, como explica Lucrécio a Mêmio,

2. "*If she cannot be taken literally it may be possible instead to see her as symbolic figure. Lucretius gives us a strong hint in this direction when he appeals to her in line 1 as 'delight' or, more literally, 'pleasure (uoluptas) of men and gods'. Epicurus himself had described the process of attaining the state of mental tranquility — which he regarded as the highest good — a as 'becalming' or galenismos (the Greek word normally refers to 'calm' in the meteorological rather than the psychological sense). Lucretius' opening prayer might be seen as a development of Epicurus' one-word metaphor into a more extended image: Venus is a personification of Epicurean pleasure, and her arrival calms the storms of winter and brings in the 'serenity' of spring. It is pleasure, too, that induces animals to mate, and so reproduce their kind; Lucretius makes this explicit in 2.171-3: 'divine pleasure itself, the ruler of life, leads mortals on and entices them through the work of Venus to reproduce their kind'; but Lucretius now makes it explicit that the motivating force is really pleasure (or the desire for pleasure), while 'the work of Venus' is little more than a euphemism for sexual intercourse. The goddess has been replaced, it could be said, by the demythologized force of pleasure.*" (trad. M. Trevizam).

a ter descoberto "a regra da existência que se chama agora sabedoria". O mesmo filósofo, acrescentamos, é descrito no contexto, pelo poeta, ao modo de alguém que "trazendo a nossa vida, por meio de sua arte, de tão grandes ondas e de tão grandes trevas, colocou-a em lugar tão tranquilo e em tão clara luz".[3]

Sequencialmente, esse proêmio diminui a importância de descobertas e supostos feitos alheios aos ensinamentos de Epicuro — como o vinho "de Baco", as searas "de Ceres" e os Doze Trabalhos de Hércules —, esclarecendo serem, no limite, "desnecessários" para a manutenção da vida humana ou tolas quimeras, enquanto os dizeres do sábio em pauta "abrandam os ânimos e se tornam consolação da vida".[4] E, assim,

> O homem que, pelas palavras, submeteu todas estas coisas e as expulsou do espírito, sem empregar as armas, não teremos nós de o comparar em dignidade ao número dos deuses? Além de tudo, ele pronunciou muitas palavras belas e divinas acerca dos deuses imortais e em seus ditos explicou toda a natureza das coisas.[5]

Interessa-nos, sobre esse trecho, primeiro destacar a operação "racionalizante" de Lucrécio, o qual retira da esfera de influência dos deuses Baco e Ceres a descoberta dos respectivos "dons" do vinho e das searas — além, conforme dissemos, de relativizar a importância para a vida de tais produtos culturais! — e ensina serem falsas ameaças certos monstros hercúleos como Gerião e os cavalos de Diomedes, cujas ventas, conta-se, expeliam fogo. Por outro lado, a clareza de visão de Epicuro sobre o funcionamento do Universo e o acesso à "Verdade" que disso obteve, generosamente transmitindo-a aos homens, contribuem para aproximá-lo, embora mortal, do estatuto privilegiado dos verdadeiros deuses, os quais, a saber, nada temiam nem sofrimento algum experimentavam, iluminados que estavam pela sabedoria.

---

3. Lucrécio, *De rerum natura* V, 10-12: *Nunc appellatur sapientia, quique per artem/ fluctibus et tantis uitam tantisque tenebris/ in tam tranquillo et tam clara luce locauit* (trad. A. da Silva).

4. Lucrécio, *De rerum natura* V, 21: *Dulcia permulcent animos solacia uitae* (trad. A. da Silva).

5. *Haec igitur qui cuncta subegerit ex animoque/ expulerit dictis, non armis, nonne decebit/ hunc hominem numero diuom dignarier esse?/ Cum bene praesertim multa ac diuinitus ipsis/ immortalibu' de diuis dare dicta suerit/ atque omnem rerum naturam pandere dictis* (Lucrécio, *De rerum natura* V, 49-54, trad. A. da Silva).

É preciso ainda dizer, conforme lembrado por Pierre Hadot (2010, p. 181), que, na perspectiva epicurista, os deuses eram entendidos não como criaturas mais fortes a interferirem no mundo para o bem ou, sobretudo, o castigo de seres humanos oprimidos, mas como os plácidos amigos do sábio, o qual poderia, em tentativa de imitação de seu bem-estar e sossego, "igualar-se", na medida do possível, à bem-aventurança divina. Nesse sentido, a atitude modelar de Epicuro, o qual teria conseguido obter a *ataraxia* — serena quietude de espírito — durante seu tempo de vida, também corresponde a um espelho da existência dos deuses, inspirando em outros homens o desejo de segui-lo.

Por fim, embora a deificação de Epicuro, no proêmio de *De rerum natura* V, lembre algo das doutrinas de Evêmero de Messina — séc. IV-III a.C. —, para quem os deuses correspondiam a idealizações de figuras humanas históricas, cujos feitos e benefícios foram exacerbados pela imaginação das gerações posteriores, Monica Gale (1994, p. 79-80) explica que não se trata, por inteiro, da mesma ideia. Com efeito, segundo dito em V, 8, Epicuro *fuit* ("foi") um deus enquanto viveu, devido a sua sabedoria e felicidade, não o sendo mais no presente da enunciação do poeta, por uma espécie de apoteose *post mortem*. Ademais, esclarece a crítica (Gale, 1994, p. 78), o assunto da "História da cultura" que esse mesmo livro introduz, a partir de v. 925, é de todo *hostil* a qualquer concepção de efetivos deuses — celestes ou "terrenos" — agirem em nosso mundo, bem como à justificação das religiões a cultuá-los, por quaisquer motivos.[6]

Quanto às práticas religiosas tradicionais, deve-se entender que Lucrécio as atribui a uma profunda ignorância sobre a Natureza dos deuses. Na verdade, intuindo a existência dos seres supremos pelos "simulacros" que deles nos chegam dos *intermundia*,[7] os primeiros homens, desprovidos das luzes da filosofia epicurista, reconheceram sua grandeza (V, 1169-1182) e, temerosos, passaram erroneamente a associá-los ao comando de fenômenos

6. Gale (1994, p. 80) junta a essas opiniões a ideia de uma espécie de desmascaramento da ironia de Lucrécio para com os "evemeristas" em V, 52-53. Com efeito, nesses versos, depois de aproximar até certo ponto Epicuro de um deus, pelos moldes dessa escola de pensamento, o poeta o elogia justo por ter costumado pronunciar "muitas palavras belas e divinas acerca dos deuses imortais" (trad. A. da Silva). Ora, as ideias epicuristas sobre os deuses (e a religião) discordavam bastante dos pressupostos envolvidos nas teorias de Evêmero, como temos dito.

7. "*That is, atomic images of the gods must have penetrated to the sentient part of every human soul in order to produce this universal conviction*" (Case, 1915, p. 105).

naturais de grandes proporções, ou mesmo destrutivos, a exemplo das tempestades, raios e terremotos (V, 1185-1240); desse *temor*, então, no mais negativo dos sentidos, surgiram as religiões, com forte caráter de apaziguamento da ira divina.

O primeiro e mais impactante trecho de *De rerum natura* no qual divisamos, segundo as ideias de Lucrécio, um efeito nefasto da *religio* diz respeito à cena do sacrifício de Ifigênia (I, 80-101). Nesse ponto do texto, o poeta recorda o mito grego vinculado aos obstáculos da esquadra grega na partida para a Guerra de Troia, pois, chegou-se a crer, um sacrilégio de Agamêmnon contra a deusa Ártemis teria produzido imprópria calmaria naquela hora. Dessa maneira, ainda de acordo com o mito, uma consulta do rei ao adivinho Calcante resultara no suposto oráculo de que, caso ele fizesse sacrificar a própria filha em um rito sagrado, a ofensa à deusa seria redimida e, então, as naus disporiam de todo o vigor dos ventos para abordar Troia (Grimal, 1963, p. 235-236).

Do ponto de vista humano, esse gesto de sacrifício acarreta a violação de algo como os laços de *pietas* a unirem pai e filha, pois, evidentemente, equivale a favorecer a destruição da moça justo por parte daquele, em princípio, cuja proteção seria a mais esperada para com ela. Do ponto de vista religioso, por sua vez, dar ouvidos a oráculos e crer que crueldades desse tipo sejam advindas da vontade divina significa desvirtuar completamente os seres supremos, tidos, inclusive, como completamente alheios às vaidades do culto e às oferendas (Case, 1915, p. 105) pelos adeptos do Epicurismo. Isso justifica, ao término do mesmo trecho, a desalentada conclusão de Lucrécio, que chega a assimilar a um mal sem remédio a religião, em suas formas tradicionais na Antiguidade.[8]

Mais um exemplo do caráter nocivo da *religio* se delineia na sequência de *De rerum natura*, embora não tão terrível quanto o primeiro por não envolver, além de um gesto de sacrifício humano, filicídio algum. Trata-se,

8. *Nam sublata uirum manibus tremibundaque ad aras/ deductast, non ut sollemni more sacrorum/ perfecto posset claro comitari Hymenaeo,/ sed casta inceste nubendi tempore in ipso/ hostia concideret mactatu maesta parentis,/ exitus ut classi felix faustusque daretur./ Tantum religio potuit suadere malorum.* — "Foi levantada pelas mãos dos homens e arrastada para os altares, toda a tremer, não para que pudesse, cumpridos os ritos sagrados, ser acompanhada por claro himeneu, mas para, criminosamente virgem, no tempo em que deveria casar-se, sucumbir, triste vítima imolada pelo pai, a fim de garantir à frota uma largada feliz e fausta. A tão grandes males pode a religião persuadir" (Lucrécio, *De rerum natura* I, 95-101, trad. A. da Silva).

desta feita, de uma cena inserida no livro II da obra (v. 352-366), em um contexto, aparentemente, não destinado ao desvio dos dizeres para assuntos dessa ordem: na verdade, Lucrécio vinha tratando, desde v. 342, da espantosa variabilidade de formas físicas quando consideramos os muitos tipos de seres engendrados pela Natureza (peixes, animais de rebanho, aves etc.). Apesar dessa estonteante variabilidade, em certa medida aproximável daquela dos átomos que compõem a matéria no plano microscópico, Lucrécio divisa aí um ponto aleatoriamente "facilitador" da vida dos indivíduos de cada espécie, pois, caso não fosse o filho de uma dada mãe, pela semelhança com sua própria forma, parecido com ela — e diferente dos filhos de outras mães —, como ela o distinguiria da massa comum? E como o(s) filho(s), ainda, chegaria(m) a conhecer quem é a genitora?

Esse ponto, então, constitui o ensejo para que o poeta, depois de observar a infalibilidade do gesto de natural reconhecimento entre genitoras e filhos, pelo motivo aludido, nas mais distintas espécies de seres vivos que habitam nosso planeta, ofereça um exemplo prático, representado pela imagem de uma vaca à especial procura do próprio filhote:

> Muitas vezes, diante dos adornados templos dos deuses, perto dos turícremos altares, cai sacrificado um vitelo. A mãe desolada percorre os verdes pastos, procura as pegadas impressas no chão pelos cascos fendidos, fixando os olhos em todos os lugares, a ver se pode encontrar o filho perdido e, parando, enche de queixas o bosque frondoso e volta de novo para o estábulo varada de saudades pelo filho. Nem os tenros salgueiros, nem as ervas refrescadas pelo orvalho nem os rios correndo cheios de bordo a bordo podem distrair-lhe o ânimo e afastar o súbito cuidado; a vista de outros vitelos que andam pelos pastos abundantes não pode também distrair-lhe o ânimo e aliviá-la da sua dor: tanto é certo que procura alguma coisa que lhe é própria e conhecida.[9]

9. *Nam saepe ante deum uitulus delubra decora/ turicremas propter mactatus concidit aras/ sanguinis expirans calidum de pectore flumen./ At mater uiridis saltus orbata peragrans/ non quit humi pedibus uestigia pressa bisulcis,/ omnia conuisens oculis loca, si queat usquam/ conspicere amissum fetum, completque querelis/ frondiferum nemus adsistens et crebra reuisit/ ad stabulum desiderio perfixa iuuenci,/ nec tenerae salices atque herbae rore uigentes/ fluminaque ulla queunt summis labentia ripis/ oblectare animum subitamque auertere curam,/ nec uitulorum aliae species per pabula laeta/*

Agora estamos, portanto, em condições de entender que ela não o encontra não porque tenha havido algum empecilho advindo do mundo natural, mas sim porque o bezerro acabara de ser-lhe subtraído para tombar como mais uma vítima de um tolo gesto de sacrifício aos deuses. Por motivos semelhantes a esses, como notamos, assim conclui Lucrécio, no livro V de *De rerum natura*:

> Ó raça humana tão infeliz por ter atribuído tais fatos aos deuses e por lhes ter juntado as cóleras acerbas! Quantos lamentos para si próprios, quantas feridas para nós, quantas lágrimas para os nossos descendentes não originaram eles! *Não é piedade alguma mostrar-se muitas vezes aproximando-se velado duma pedra e a correr a todos os altares e deitar-se prostrado no solo e abrir as mãos diante dos templos dos deuses ou espargir os altares com muito sangue de quadrúpedes ou atar votos aos votos: o que vale é poder olhar tudo com um espírito pacífico.*[10]

Conclusão

Desse modo, se o materialismo expresso nos ensinamentos de *De rerum natura* pressupõe um verdadeiro mundo sem deuses, com a consequência de os ritos religiosos, preces e sacrifícios terem efeito nulo, de forma alguma, esperamos ter explicitado, pode-se divisar no Epicurismo uma escola de pensamento ateísta. Com efeito, o teor de nossos comentários deve ter demonstrado que, para os adeptos dessa maneira de pensar, incluindo o apaixonado Lucrécio, os deuses não só existem e são "contempláveis" em sua perfeita felicidade e *ataraxia*, mas, ainda, constituem modelos passíveis de serem imitados em nossa vida humana e mortal (Case, 1915, p. 105), sobretudo quando temos como seu espelho os luminosos preceitos de Epicuro.

Assim, viver bem e plenamente, segundo os ditames dessa Escola — limitando os desejos a um mínimo indispensável para o afastamento da

---

deriuare queunt animum curaque leuare:/ usque adeo quiddam proprium notumque requirit (Lucrécio, *De rerum natura* II, 352-366, trad. A. da Silva).

10. *O genus infelix humanum, talia diuis/ cum tribuit facta atque iras adiunxit acerbas!/ Quantos tum gemitus ipsi sibi, quantaque nobis/ uulnera, quas lacrimas peperere minoribu' nostris!/* Nec pietas ullast uelatum saepe uideri/ uertier ad lapidem atque omnis accedere ad aras/ nec procumbere humi prostratum et pandere palmas/ ante deum delubra nec aras sanguine multo/ spargere quadrupedum nec uotis nectere uota,/ sed mage pacata posse omnia mente tueri (Lucrécio, *De rerum natura* V, 1194-1203, trad. A. da Silva, grifo nosso).

dor, moderando o medo e as vãs ambições através da sabedoria do Mestre, manifestando interesse pelo saber etc. —, constitui, ao que parece, a melhor forma de honrar a deuses de modo algum vingativos, ou sequer cientes de nossos cuidados.[11]

REFERÊNCIAS

CASE, Shirley Jackson. The religion of Lucretius. *The American Journal of Theology*, Chicago, v. 19, n. 1, p. 92-107, jan. 1915.

EPICURO; LUCRÉCIO; CÍCERO; SÊNECA. *Antologia de textos; Da Natureza; Da República; Consolação a minha mãe Hélvia; Da tranquilidade da alma; Medeia; Apocoloquintose do Divino Cláudio*. Trad. Agostinho da Silva, Amador Cisneiros e Giulio Davide Leoni. São Paulo: Nova Cultural, 1988.

GALE, Monica. *Lucretius and the didactic epic*. London: Bristol Classical Press, 2001.

______. *Myth and poetry in Lucretius*. Cambridge: Cambridge University Press, 1996.

GRIMAL, Pierre. *Dictionnaire de la mythologie grecque et romaine*. Paris: P.U.F., 1963.

HADOT, Pierre. *O que é a filosofia antiga?* Trad. Dion Davi Macedo. São Paulo: Loyola, 2010.

LVCRETI. *De rerum natura*. Ed. Cyrillus Bailey. Oxford: Clarendon Press, 2009.

TOOHEY, Peter. *Epic lessons*: an introduction to ancient didactic poetry. London/New York: Routledge, 2010.

11. *"They were not to be feared, nor did the worshiper hope to procure their interference on his behalf, but they constituted for him that ideal form of being which he reverenced supremely and strove in a measure to realize in his own life."* (Case, 1915, p. 105).

Deuses de papel e de poesia: o hino a Baco na elegia 5.3 dos *Tristia*, de Ovídio

Júlia Batista Castilho de Avellar

Introdução

Os *Tristia* ("Tristezas"), de Públio Ovídio Nasão (43 a.C. — 17/18 d.C.), compõem-se de cinco livros de elegias tematizando o degredo do eu-poético Nasão (homônimo do autor),[1] expulso de Roma para Tomos, cidade nos confins do Império, às margens do Ponto Euxino (atual Mar Negro). Considerada a obra fundadora da lírica de exílio na tradição ocidental, seus poemas abordam os sofrimentos e desgraças enfrentados por Nasão na viagem e na terra de exílio, mas também são perpassados por reflexões sobre o próprio fazer poético e a poesia.

Na maior parte da obra, os deuses greco-romanos comparecem para desempenhar um papel literário, seja na constituição de símiles, seja para inserir o eu-poético em uma atmosfera épica. Assim, ao comparar-se a figuras heroicas, como Eneias e Ulisses, Nasão diferencia os deuses entre entidades perseguidoras ou auxiliadoras em relação aos heróis e, alçando seu próprio exemplo ao universo épico, apresenta o imperador Augusto, que ordenara o exílio, como deus[2] simultaneamente perseguidor e auxiliador:

> Amiúde quando um deus persegue, outro deus auxilia.
> Mulcíbero[3] contra Troia, por Troia assistia Apolo;
> Vênus foi favorável aos teucros, Palas desfavorável;
> Satúrnia,[4] mais chegada a Turno, odiava Eneias;
> defendia-o, porém, o poder de Vênus.

---

1. A homonímia entre autor-empírico e eu-poético foi responsável por inúmeras leituras biografistas da obra ao longo do tempo. Não pretendemos discutir a veracidade ou não da *relegatio* ovidiana, mas sua construção no interior do texto. Nesse sentido, nas elegias, a personagem-poeta Nasão encontra-se exilada (independentemente do autor-empírico), e o exílio tem existência literária. Assim, quando usamos o termo "poeta", referimo-nos a uma personagem-poeta, construída no texto, e não ao autor-empírico.
2. Para uma análise do caráter divino atribuído a Augusto nos *Tristia*, ver Avellar (2015, p. 18-21).
3. *Mulcíbero*: epíteto de Vulcano, formado a partir de *mulceo* ("apalpar", "tocar de leve"), significa "aquele que amolece, que funde o ferro", de modo a destacar que se trata de um deus artífice.
4. *Satúrnia*: patronímico de Juno, que era filha de Saturno.

Amiúde Netuno feroz atacou o sagaz Ulisses,
amiúde Minerva o salvou de seu tio.
Embora deles eu diste, quem impede
que um nume me proteja do irado deus?
(Ovídio, *Tristia* 1.2.4-12, trad. nossa)[5]

Nesse contexto, é bastante curiosa a presença nos *Tristia* de toda uma elegia centrada em Baco, deus mais conhecido por suas relações com o vinho e a inspiração poética. Diante disso, pretendemos analisar a figura desse deus no mencionado poema (elegia 5.3) e a significação de sua presença na obra.

1. Um hino báquico

A elegia 5.3 dos *Tristia* estrutura-se de modo semelhante a um hino: começa com a invocação de Baco e a menção de suas festividades (v. 1-4), contém uma seção mítica sobre seus feitos e realizações (v. 19-26), termina com uma prece ao deus e, em seguida, aos poetas romanos (v. 35-58).[6] O intrigante é que essas partes do hino são entremeadas por passagens a respeito do próprio eu-poético Nasão, de modo que o louvor a Baco alterna-se com manifestações em primeira pessoa de tom mais pessoal, acerca da vida e das experiências da personagem-poeta.

A invocação inicial a Baco, no dia em que costuma ser festejado em Roma, já expõe alguns elementos votivos vinculados ao deus, como o vinho e as coroas: "Este é o dia em que os poetas te celebram,/ ó Baco, se não me falham os tempos;/ cobrem com coroas perfumadas as festivas têmporas/ e cantam tuas honras com teus vinhos" (Ovídio, *Tristia* 5.3.1-4, trad. nossa).[7] Trata-se das festas *Liberalia*, em 17 de março, que eram, segundo McGowan

5. *Saepe premente deo fert deus alter opem./ Mulciber in Troiam, pro Troia stabat Apollo;/ aequa Venus Teucris, Pallas iniqua fuit;/ oderat Aeneam propior Saturnia Turno;/ ille tamen Veneris numine tutus erat./ Saepe ferox cautum petiit Neptunus Vlyxem,/ eripuit patruo saepe Minerua suo./ Et nobis aliquod, quamuis distamus ab illis,/ quis uetat irato numen adesse deo?* O texto-base em latim usado para a realização de nossas traduções dos *Tristia* para o português foi o estabelecido por J. André (2008), em edição da *Les Belles Lettres*. Todas as traduções no presente trabalho são de nossa responsabilidade, salvo indicado o contrário.

6. Segundo Bonvicini (1991, p. 411), essa forma de hino báquico é semelhante à da ode 2.19 de Horácio e da elegia 2.17 de Propércio.

7. *Illa dies haec est, qua te celebrare poetae,/ si modo non fallunt tempora, Bacche, solent,/ festaque odoratis innectunt tempora sertis,/ et dicunt laudes ad tua uina tuas.*

(2009, p. 144), um antigo festival religioso romano dedicado à contraparte itálica de Baco (Líber).

Ovídio já havia abordado essas festas nos *Fastos* (*Fastos* 3.713-790), poema estruturado segundo a ordem dos calendários romanos (*fasti*) apresentando as festividades diárias e suas explicações etiológicas. A passagem, emoldurada por invocações e pedidos de inspiração poética no princípio e no fim,[8] narra os feitos de Baco e, especialmente, a etiologia dos elementos presentes em seus ritos, com uma digressão contando a história mítica da descoberta do mel pelo deus.

Na elegia dos *Tristia*, por sua vez, o enfoque principal parece ser a contraposição entre a situação de exílio do eu-poético e os festejos de Baco. Com efeito, todo o poema é marcado pela ausência de Nasão nas celebrações que acontecem em Roma: se antes o poeta era parte de uma agremiação de poetas, que tinha Baco, deus dos poetas e da poesia, como patrono, agora ele se encontra afastado, em meio às armas de povos bárbaros, os sármatas e getas:

> Agora, sob as estrelas da cinosúrida Ursa,[9]
> retém-me o litoral sármata, contíguo aos getas cruéis;
> e eu que antes levei vida branda e privada de esforços
> na poesia e no coro das Piérides,
> agora, longe da pátria, retumbo-me com as armas géticas.
> Muito sofri no mar, muito sofri na terra.
> (Ovídio, *Tristia* 5.3.7-12, trad. nossa)[10]

As circunstâncias de Nasão no exílio revestem-se de coloração épica: em oposição à vida branda e tranquila como poeta em Roma, agora ele se encontra cercado pelas armas de povos bárbaros e belicosos. Depois de suportar as intempéries da viagem marítima até Tomos, acolhe-o uma terra

8. "Terceiro dia após os Idos é de Baco./ Me inspira, Baco, eu canto as tuas festas"; "Abranda a face, ó pai, volta-me os mansos chifres,/ e dá velas propícias a meu canto" (Ovídio, *Fastos* 3.713-714; 789-790, trad. M. Gouvêa, 2015, p. 171; p. 175).

9. Cinosura era uma ninfa do monte Ida que foi transformada por Júpiter na constelação da Ursa Menor.

10. *Quem nunc subpositum stellis Cynosuridos Vrsae/ iuncta tenet crudis Sarmatis ora Getis,/ quique prius mollem uacuamque laboribus egi/ in studiis uitam Pieridumque choro,/ nunc procul a patria Geticis circumsonor armis./ Multa prius pelago multaque passus humo.*

hostil.[11] Nasão atribui as desgraças que o oprimem ou ao destino (*casus*, v. 13), ou à ira dos deuses (*ira deorum*, v. 13), de modo a apresentar-se na posição de um herói épico perseguido por figuras divinas.

Logo após esse excurso autobiográfico da personagem-poeta, são expostos os feitos de Baco, numa espécie de seção mítica. Não obstante, são selecionados precisamente os feitos que, de algum modo, vinculam-se às vivências do exilado. Assim, destaca-se o fato de Baco ter perambulado e conquistado o Oriente e as regiões do extremo leste, próximas ao local do exílio de Nasão:[12]

> Também tu, por teus méritos, foste alçado ao céu,
> para onde a via se abre com esforço não ínfimo.
> Não moraste na pátria, mas vieste até o nevado
> Estrimão[13] e o geta adorador de Marte,
> à Pérsia e ao Ganges errante em amplo curso
> e a todas as águas que o hindu moreno bebe.
> Decerto as Parcas tecedoras do fio dos fados
> duas vezes cantaram esta lei a ti, duas vezes nascido.
> Também a mim, *se é justo recorrer a exemplos divinos*,
> me oprime uma sina férrea e difícil.
> (Ovídio, *Tristia* 5.3.19-28, trad. nossa)[14]

O eu-poético pede permissão para se comparar ao deus: "se é justo recorrer a exemplos divinos" (*si fas est exemplis ire deorum*, v. 27). O paralelismo entre ambos fica marcado pela repetição — "também tu próprio"

---

11. O verso "Muito sofri no mar, muito sofri na terra" (*Multa prius pelago multaque passus humo*, v. 12) retoma, segundo Prata (2007, p. 76), a expressão *et terris iactatus et alto* ("lançado pelas terras e pelo mar"), usada por Virgílio para caracterizar as perambulações de Eneias após a queda de Troia (*Eneida* 1.3). Seria uma espécie de marcador alusivo, que contribui para vincular o protagonista dos *Tristia* ao herói virgiliano e, desse modo, atribuir um caráter épico a Nasão.

12. A conquista do Oriente por Baco também é mencionada por Ovídio nos *Fastos* (3.719-720; 729-731).

13. O Estrimão era um rio da Trácia, região próxima de Tomos, cidade do exílio de Nasão.

14. *Ipse quoque aetherias meritis inuectus es arces,/ quo non exiguo facta labore uia est./ Nec patria est habitata tibi, sed adusque niuosum/ Strymona uenisti Marticolamque Geten/ Persidaque et lato spatiantem flumine Gangen/ et quascumque bibit decolor Indus aquas./ Scilicet hanc legem nentes fatalia Parcae/ stamina bis genito bis cecinere tibi./ Me quoque, si fas est exemplis ire deorum,/ ferrea sors uitae difficilisque premit.*

(*ipse quoque*, v. 19) e "também a mim" (*me quoque*, v. 27). Nasão pretensiosamente equipara sua sina — férrea e difícil (*ferrea dificilisque*, v. 28) — e as dificuldades no exílio aos desafios enfrentados por Baco na conquista do Oriente. Com isso, ele antecipa para si aquele que foi o destino final de Baco: assim como o deus foi alçado aos céus e detém a imortalidade, também Nasão deseja imortalizar-se e ser perpetuamente lembrado como poeta.

2. As preces de Nasão

Após a descrição dos ritos a Baco em Roma e dos feitos e atributos do deus, Nasão lhe dirige uma prece, rogando auxílio e alívio dos infortúnios no exílio. O pedido é acompanhado por louvores e desejos propícios em relação ao deus e aos elementos que o simbolizam, de modo a constituir, de acordo com Bonvicini (1999, p. 413), uma espécie de aretologia do deus:

> *Traz auxílio*, ó bom Líber! Que nova vide pese
> o olmo, e a uva esteja repleta de vinho!
> *Que* as bacantes e a ágil juventude de sátiros
> estejam contigo e, em som delirante, não te cales!
> *Que* os ossos do bipene Licurgo com força sejam premidos,
> e que a ímpia sombra de Penteu não escape da pena![15]
> *Que* eternamente brilhe e vença os astros vizinhos,
> fulgente no céu, a Coroa de tua esposa!
> *Que venhas para cá e alivies*, ó belíssimo, *meus infortúnios*,
> lembrado de que sou um dos teus!
> (Ovídio, *Tristia* 5.3.35-44, trad. nossa)[16]

A prece de Nasão caracteriza-se por uma série de elementos típicos da linguagem votiva. Além da apóstrofe a Baco, no início ("ó bom Líber",

---

15. Licurgo e Penteu foram reis, respectivamente, da Trácia e de Tebas, que se opuseram ao culto de Baco e, por isso, foram castigados pelo deus. Licurgo foi punido com a loucura e matou o próprio filho com uma machadinha de dois gumes. Penteu, ao espiar os rituais das bacantes, foi descoberto, morto e espedaçado pelas mãos de sua própria mãe.
16. *Fer, bone Liber, opem! Sic altera degrauet ulmum/ uitis et incluso plena sit uua mero!/ Sic tibi cum Bacchis Satyrorum gnaua iuuentus/ adsit, et adtonito non taceare sono!/ Ossa bipenniferi sic sint male pressa Lycurgi,/ impia nec poena Pentheos umbra uacet!/ Sic micet aeternum uicinaque sidera uincat/ coniugis in caelo clara Corona tuae!/ Huc ades et casus releues, pulcherrime, nostros,/ unum de numero me memor esse tuo!*

v. 35) e no final ("ó belíssimo", v. 43), o pedido é perpassado pela anáfora de *sic* ("que", v. 37, 39, 41 e 44), que apresenta valor deprecativo, de modo a reforçar o caráter suplicante do discurso do eu-poético. Finalmente, o trecho contém diversas aliterações — de /k/, no verso 42: *coniugis in caelo clara Corona tuae!*; de nasais, no verso 44: *numero me memor* —, que são um recurso sonoro bastante presente nas antigas preces latinas.

Segundo McGowan (2009, p. 145), Nasão pede ao deus auxílio para obter o fim do exílio e retornar a Roma. Com efeito, nos versos imediatamente seguintes (v. 45-46), ele pede que Baco, enquanto deus, abrande o nume de outro deus, César (isto é, o imperador Augusto), que fora o causador do exílio. Bonvicini (1999, p. 411) ainda ressalta que o louvor a Baco não é, como tradicionalmente, um pedido de inspiração poética, mas um pretexto para a evocação de momentos festivos da Urbe. Assim, curiosamente Baco parece ser invocado não por motivações poéticas, mas para, de algum modo, tornar o poeta presente em Roma, ou então trazer as festividades da Urbe para o local de exílio, através da memória ou imagem mental.[17]

A prece principal de Nasão, porém, é que Baco alivie seus infortúnios na situação de exílio (v. 43). De fato, o deus é metonimicamente identificado com seu principal atributo, o vinho, por vezes mencionado na elegia (*uina*, v. 4; *mero*, v. 36 e 48), de modo que Baco (por meio do vinho) é o meio capaz de apaziguar os males e aliviar os sofrimentos do exilado.

Para além desse sentido mais imediato, é possível interpretar o vinho como metáfora para a poesia, sobretudo pelo fato de Baco ser tradicionalmente o deus da inspiração poética. Assim, significações metapoéticas perpassam toda a prece. Embora ela não seja um usual pedido de inspiração, o rogo de Nasão pelo alívio concedido pelo deus (e pelo vinho) pode ser considerado um rogo pela poesia, pela possibilidade de escrever versos. Com efeito, nos *Tristia* é bem recorrente a ideia da escrita poética como alívio e consolo para os males: a poesia é companheira de Nasão no exílio, servindo-lhe de guia, remédio e repouso à dor.[18] Ademais, conforme esclarece McGowan (2009, p. 145), o termo *sacra* empregado na elegia (v. 33)[19] pode se

---

17. Para a análise das questões de presença e ausência nesta elegia, veja-se Hardie (2002, p. 300-306).

18. A título de exemplo, veja-se toda a elegia 4.1 dos *Tristia*, bem como *Tristia* 4.10.115-120.

19. "e, olhando os poetas em torno de teus cultos,/ dizer: "Algum de meus adoradores se ausenta" (Ovídio, *Tristia* 5.3.33-34, trad. nossa) — *et potes aspiciens circum tua sacra poetas/ 'Nescio quis nostri' dicere 'cultor abest'.*

referir aos rituais religiosos e mistérios sagrados associados à celebração de Baco nas *Liberalia*, mas também à referência, na poesia de exílio ovidiana, à escrita de versos como um compromisso sagrado ou *sacra Musarum*. Nessa perspectiva, a poesia é designada pelo termo *sacra* nas seguintes elegias dos *Tristia*: 3.7.32 (o termo designa a poesia enquanto estudo); 4.1.87-88 (referência à retomada da poesia, caracterizada por "ritmos" e "antigos *mistérios*", em meio à ambiência bárbara do exílio); 4.10.19 (referência aos "*mistérios* celestes", com os quais é identificada a escrita de versos); 5.5.2 e 28 (referência ao "*ritual*" de celebração do aniversário da esposa, mas também à escrita do próprio poema).

Além disso, a poesia é também elemento que concede imortalidade, seja àqueles que ela celebra, seja ao poeta que a escreve. É precisamente por isso que o eu-poético dirige uma prece também a seus companheiros poetas que, em Roma, comemoram o dia de Baco:

> Também vós, ó poetas consortes na paixão, turba devota,
> tomando o vinho, rogai cada um o mesmo!
> E, *pronunciando o nome de Nasão*, algum de vós
> erga o copo misturado com suas lágrimas
> e, *lembrando-me*, ao olhar todos em torno,
> diga: 'Onde está Nasão, há pouco parte de nosso coro?'
> (Ovídio, *Tristia* 5.3.47-52, trad. nossa)[20]

Mais do que rogar pela salvação do relegado, os poetas romanos celebrando Baco devem lembrar-se de Nasão e fazê-lo lembrado na Urbe: por isso, seu nome precisa ser pronunciado. Segundo Hardie (2002, p. 306), ao mesmo tempo em que se verifica uma separação entre o poeta exilado e seu nome, o nome tem o poder de ativar a pessoa na memória. Desse modo, lembrado por outros poetas, Nasão pode-se fazer presente em Roma. Ademais, ao inscrever seu nome nos versos dessa elegia (v. 49 e 52), quase que como uma espécie de assinatura, o eu-poético fixa sua presença ao longo do tempo e faz-se imortal por meio de seus próprios versos.

Isso fica bastante evidente no dístico final do poema: "Que então façais versos com o favor de Apolo!/ Mantende — isso é lícito — meu nome entre

20. *Vos quoque, consortes studii, pia turba, poetae,/ haec eadem sumpto quisque rogate mero!/ Atque aliquis uestrum Nasonis nomine dicto/ adponat lacrimis pocula mixta suis/ admonitusque mei, cum circumspexerit omnes,/ dicat: "Vbi est nostri pars modo Naso chori?"*

vós!" (Ovídio, *Tristia* 5.3.57-58, trad. nossa).[21] Se as preces dos poetas a Baco não surtirem efeito, há que se implorar a Apolo, o outro deus patrono da poesia. Para Nasão, o principal não é tanto a entidade à qual os poetas devem rogar, mas sim a garantia de que ao menos seu nome permaneça e seja lembrado em Roma. Segundo McGowan (2009, p. 146), a elegia contribui para que o poeta mantenha uma presença nominal em Roma (mais eficaz que a presença física) através da poesia, que é veículo para a imortalidade. Assim, em última instância, as súplicas de Nasão dirigem-se à própria poesia e ao seu poder de permanência.

Considerações finais

A presença dos deuses greco-romanos nos *Tristia* possui um valor principalmente literário. Por vezes, eles exercem o papel de figuras épicas e conferem ambiência heroica às vivências de Nasão exilado, contribuindo para a constituição da máscara de "herói épico" assumida pelo eu-poético. Na elegia 5.3, por sua vez, o caráter literário manifesta-se diferentemente, já que a descrição das festas de Baco e a prece a ele dedicada revestem-se de valor metapoético. O rogo de Nasão é um pedido ao deus (ou à poesia, metonimicamente) por auxílio para a escrita de versos que amenizem as dores de exilado; é, enfim, uma súplica pela permanência de seu nome em Roma, através da imortalidade conferida pelos versos.

REFERÊNCIAS

AVELLAR, Júlia Batista Castilho de. Entre a ira e a clemência: ambiguidades de Augusto nos *Tristia* de Ovídio. *Rónai - Revista de Estudos Clássicos e Tradutórios*, Juiz de Fora, v. 3, n. 1, p. 14-30, 2015. Disponível em: <http://ronai.ufjf.emnuvens.com.br/ronai/article/view/109/87>.

BONVICINI, Mariella. "Note e commenti ai Tristia". In: OVIDIO. *Tristia*. Trad. R. Mazzanti. Milano: Garzanti, 1999. p. 211-457.

21. *Sic igitur dextro faciatis Apolline carmen!/ Quod licet, inter uos nomen habete meum!*

HARDIE, Philip. *Ovid's poetics of illusion*. Cambridge: Cambridge University Press, 2002.

HORACE. *Odes et épodes. Tome I.* Texte établi et traduit par F. Villeneuve. Paris: Les Belles Lettres, 1954.

McGOWAN, Matthew. *Ovid in exile*: Power and poetic redress in the *Tristia* and *Epistulae ex Ponto.* Leiden: Brill, 2009.

OVIDE. *Tristes.* Texte établi et traduit par J. André. Paris: Les Belles Lettres, 2008.

OVÍDIO. *Fastos.* Trad. Márcio M. Gouvêa Júnior. Belo Horizonte: Autêntica, 2015.

PRATA, Patricia. *O caráter intertextual dos Tristes*: uma leitura dos elementos épicos virgilianos. 2007. 421 f. Tese (doutorado em Linguística) - Instituto de Estudos da Linguagem, Unicamp, Campinas, 2007.

PROPÉRCIO. *Elegias de Sexto Propércio.* Organização e tradução de G. Gontijo Flores. Belo Horizonte/São Paulo: Autêntica, 2014.

O Rapto de Prosérpina: representação simbólica da harmonia universal

Heloísa Maria Moraes Moreira Penna

Introdução

Cláudio Claudiano, poeta nascido no Egito,[1] ganhou notoriedade, no final do IV século, quando se estabeleceu em Milão, na corte de Honório. Sua extensa produção,[2] a serviço dos governantes milaneses, é composta de poemas laudatórios a seus protetores e críticos aos opositores do imperador Honório e do general Estilicão. Insere-se, nesse contexto panegírico, mas de natureza épica, "seu poema de maior empenho" (Paratore, 1983, p. 994), a epopeia mitológica, *De Raptu Proserpinae*, em três livros.

Conhece-se, por influência de Homero e Virgílio, o prestígio concedido ao escritor de obra épica. Testemunham isso Ênio, poeta latino do III século a.C., introdutor do hexâmetro na literatura latina e que se orgulhava do epíteto *alter Homerus*, e os poetas líricos augustanos (Horácio, Tibulo, Propércio, Ovídio) e suas — ainda que falsas — modestas *recusationes* por não aderirem ao gênero por falta de talento, embora Ovídio tenha escrito as "Metamorfoses", obra de fôlego épico. A tradição épica que nunca perdeu vitalidade, por sua capacidade de abrir-se a temas e gêneros variados, encontrou no baixo Império terreno fértil para o desenvolvimento de uma versão breve,[3] de assunto mitológico e de natureza encomiástica. Dentro desse contexto literário e em sintonia com os feitos e crenças de seus protetores cristãos, Cláudio Claudiano se aventurou pelo caminho da pequena épica mitológica e encomiástica. O mito escolhido foi o rapto de Prosérpina em que coloca em evidência o frágil equilíbrio da terra, com a revolta de Plutão, o controle de Júpiter e a ira de Ceres. Segundo Cameron (1970, p. 211) Claudiano optou pelo mito de Prosérpina em razão da sedução do assunto e

1. "Segundo a maior parte dos estudiosos, nasceu em Alexandria ou na vizinha Canopo, segundo outros na Paflagônia" (Paratore, 1983, p. 993).
2. Paratore, nas p. 994-5, tentando organizar cronologicamente os poemas escritos na Itália, lista cerca de 30 títulos sem considerar o poema *De Saluatore*, de contestada atribuição.
3. Toohey (1992, p. 211) limita em 1.400 linhas a épica em miniatura (*miniature epic*). Pode-se perceber que essa forma mais curta de épica, da Antiguidade Tardia, não é uma reedição dos alexandrinos e tem características próprias.

do ineditismo do tema em narrativas épicas.[4] Escolha semelhante ele fizera ao escrever suas *Gigantomachiae*, em dois poemas longos e exclusivos, um em latim e outro em grego.

1. Duas questões intrigantes

1.1. Cláudio Claudiano, autor cristão ou pagão?

Apesar de pensar que, em termos literários, não importa tanto desvendar as preferências pessoais do homem Claudiano, visto que ficção e realidade, embora não totalmente isoladas, podem ter vidas independentes, considero interessante o debate em torno da religião professada pelo criador da épica "O Rapto de Prosérpina". Essa discussão e consequente tomada de posição sobre a questão influenciaram diretamente a interpretação alegórica do mito.

Razões históricas apontam para o fato de que Claudiano, ao partir de Alexandria, segundo Cameron (1970, p. 189), em 391, e se dirigir, primeiramente a Roma, onde as leis antipagãs de Teodósio pressionavam a população à conversão ao Cristianismo, ele, se não se converteu, deixou essa impressão aos governantes.[5] Muitos são os argumentos a favor ou contra a hipótese de sua confissão religiosa.[6] Podia ser pagão o poeta oficial da corte cristã de Honório? Não seria a mitologia, presente em suas obras, apenas um registro alegórico, sem revelar as convicções pessoais do poeta? Seu paganismo seria apenas cultural? Por que ele teria escrito poemas cristãos, como o intitulado, *De Saluatore*?[7] Em contrapartida, há as afirmações de Agostinho (*De ciutate Dei*, livro V) e Orósio de que o poeta era "alheio ao

4. O mito da busca de Ceres pela filha raptada já fora contado por Homero no "Hino a Deméter", nas "Metamorfoses" e nos "Fastos" de Ovídio. No entanto, Cláudio Claudiano inovou fazendo-o assunto exclusivo de uma narrativa épica, "sendo o mais extenso relato do mito que nos chegou" (Hall *in* Claudien, 1969, p. 106).

5. Cameron (1970, p. 189) afirma que o assunto está longe de ser resolvido e, num extenso capítulo, põe em xeque todas as teorias que negam sua conversão ao cristianismo, inclusive sugere outra interpretação para as afirmações de Agostinho e Orósio.

6. Os argumentos a seguir, de Charlet, estão na Introdução do livro Claudien (1991, p. XIX).

7. Esse poema, um hino pascal, foi encontrado entre os trabalhos de Claudiano. Sua autoria, no entanto, é contestada pela convicção de que ele seria pagão. O poema, segundo Cameron (1970, p. 215), foi descoberto no século VIII, apenso aos manuscritos claudianos. Para esse estudioso, a atribuição é legítima, pois apresenta afinidade linguística e estilística com a obra de Claudiano e por se tratar de uma peça de ocasião para desejar a Honório uma feliz páscoa e, consequentemente, um longo reinado.

nome de Cristo", *a Christi nomine alienus*, e um "pagão obstinadíssimo", *paganus peruicacissimus*. Além disso, muitos dos seus poemas estão repletos de preces aos deuses pagãos, fazendo reviver o panteão romano, da época augustana e, às vezes, ofensivos ao culto dos santos. Fico, no entanto, com a conclusão de Cameron (1970, p. 193 e ss.) que se inclina para a hipótese da conversão do poeta, ao dizer que as considerações dos contemporâneos (como Orósio e Agostinho) sobre seu paganismo podem ter sido deturpadas pelas intrigas da corte e que a maquinaria épica, sem significado religioso, empregada em seu poema, era lugar comum nas obras dos autores da época, inclusive cristãos.

1.2. A pretensa incompletude da obra

Outra questão que se revelou importante na leitura alegórica, ora apresentada, da épica mitológica de Claudiano, é sobre a incompletude da obra. Todos os críticos da obra de Claudiano fazem questão de enfatizar a incompletude do DRP.[8] De fato, ela termina com Ceres, partindo da região do Etna, local do rapto, numa busca angustiante da filha. Sabe-se, pela leitura do mito completo, que Ceres, após afligir castigos à terra, consegue a companhia de sua filha por dois terços do ano.[9] O outro terço está destinado ao submundo. Tenho elementos para discordar da hipótese da incompletude do DRP. Começo pelo título da obra: *De Raptu Proserpinae*. O emprego do sintagma ablativo preposicionado em lugar do título em nominativo é, a meu ver, um claro indicador de que o autor não tinha a intenção de narrar todo o mito, mas uma parte dele: a preposição 'de', empregada nos títulos dos livros, é uma indicação de que se vai falar a respeito/sobre o assunto, sem a pretensão de esgotá-lo. Acresce-se a isso, o breve sumário de seu escopo no início do livro I, na invocação aos deuses infernais (vv.26-31): "com que fogo o Amor comoveu Dite; como a altiva Prosérpina foi raptada e recebeu em dote o Chaos, por quantas regiões sua mãe errou ansiosa, em aflitivo curso: como leis foram dadas aos povos e o carvalho de Dodona com seu fruto obsoleto tenha cedido lugar às espigas recém-descobertas".[10] Essa lista de intenções,

8. Por questão de praticidade e economia de caracteres, passo a usar a abreviatura DRP para designar o *De Raptu Proserpinae*.

9. Outras versões dividem o tempo de presença de Prosérpina com a mãe e o esposo, em metade do ano para cada um (cf. Hygino, CXLVI. *Proserpina*).

10. Todas as traduções dos trechos em Latim foram feitas por mim.

de fato, é cumprida nos três livros. Outro ponto a ser considerado, e esse se relaciona com a leitura alegórica que proponho, é o de que a intenção de Claudiano não era de contar toda a história, em seus aspectos escatológicos. Bastavam-lhe os episódios do mito que permitissem a inferência da questão da união harmônica, por amor, do universo; bem como da do equilíbrio necessário entre um poder divino, justo e benéfico, e as forças da natureza. Deve-se considerar também, em favor da hipótese da completude da obra, a questão da presença dos prefácios, no livro I e II e sua ausência no III. Os dois são metapoéticos e em dísticos elegíacos:[11] o do livro I aproxima o poeta do navegante[12] e o do livro II, que contém a dedicatória do livro, identifica o poeta com o cantor Orfeu. O livro três está isento de prefácio, mas traz, logo em seu início, um esclarecedor discurso de Júpiter no Conselho dos deuses. Charlet in Claudien (1991, p. 55) observa que esse início do livro III é paralelo ao do livro I, a partir do v. 32, após o prólogo geral: à assembleia dos deuses infernais corresponde a assembleia dos deuses do Olimpo. Assim, fecha-se o ciclo da narrativa com o sentido do poema explicitado no confronto entre os dois discursos de Plutão e de Júpiter. Há um plano providencial da natureza: com o fim da era de Saturno/Idade do Ouro faz-se necessária a ação de Ceres na terra, com o dom dos cereais e a divisão do tempo da natureza em quatro estações. Considero as palavras de Júpiter, no início do livro III (vv.1-66), um discurso-síntese da caminhada da humanidade em direção à autonomia. Na verdade, o que aconteceu — o violento rapto — e o resultado presente disso — a penúria da produção alimentícia — fazem parte de um plano maior que culminará na busca de Ceres e o consequente início do cultivo dos campos. Ao entendermos dessa forma o ordenamento dos prefácios, chega-se à palavra final sobre os limites da narrativa, impostos pelo próprio poeta.

2. Interpretação alegórica do mito de Prosérpina

O prefácio do segundo livro do DRP causa estranhamento a muitos críticos da obra de Claudiano. Como uma parábase do teatro grego antigo, ele parece deslocado do assunto principal e introduz um elemento novo. O prefácio

11. Talvez uma deferência aos Fastos de Ovídio, livro IV, em que se narra o episódio do rapto.
12. Charlet, ao comentar o prefácio do Livro I, in Claudien (1991, p. 5), diz "O tema do poeta assimilado a um navegador é, de tal forma tradicional (Verg. *Georg.* 2, 41-5; Prop. 3,3,22-4; Ov. *Fast.* 1,4...) que Claudiano não sente necessidade de dar a chave de seu prefácio: ele sabe que seu leitor compreenderá o sentido simbólico".

faz referência a Orfeu e seu abandono da lira e posterior retorno ao canto com a chegada de Hércules à Trácia. Nas três últimas linhas do prefácio, Claudiano se diz cantor de Florentino, como Orfeu o foi de Alcides. Essa declaração final chama atenção para o nome Florentino que, para alguns, seria um título honorífico do general Estilicão, por seu auxílio a Florença. Hall (*in* Claudian, 1969, p. 98) propõe uma interpretação alegórica do prefácio, os trabalhos de Hércules representando os negócios de Gildo e os feitos de Florentino que, segundo ele, seria apenas um oficial de Estilicão. Avança com essa interpretação ao afirmar que a instituição da agricultura por Ceres refere-se à estratégia de Florentino do abastecimento de trigo da Gália, após perda do grão africano.

Marrón (2011, p. 42), em seu estudo sobre o texto de Claudiano, chama a atenção para o costume, nos tempos do poeta, de leituras alegóricas. Pode-se dizer que existia um horizonte cultural de práticas interpretativas, compatíveis com o tratamento alegórico dos mitos. Segundo ela, "os cristãos estavam habituados a ler alegoricamente a Bíblia, distinguindo nela um primeiro sentido literal, um segundo de corte doutrinário, um terceiro de índole moral, e um quarto de tipo escatológico". Da mesma forma Homero fora lido, assim como Virgílio, principalmente na quarta écloga.

Toohey (1992, p. 216), ao analisar o significado do mito de Hero e Leandro, propõe, citando Gelzer (Trypanis *et al* 1975, p. 316) uma espécie de leitura nas entrelinhas, uma investida na estrutura profunda do mito. Uma interpretação alegórica do texto permite lê-lo em três níveis. O superficial, representado pela estória, propriamente dita; o moral, interpretado como o amor no casamento; e o teorético ou teológico, simbolizando a vida da alma filosófica. Seguindo esse modelo de leitura, proponho, para a narrativa de Claudiano do DRP, a interpretação do mito em três níveis. O superficial — a estória do rapto; o moral — o ideal do casamento (mesmo para o rei dos Infernos); o teorético ou teológico — a crença num poder maior, organizador das forças naturais, e responsável pelo ordenamento do mundo. Ceres vivia feliz com sua filha na Sicília — a humanidade se alimentava, primitivamente, dos frutos da terra, sem cultivá-la; forças caóticas ameaçam a paz no paraíso — a humanidade, em crescimento, corre perigo de extinção; Júpiter intervém com o sacrifício da filha, entregando-a em casamento a seu irmão — garantia de preservação do ciclo da vida e da morte; Ceres, desesperada, visita todas as regiões da terra — a humanidade substitui o improviso na subsistência pela técnica da agricultura.

2.1. O papel dos deuses

Todos os personagens do DRP são divindades o que facilita a leitura alegórica do tema, já que o distancia dos fatos reais. A cada uma um papel específico: Júpiter é o conciliador, não só "evita que o enfrentamento se concretize em termos bélicos", mas sublima "um conflito épico que se transforma em epitalâmio" (Marrón, 2011, p. 133). Vênus se encarrega de propiciar o encontro de Prosérpina e Plutão, ao atrair a jovem para o cenário do rapto. Mas suscita o amor no coração do tio, ou seja, consegue "transformar o apetite sexual de Plutão em um sentimento de natureza virtuosa" (Marrón, 2011, p. 94). Ceres, como mãe extremosa, faz seu papel de educadora e protetora da vida. Prosérpina conjuga, segundo Marrón, a imagem da morte, do matrimônio e do desejo amoroso. Seu sacrifício garante e mantém o equilíbrio e a paz do Cosmos. Plutão "encarna a força simbólica de todos os elementos situados sob a lua que ameaçam provocar um conflito cósmico ao se revelar contra o mundo celeste" (Charlet *in* Claudien, 1991, p. XL). Ele é representado como um tirano sombrio e até seus cavalos, nomeados por erudição alexandrina, são cruéis e pestilentos. As Parcas são responsáveis pelo prosseguimento da vida na terra e sua interrupção deve acontecer de modo ordenado e natural. A ameaça de Plutão era de dimensões cósmicas e os elementos se agitavam, prenunciando um retorno ao Caos. Por fim, Diana e Minerva "representam a presença moralizadora contra Vênus" (Charlet *in* Claudien, 1991, p. XL), mas obedecem a um poder maior, Júpiter. A atuação delas parece ser simplesmente figurativa — embora esbocem uma defesa de Prosérpina — e são como flores embelezando o *locus amoenus* do campo siciliano, compondo o cenário do rapto, ao lado das rosas, "flor de Vênus, associada ao rito das núpcias e imagem da jovem esposa" (Charlet *in* Claudien, 1991, p. XLVII).

Na verdade, são manipuladas pela deusa do amor e acabam, inocentemente, colaborando com o rapto, incentivadoras que foram da saída da donzela do palácio de bronze.

Conclusão

"O Rapto de Prosérpina" é uma breve épica mitológica, tão ao gosto do período do Baixo Império Romano do Ocidente, com ingredientes recreativos, didáticos, moralistas e teológicos. Nesse sentido cumpre o papel do poeta e da poesia ideal, preconizado por Horácio ao eleger os verbos *delectare* e *prodesse*[13] ("deleitar" e "ser útil"), como companheiros do poeta. A feliz escolha do mito de múltiplas vozes e sentidos permitiu ao poeta transitar no contexto pagão e cristão com uma mensagem universal: a da paz e da harmonia.

REFERÊNCIAS

CAMERON, Alan. *Claudian*: Poetry and Propaganda at the court of Honorius. Oxford: Clarendon Press, 1970.

CLAUDIAN. *De raptu Proserpinae.* Edited with an introduction and commentary by J. B. Hall. New York: Cambridge, 1969.

CLAUDIEN. *Oeuvres. Le Rapt Proserpine.* Tome I. Texte établi et traduit par Jean-Louis Charlet. Paris: Les Belles Lettres, 1991.

HORACE. *Épitres.* Texte établi et traduit par François Villeneuve. Paris: Les Belles Lettres, 1955.

MARRÓN, Gabriela. *El Rapto de Prosérpina*: un nuevo contexto para la trama épica. Editorial de la Universidad Nacional del Sur, Bahía Blanca, Argentina, 2011. Disponível em <http://www.academia.edu/2282559/El_Rapto_de_Pros%C3%A9rpina._Un_nuevo_contexto_para_la_trama_%C3%A9pica>.

PARATORE, Ettore. *História da Literatura Latina.* Trad. de Manuel Losa, S.J. Lisboa: Fundação Calouste Gulbenkian, 1983.

TOOHEY, Peter. *Reading Epic*: an introduction to the ancient narratives. New York: Routledge, 1992.

13. *Epistula ad Pisones* (v. 333-4): *Aut prodesse uolunt aut delectare poetae aut simul et iucunda et idonea dicere uitae* ("Os poetas ou desejam ser úteis ou deleitar ou, a um só tempo, tratar de assunto belo e adequado à vida").

Ilustração de Bernard Foucher, Éditionms Tituli.
In: TUDURI, C. *L'arbre au fond de la jetée*. Paris: Éditions Tituli, 2016.

III. DEUS(ES) NAS LITERATURAS DE LÍNGUA PORTUGUESA

Repassage

C'était soyeux et beau, même à partir d'étoffes bon marché. L'art de défroisser, de braiser, d'aplanir, de lisser : veillées d'hiver au front bleu, où le linge entre ses doigts amidonne la mémoire contre la nostalgie, croisant le fer avec la vérité. L'habit trivial se métamorphose sous ses caresses, même quand elle en fait claquer les jambières. Elle verse le pain de sa parole sur la planche à repasser : à califourchon sur un tabouret, je la regarde changer l'informe en civilisation, le chiffonné et le fripé en col et plastron parcheminé. Il y a le jeu des lumières de la ville sur son visage : distendre le tissu des regards, et la tendresse à toujours désenvoûter.

— Aide-moi, il y a encore ces draps à plier.

(Claude Tuduri)

Passando roupa

Era sedoso e belo, ainda que de tecidos baratos. A arte de suavizar, de abrasar, de aplanar, de alisar: vigílias de inverno com a fronte azul, em que a roupa entre seus dedos engoma a memória contra a nostalgia, cruzando o ferro com a verdade. O hábito trivial se transforma sob suas carícias, mesmo quando ela bate as pernas da calça. Ela deita o pão de sua palavra sobre a mesa de passar: montado num tamborete, eu a vejo mudar o informe em civilização, o amarrotado e amassado em colarinho e couraça de parchemina. Há o jogo de luzes da cidade sobre seu rosto: distender o tecido dos olhares, e a ternura sempre a desencantar.

— Ajuda-me, há ainda estes lençóis para dobrar.

(Claude Tuduri. Trad. André Araújo)

O anjo/diabo no conto "O anjo Rafael", de Machado de Assis

Anna Palma

Introdução[1]

Machado de Assis escreveu mais de 200 contos ao longo de sua vida, publicados em revistas e jornais fluminenses. *O Anjo Rafael*, "Publicado originalmente em Jornal das Famílias 1869", com quase 12.500 palavras, é segundo somente em relação a *O Alienista*, o mais longo conto de Machado, destacando-se já nessa característica do restante dos contos.

Trata-se da história, dividida em XIV capítulos, do dr. Antero, que, desiludido com a vida, e especialmente cheio de dívidas, decide se suicidar. Mas enquanto está com a pistola na mão, alguém bate à porta da sua casa, e dali uma série de acontecimentos o levarão a percorrer um caminho, ao final do qual terá se transformado em outro homem, como ele mesmo admite conversando com uma das personagens. O conto termina com o casamento e a volta de Antero à sua vida, sendo que ele era considerado morto por seus amigos, devido à carta achada em seu quarto, com a qual ele se despedia do mundo, e após a polícia ter encontrado um corpo afogado, cuja identidade foi logo atribuída à do jovem doutor desaparecido.

O Anjo Rafael, a personagem que dá título à história, conhecido também como arcanjo, é o terceiro em ordem de importância da tríade que compõe com os outros dois arcanjos, Gabriel e Miguel. Provavelmente um dos motivos desta menor importância é que Rafael está presente na Bíblia só em um dos livros deuterocanônicos. São denominados deuterocanônicos alguns livros e partes de livros bíblicos do Antigo Testamento, considerados canônicos pelos cristãos católicos e ortodoxos, mas tidos como apócrifos pelos judeus e pelos cristãos evangélicos. A palavra é composta pela raiz grega deutero ("segundo") e por canônico. Ou seja, só foram reconhecidos em um segundo momento e estão presentes na Bíblia que chegou à cultura ocidental em grego, mas não na Bíblia em hebraico.

1. Este trabalho é uma síntese de uma análise mais detalhada realizada na minha tese de doutorado, intitulada "La poetica della traduzione di Machado de Assis in italiano: *O Anjo Rafael*" (2010). Neste texto, tentaremos apresentar alguns exemplos e a síntese das conclusões, não tendo o espaço necessário para uma apresentação crítica completa. Este artigo, portanto, foi pensado para quem já leu o *Livro de Tobias* e o conto *O Anjo Rafael*.

O Anjo Rafael é conhecido como protetor dos viajantes, prófugos, médicos, da juventude e dos noivos, e isso devido à história do *Livro de Tobias*, do qual ele é umas das personagens. Uma vez lidos o *Livro de Tobias* e *O Anjo Rafael*, percebe-se que as estruturas narrativas coincidem perfeitamente (a partir do número dos capítulos, quatorze nas duas narrativas).

Os temas tratados

De fato, ao recapitular os temas abordados no *Livro de Tobias*, revela-se a perfeita coincidência com aqueles do conto *O Anjo Rafael*, e somente um leitor que é bom conhecedor da Bíblia poderia percebê-lo. Por sua vez, o narrador diegético assinala ao leitor que aquela aventura "tinha ares de um conto de Hoffmann" (Cap. II).

Os temas em comum entre as duas diegeses são:

- existência do bem e do mal, representados pelo anjo e pelo diabo;
- vitória do bem sobre o mal, uma vez que o diabo "morre";
- salvação da morte graças à intervenção do Anjo Rafael (morte solicitada nas orações de Sara e Tobit no *Livro de Tobias*, e morte por suicídio no caso do dr. Antero);
- riqueza como incentivo à tomada de duas decisões que mudam totalmente a vida de dois homens (é atrás da riqueza que vão Tobias e o dr. Antero, que acabam também se casando e curando outros ou si mesmos).

Nesse conto que narra as aventuras do dr. Antero, encontramos referências, citações e alusões a Dante, Hegel, ao *Livro de Tobias* já citado, enquanto na própria diegese são nomeados alguns autores de livros em voga entre os leitores da época. Tudo sempre mascarado pela ironia do narrador que estimula a inteligência do leitor a interpretar a visão de mundo contida no texto. Todas essas pistas deixadas pela poética machadiana estão ali para guiar o leitor a descobrir outros temas tratados, totalmente diferentes, à maneira de um "duplo" hoffmaniano.

O Anjo Rafael apresenta, de fato, muitas citações, técnica da qual Machado de Assis lançava mão especialmente ao formular os diálogos das personagens que, neste conto, por exemplo, não se percebem como falas naturais, mas como citações de frases famosas, ou, às vezes, aforismos. Um exemplo é o que foi pronunciado pelo mordomo José: "disse-me o patrão: 'José, a tua obrigação é servir muito, falar pouco e não ver nada'" (cap. II).

Reconhecem-se por criarem certo estranhamento na leitura,[2] que é uma forma pela qual um texto aponta estar citando alguém ou algo. Mas muitas vezes, as citações machadianas têm também uma aparência burlesca, como no seguinte trecho, cujo discurso parece mais uma paródia dos conceitos de tese e antítese, verdade e opinião de Hegel:[3]

> — A opinião, meu caro, não é mais do que uma opinião; não é a verdade. Acerta às vezes; outras calunia, e quer a desgraça que mais vezes calunie do que acerte. O coronel em matéria de opinião pública era um perfeito ateu; negava-lhe a autoridade e a supremacia. Uma das suas máximas era esta: 'A opinião pública é um muro em branco: aceita tudo quanto lhe escrevem em cima, quer venha da mão de um garoto, quer de um homem de bem'. (cap. XII)

A análise realizada nesse conto pode ser considerada, em vários aspectos, uma análise cronotópica, ou seja, de tipo conceitual e poético. Essa tipologia de análise, para Torop (2010, p. 19), pressupõe a presença de três níveis: o cronotopo topográfico, ligado ao tempo e ao lugar do enredo; o cronotopo psicológico, ligado ao mundo subjetivo das personagens, e o cronotopo metafísico, ou da concepção autoral, relativo à mentalidade do autor.

Do ponto de vista dos níveis cronotópicos acima, o conto "O anjo Rafael" revela vários enredos (ou tramas), com os seguintes níveis de espaço-tempo:

• TRAMA 1, ou da leitura superficial: estamos no Rio de Janeiro de 1869, narra-se a aventura de um jovem que queria se suicidar e recebe a ajuda divina ou da sorte (já que quem vai lhe dar uma esposa e uma fortuna em dinheiro é alguém que se acha um anjo), e que se desenvolve na maior parte do tempo diegético em uma casa fora da cidade, isolada do resto da civilização.

• TRAMA 2, ou aquela à qual a estrutura do conto e o título remetem (*O Livro de Tobias*): tempo e espaço bíblicos, em que o diabo é capturado por um anjo que cura, une em casamento e recupera uma fortuna em dinheiro. Essa engana o leitor, que acredita ser este o conteúdo temático do conto machadiano.

---

2. Torop (2010, p. 148) a define "marcação da estranheza".

3. A Hegel se alude também quando o narrador mostra Antero, que está lendo um livro de filosofia, mas que mesmo assim ainda fica perturbado pelas crenças religiosas. Para Gramsci (2008, p. 83), "*secondo la concezione dell'Hegel, la religione è una filosofia mitologica e inferiore, corrispondente alla mentalità infantile ancora incapace di levarsi alla filosofia pura, nella quale poi la religione deve essere risoluta e assorbita*". E faz ilusão se considerarmos a história bíblica do Livro de Tobias e ao conto de Antero, posto que é "*detto di Hegel che nella storia ogni fatto si ripete due volte*" (p. 88).

• TRAMA 3. Pode ser considerada como "o duplo" da trama 1. De fato, o jovem médico, que é levado a acreditar que se encontra na trama 1, na realidade vive em outro espaço-tempo, aquele em que uma pessoa, com problemas de "monomania suicida", é curada por uma estadia "forçada" em um hospital psiquiátrico. A referência a este lugar é indireta, e emergiu só após uma série de ações e reflexões realizadas durante a análise.

Voltamos, portanto, a Hegel, já que não é apenas citado, mas os seus conceitos de tese, antítese e absoluto, de fato, são também parafraseados pela presença de uma trama que esconde outra completamente diferente (1 e 3) e pela presença de figuras antitéticas como o anjo e o diabo, por sua vez símbolos de um absoluto, o divino.

São inúmeras também as alusões a fatos históricos. Em Machado, não somente neste conto, as alusões podem ser definidas disfarces burlescos, como no exemplo de Hegel acima, e a paráfrase é um dos meios utilizados para produzir esse efeito. Nas obras de Machado, de fato, as filosofias das suas personagens parecem aludir de maneira burlesca a conceitos de determinados filósofos, e é com a arte da ironia que o nosso autor instaura um diálogo metafísico por meio do seu narrador. Eugênio Gomes, por exemplo, reconhece em vários fragmentos de *Memórias* a alusão aos conceitos de Schopenhauer.[4]

Voltando a *O Anjo Rafael*, encontramos nele referências também à *Divina Comédia* e ao Dante personagem/narrador/autor.[5] Dante é considerado como um dos autores favoritos de Machado de Assis, e em seus escritos, como resultou na pesquisa de Edoardo Bizzarri publicada no seu artigo *Machado de Assis e a Itália* (1961, p. 18-22), são numerosas as citações, até as diretas, ao autor florentino.

Enfim, é mister lembrar que a intertextualidade da obra machadiana, ligando as narrativas com a realidade histórica e sociopolítica brasileira,[6] é

---

4. Gomes cita, entre outros, a doutrina das três forças psicológicas fundamentais e, segundo o crítico, "Aforismos para a sabedoria na vida", do próprio Schopenhauer, vão influenciar as citações machadianas, mesmo que o crítico alemão nunca seja citado diretamente em suas obras (Gomes, 1958, p. 91-92).

5. Até a referência à luz ajuda a identificar essa intertextualidade. A primeira parte da viagem, na escuridão da noite, seria o Inferno. A parte em que Antero admira o anoitecer na sala da sesta, o Purgatório.

6. "Machado nunca escreveu um livro, um artigo que fosse, de 'pura' história, mas nas suas obras de ficção, e nas suas crônicas, há uma profusão de referências à história brasileira que nos dão acesso a um pensamento complexo, sutil, mutável, e que sabia acomodar dúvidas e ironias" (Gledson, 2003, p. 293).

muito bem descrita no livro de John Gledson, no qual o crítico sintetiza em uma tabela as associações por ele individuadas entre os romances "maduros" de Machado e a história brasileira do século XIX (Gledson, 2003, p. 293).

Considerações finais: Antero, "o nosso herói"

Como nos contos *A Igreja do Diabo*, *Adão e Eva* e *O Sermão do Diabo*, também em *O Anjo Rafael* Machado de Assis escreve um texto inspirado em outro religioso, neste caso no *Livro de Tobias*.

Se, na construção da trama, das personagens, dos temas tratados na superfície, *O Anjo Rafael* se espelha no *Livro de Tobias*, o aspecto religioso no conto de Machado, homem do séc. XIX, parece totalmente ausente. É de fato o caráter psicológico que permeia a narrativa.

O narrador diegético se identifica com o protagonista dr. Antero, mas só a partir do capítulo II. No capítulo I, outro narrador debocha daquele que chama "(...) o nosso herói" (cap. I), julgando-o com certa ironia, ora abertamente ora mais sutilmente. Alguns exemplos: Antero está por se suicidar, visto que não se sentia bem com o resto "da sociedade"; antes de executar o plano da sua morte se deita no divã para ler o "Dicionário filosófico", e depois de ter carregado a arma, "para rematar a vida com um traço de impiedade", usa como "bucha que meteu no cano da pistola (...) uma folha do Evangelho de S. João" (cap. I).

Se de um lado o narrador do capítulo I mostra um "herói" moderno, que lê filosofia e não a Bíblia, do outro lado fornece os indícios da sua religiosidade ainda arraigada nele. É o homem moderno que esconde no seu interior, ou inconsciente, a religiosidade de seus pais e antepassados, e ainda presente na sociedade, da qual não é capaz de se libertar. A sua casa "era à rua da Misericórdia", e a folha do Evangelho que usa como bucha da pistola é "de S. João"[7] (cap. I). Trata-se de indícios de caráter "supersticioso", presentes nas pessoas que são marcadas, apesar de suas vontades, pelo elemento religioso.

Livrar-se da sua formação cristã não é fácil para Antero (cujo nome significa: aquele que é contrário ao amor [divino?]), símbolo do homem ocidental, racional, que consegue muito bem viver nas circunstâncias a ele favoráveis, na tranquilidade do conforto material ao qual está acostumado,

7. É bom lembrar aqui que o Evangelho segundo João é considerado o mais "distante" dos outros três Evangelhos, portanto é como se o dano feito aos textos sagrados fosse menor privando-o de uma folha do Evangelho de João religioso.

mas de quem não tardam a aparecer medos e incertezas todas as vezes que perde o domínio das situações. E a ironia do narrador machadiano o explica muito bem: "No fundo do seu espírito havia uma extrema dose de fraqueza. Podia disfarçá-la quando dominava os acontecimentos; mas agora que os acontecimentos dominavam a ele, facilmente desaparecia o simulacro da coragem" (cap. II).

Mario Fleig, no artigo "Da possessão demoníaca à hipocondria", a propósito das crenças religiosas cristãs e, portanto, daquelas de Deus e do diabo segundo Freud, diz que "Freud nos aponta com precisão a função de suplência do Nome-do-Pai desempenhada por ambos, Deus e o diabo" (Fleig, 2003, p. 14). O dr. Antero, o "herói" do conto machadiano analisado, perdeu há muitos anos o pai, e aparenta não acreditar em Deus.

Se, no seu consciente, Antero despreza a religião, os seus sonhos revelam a sua formação "teopoética", de um ser humano do final de 1800, pertencente à cultura ocidental. "Ora, o nosso herói teve um sonho durante o curto espaço de tempo que dormiu, fora levado para a cidade das dores eternas, onde Belzebu o destinava a ser perpetuamente queimado numa imensa fogueira" (cap. III). Segundo Freud, sempre citado por Fleig (2003, p. 14), "(...) Para o cristão piedoso de séculos anteriores, a crença no Diabo era um dever não menor que a crença em Deus. Na realidade, ele precisava do Demônio, a fim de defender Deus. O posterior declínio em sua fé por diversas razões afetou primeiramente e acima de tudo a pessoa do Demônio."

Se quem tenta o suicídio é, para os cristãos, um pecador destinado às penas do inferno, para o homem moderno, representado por Antero, o suicida é uma pessoa afetada por doença mental e, especificamente, por uma "monomania suicida". "Monomaníaco pacífico" é a definição médica que o dr. Antero atribui, por sua vez, à estranha fixação do major Tomás, que diz ser o anjo Rafael mas, considerando a outra história presente, a que definimos dupla da trama original, é ele, Antero, o doente, o monomaníaco suicida que percorre a sua viagem-pesadelo, no estilo de Hoffman, dentro de um hospital psiquiátrico, ao qual ele mesmo se destinou na tentativa de tirar sua vida.

O hospital psiquiátrico nascia nesses anos como uma grande esperança da medicina, pela cura dos criminosos cujos atos eram considerados irresponsáveis, gerados, como se acreditava, por doenças mentais. Mas era também o lugar onde ficavam trancados os portadores das chamadas neuroses, entre as quais, na época do conto e por muitos anos ainda, a epilepsia. E a epilepsia era a doença que afetava Machado de Assis.

Na segunda metade de 1800, de fato, a epilepsia era vista como uma doença mental e era classificada, assim como a histeria, entre as neuroses. Margarida de Souza Neves (2006) mostra como, na primeira tese apresentada na universidade de medicina de Rio de Janeiro, o autor, o Dr. Francisco Pinheiro Guimarães, define a epilepsia como uma "neurose de acessos intermitentes" (Guimarães *apud* Neves, 2006, p. 9). Na mesma página, a autora diz que, portanto, a epilepsia foi tratada como mais uma doença mental, durante o período 1859 (data da primeira tese no Brasil sobre o tema) — 1906 (ano em que a descoberta dos neurônios muda as perspectivas da medicina sobre esta doença), sendo que a reclusão era o tratamento mais recomendado.

Voltando ao conto *O anjo Rafael*, depois das reflexões anteriormente expostas, é preciso acrescentar que o protagonista dr. Antero tem a mesma idade de Machado de Assis, e que a escolha do tema do suicídio poderia ter a finalidade de denunciar o absurdo a que a medicina chegava, catalogando o suicídio e a epilepsia como doenças mentais. Ou talvez não houvesse por parte de Machado a intenção de denunciar tal absurdo, mas o tratamento de tipo carcerário destinado aos "doentes".[8]

Nesse conto, assim como em outros contos posteriores de Machado e hoje mais famosos, é a leitura que se esconde por baixo da trama superficial que nos surpreende. O bem e o mal identificados no anjo e no diabo do conto bíblico não têm razão de ser na filosofia do homem do final de 1800, do homem hegeliano, maduro e livre de tais "conceitos infantis". Assim, o diabo neste conto é nomeado apenas uma vez, exclusivamente no anúncio da sua morte feita pelo major Tomás, a personagem "dupla" que acredita ser o anjo Rafael. E, uma vez que o diabo morreu, o próprio anjo não terá mais razão de ser, voltando pouco depois ao céu. O diabo e o anjo não mais como entidades separadas, um contra Deus e o outro que o serve, mas como entidades dentro de um ser duplo.

8. Posteriormente, em 1887, Lombroso publicará seu livro *O homem criminoso*, em que sustenta a hipótese de que todos os epiléticos são potencialmente criminosos (Neves, 2006, p. 15).

REFERÊNCIAS

DE ASSIS, Joaquim Maria Machado. *O Anjo Rafael*. Disponível em: <http://www.dominiopublico.gov.br/download/texto/fs000104pdf.pdf>.

FLEIG. Mario. "Da possessão demoníaca à hipocondria". *C. da APPOA*, Porto Alegre, n. 116, ago. 2003. Disponível em: <http://www.appoa.com.br/uploads/arquivos/correio/correio116.pdf>.

GLEDSON, John. *Machado de Assis*: Ficção e História. Tradução de Sônia Coutinho. Tradução Fernando Py. 2ª ed. rev. São Paulo: Paz e Terra, 2003.

GOMES, Eugênio. *Machado de Assis*. Rio de Janeiro: São José, 1958.

GRAMSCI, Antonio. *Passato e presente*. A cura di Valentino Gerratana. Edizione elettronica del 6 giugno 2008. Tratto da: GRAMSCI, Antonio. *Passato e presente*. 3° ed. Roma: Editori riuniti, 1996. XIX. Disponibile in: <http://www.liberliber.it/biblioteca/g/gramsci/passato_e_presente/pdf/passat_p.pdf>.

NEVES, Margarida de Souza. "Pela saúde da nação. O pensamento médico sobre a epilepsia e a construção da ordem no Brasil". Capítulo do livro que recolhe os resultados do seminário comemorativo dos 21 anos do Museu de Astronomia (MAST) (abril de 2006), em elaboração. Disponível em: <http://www.historiaecultura.pro.br/cienciaepreconceito/producao/pelasaudedanacao.pdf>.

O LIVRO DE TOBIAS. Disponível em: <https://www.apostolas.org.br/2010/capela/biblia/antigo/Livros_Historicos/Tobias.pdf>.

PALMA, Anna. *La poética della traduzione di Machado de Assis in italiano*: O Anjo Rafael. 2010. Tese (doutorado em Letras) - Programa de Pós-Graduação em Estudos da Tradução, Centro de Comunicação e Expressão, Universidade Federal de Santa Catarina, Florianópolis, 2010.

TOROP. Peeter. *La traduzione totale*. Traduzione di Bruno Osimo. Revisione della traduzione di Ksenija Eliseeva. Milano: Hoepli, 2010.

Entre o caderno e o corpo: mística e escrita em *Ardente Texto Joshua*, de Maria Gabriela Llansol

Jonas Miguel Pires Samudio

Introdução

Nosso texto, colocando-se ao lado de *Ardente Texto Joshua* (1998), procura, por meio de algumas imagens, investigar de que modo a questão da mística e da escrita são tratadas na textualidade de Maria Gabriela Llansol.

Para tanto, faremos um percurso pelo corpo e pelo caderno do texto. Nesse sentido, aceitamos a afirmação de Barthes, de que, a respeito do texto ardente, "não se pode falar 'sobre' um texto assim, só se pode falar 'em' ele, à sua maneira, só se pode entrar num plágio desvairado, afirmar histericamente o vazio do [gozo]" (Barthes, 2006, p. 29). Nosso texto testemunhando o texto de Llansol e o das místicas.

1. Entre caderno e corpo: o texto ardente

O ardente texto, que desaloja autor e leitor no seu encontro, por vezes dá-se como amplificação da experiência. Um texto de gozo, como afirma Barthes, é "insustentável, o texto impossível. Este texto está fora-de-prazer, fora-da crítica, *a não ser que seja atingido por um outro texto de fruição* [gozo]" (2006, p. 29, itálicos no original). O gozo, conforme Lacan, está "mais além" da linguagem e, nela, é testemunhado por balbucios, pelo corpo que se dobra diante do indizível, pois "há um gozo dela [da mulher] sobre o qual talvez ela mesma não saiba nada a não ser que o experimenta — isto ela sabe" (Lacan, 2008, p. 80). Próximo do não saber, próximo, pois, da respiração do corpo, dos gemidos "baixinhos pela falta de forças, mas bem altos pelo sentimento" (Jesus, 1961, p. 232), como diz-nos Sta. Teresa de Jesus.

Assim, tal gozo, que está "mais além. É isto que chamamos os místicos" (Lacan, 2008, p. 82), atravessa o corpo que o experimenta, mas nada sabe acerca dele (p. 82). Gozo que, como uma sulcagem, atravessa o corpo como um excesso (Tesone, 2008, p. 140), no "mais além" de qualquer discurso, inclusive o religioso, que também se aniquila diante da desmesura da experiência que o ultrapassa. Como, acerca da escrita, nos diz Blanchot (2011, p. 90):

> Se mantivermos juntos esses pontos: presente que não passa, sendo apenas passagem, aquilo do que não se pode abrir mão e não se deixa nunca apreender, o demasiado presente cujo acesso é recusado porque é sempre mais próximo que qualquer aproximação, e se transforma em ausência, ficando, então, o demasiado presente que não se apresenta, sem nada deixar que permitisse ausentar-se dele, percebemos que, na impossibilidade, não é apenas o caráter negativo da experiência que a tornaria perigosa, é o 'excesso de sua afirmação' (que existe neste excesso de irredutível ao poder de afirmar), e percebemos que o que emerge na impossibilidade não se furta à experiência, mas é experiência daquilo que não se deixa mais eliminar nem propicia retraimento ou recuo, sem deixar de ser radicalmente diferente.

A mística e a escrita podem ser uma experiência que transita entre o corpo e o caderno, ambas sendo "escritura [que] não é da ordem da impressão, mas da sulcagem: sobreimpressão" (Castello Branco, 2012, p. 622). Em *Ardente Texto Joshua,* a sobreimpressão se dá nos textos e nos cadernos que se encontram: o de Teresa de Lisieux (Llansol, 1998, p. 16), o de Gabriela (p. 61), o caderno aberto (p. 113) que "de todo é o que mais amava", que "estará sempre comunicante" (p. 120), aberto como a porta que o Esposo encontrara (p. 56), o caderno onde "o corpo quer/ quer ler a voz do amado a aceitar o seu corpo que, neste momento, é só caderno por escrever" (p. 116). A esse querer, a esse desejo que une corpo e caderno, chama-se "Texto, porque não se encontra na literatura" (p. 116).

É corpo, pois, "venha o que depois vier ('A eternidade', disseste), só este corpo escreve. 'Apenas o corpo ficará dito', respondi-te" (p. 82), não se olvida que "tudo se degrada para brilhar mais tarde" (p. 105). O texto, ao sustentar a permanência breve do corpo, dá-lhe um tipo de eternidade, uma vida ressuscitada nas páginas do caderno, uma vida de texto (p. 65). No caderno, vivem "todos esses seres que amaram loucamente o invisível e, em nome de um amigo unicamente desenhado num caderno, deram o seu traço a tanto humano" (p. 99). Em suma, podemos afirmar que, em *Ardente Texto Joshua*, convivem figuras da mística, como seres textuais e traços do humano no trajeto do encontro com a Presença não-humana, tomada como Amante (Llansol, 1994, p. 144).

Nesse ensaio, escolhemos, dessas figuras, tratar de duas: sofrimento e sangue.

1.1 Entre o caderno e o corpo: sofrimento e sangue

Sobre a mística, sabe-se que, nela, há um desejo de fusão, sempre prorrogada e vivenciada, no espaço de uma insatisfação, que se expressa em sofrimento, gozo, aniquilamento, dor: "Conheço o que sou e o quanto devo. Sinto-me incapaz... debato-me... e sofro e gozo e me aniquilo e exclamo: ... não amo... quero amar... não sei amar... não posso... Desejo, sou feliz em desejar...", afirma-nos a mística Antonieta Farani (1990, p. 44). Para o sujeito místico, "o sofrimento é [uma] presença, gozo do puro significante da ausência em cujo fogo o corpo se submete à transverberação" (Pommier, 1991, p. 66).

No *Ardente Texto Joshua*, o sofrimento e o sangue pedem um olhar que lhes mostre seu reverso, "— Que ela olhe para o reverso da dor — murmurou para o texto humano o texto ardente" (Llansol, 1998, p. 62), pois a beleza também pode resultar de um corpo sofredor (p. 71); e o amado espera, ferido pelo amor, para desferir o golpe gozoso, chamando-a à morte, ao desejo de permanência no estado de atravessamento, como conta-nos Sta. Teresa de Jesus (1961, p. 233). É um convite posto ao lado do leito do amor-dorido, no arfar do corpo:

> ao lado de Teresa vela o desconhecido a que rezam.
> Nada é simples, vos digo. Àquela hora e naquele lugar, o corpo adormecido de Teresa, por vezes, reage. Tosse, arfa, o peito arqueia-se, gira de posição, a mão deixa cair o lápis,
> e a irmã que vigia fecha o caderno e imagina. (Llansol, 1998, p. 30)

O texto ardente de Joshua, no caderno, aberto ou fechado, também se imiscui com a dor, em fascínio e incompreensão (p. 21):

> é, sem dúvida, a doença
> mas não é, de facto __________________ *o mundo como forma ou como fractura*,
> eis o que, naquele silêncio se decide;
> tece-se à beira da terra (*rente* como é seu modo)
> o esboço antiquíssimo de dar-se em sacrifício. (Llansol, 1998, p. 30)

Por vezes, o sofrimento ganha um correspondente no sangue, nas marcas de uma história que se quer como a do amado, "Mãe, a minha história é como a dele. Gostaria que fosse. É a única coisa que desejo. E desejo-o profundamente" (Llansol, 1998, p. 80). Tal desejo de união pode-se dizer em forma de estigmas, revivência das marcas da paixão do amado: "acendeu as mãos nos pequenos lugares das chagas onde o devir fulgurante se inicia e Eu fixei-as adaptando, ou tentando" (p. 35). Nas palavras e na experiência mística, "Frequentemente eu sentia a Paixão do Senhor em meu corpo, embora isso fosse imperceptível aos outros. Alegrava-me com isso, porque Jesus assim o queria. (...) Esses sofrimentos inflamavam a minha alma com o fogo do amor a Deus" (Kowalska, 1982, p. 20).

O sangue, aqui, será o que prolonga o corpo e antecipa sua aproximação do amado:

> Depois de ter ficado em vigília até à meia-noite, era Sexta-Feira Santa, voltei para a nossa cela, mas ainda mal tinha tido tempo de pousar a cabeça sobre a almofada senti como uma vaga a subir, a subir-me turbulenta até os lábios. Não sabendo o que era, pensei que talvez fosse morrer, e a minh'alma sentiu-se inundada de alegria. [...] e eu disse a mim mesma que devia esperar pela manhã para me certificar da minha felicidade, dado parecer-me que era sangue o que havia vomitado. [...] Era como um doce e longínquo murmúrio que me anunciava a vinda do esposo... Ó minha mãe, estava, contudo, enganada. Joshua permitiu que, desde então, a minh'alma fosse invadida pelas mais espessas trevas e que a ideia do Céu que me era tão querida se transformasse apenas em motivo de combate e de tormento. (Llansol, 1998, p. 16)

Esse texto é sobreimpressão da cena da hemoptise de Teresa, como uma carta para o Amado (Castello Branco, 2000, p. 73). Escreve-nos Teresa de Lisieux (1996, p. 189):

> Na Sexta-Feira santa, Jesus deu-me a esperança de ir vê-lo, em breve, no Céu... Oh! Como me é suave essa lembrança!... Após ter ficado junto ao túmulo até a meia-noite, regressei à nossa cela, mas apenas coloquei a cabeça no travesseiro, senti um fluxo subir, subir borbulhando até meus lábios. Não sabia de que se tratava, mas pensei que, talvez, fosse morrer e minha alma estava inundada de alegria... Mas, como nossa lâmpada estava apagada, disse a mim mesma que era preciso esperar o amanhecer para ter certeza da minha felicidade, pois parecia-me ser sangue que eu tinha vomitado. O amanhecer chegou logo. Ao acordar, pensei imediatamente ter alguma coisa alegre a constatar. Perto da janela, pude verificar meu pressentimento... Ah! Minha alma ficou repleta

> de uma grande consolação [...] Era como um suave e longínquo murmúrio que me anunciava a chegada do Esposo.

O Amado anuncia sua chegada forçando, no corpo, a saída de sua tinta rubra, aquela que brota do corpo (como na cena que, na Sexta-feira Santa, se lê do Evangelho de João: Jo 19, 33-37), escreve no caderno: "O sangue que jorra da hemoptise mancha o caderno de Teresa. O caderno de Teresa, escrito com essa nódoa do corpo, é também litura, mancha, rasura. Terra de letra escavada" (Castello Branco, 2000, p. 73). No caderno de Teresa desenha-se a chegada, prometida e esperada, de quem se ama, o amigo, o amado, o Esposo, Joshua, falando e fazendo ver que "estes dois — tu e Joshua —, serão sempre um texto ardente (...) Esses dois são a figura do desejo que encontrou o seu amado, *fugaz, precário e sempre*" (Llansol, 1998, p. 93): entre caderno e corpo, o texto ardente. Na mística e no ardente texto, "que a esposa se entregue generosamente, é o decisivo; não se pergunta pelo que *ela* experimenta no encontro, pelo modo em que o esposo a toma, senão que *ele* encontra nela o que deseja" (Balthasar, 2008, p. 267, destaques no original, tradução nossa).

Conclusão

A espera, na mística e na escrita, é a chegada a um ponto de apaziguamento no amor (Llansol, 1998, p. 91). Um ponto medial entre o caderno e o corpo, a figura intermédia, "pelo ler apaixonada" (p. 146) e "pelo ler saudada" (p. 147): o texto ardente.

Entre o caderno e o corpo, um encontro testemunhado pela promessa, pela escrita que é promessa de um caminho percorrido:

> suspeitas do alcance do teu gesto? Teresa, ele sabe
> não sabe que seria tão amado,
> tão incondicionalmente amado,
> nem que esse amor mudaria o rumo do seu destino
> mas sabe que esperar por alguém é ser esperado. (Llansol, 1998, p. 106)

REFERÊNCIAS

BALTHASAR, Hans Urs von. "Determinación del lugar de la mística cristiana". In: ______. *Pneuma e institución*. Trad. Eloy Rodríguez Navarro. Madrid: Encuentro, 2008. p. 246-267.

BARTHES, Roland. *O prazer do texto*. Trad. J. Guinsburg. São Paulo: Perspectiva, 2006.

BÍBLIA SAGRADA TRADUÇÃO DA CNBB. São Paulo: Loyola, 2002.

BLANCHOT, Maurice. *A parte do fogo*. Trad. Ana Maria Scherer. Rio de Janeiro: Rocco, 2011.

CASTELLO BRANCO, Lucia. *Os absolutamente sós — Llansol — A letra — Lacan*. Belo Horizonte: Autêntica, 2000.

______. Paisagens em sobreimpressão: Maria Gabriela Llansol e a Geografia dos Rebeldes. In: Anais do XXIII Congresso Internacional da Associação Brasileira de Professores de Literatura Portuguesa (ABRAPLIP). 2012. Disponível em: <http://www.abraplip.org/anais_abraplip/images/stories/Lucia%20Castello.pdf>.

FARANI, Ir. Antonieta. *A cantora do amor*: Perfil da serva de Deus visto através de seus escritos. Organização e comentários Pe. Sílvio Mazarotto. Curitiba: Gráfica Bentivegna Editora, 1990.

JESUS, Teresa de (ou d'Ávila). *Livro da vida*. Trad. Silvério de Santa Teresa. Petrópolis: Vozes, 1961.

KOWALSKA, Faustina. *Diário*. Trad. Mariano Kawka. Curitiba: Congregação dos Padres Marianos, 1982.

LACAN, Jacques. Lituraterra. In: ______. *Outros escritos*. Trad. Vera Ribeiro. Rio de Janeiro: Jorge Zahar, 2003.

______. Deus e o gozo d'A mulher. In: ______. *O Seminário Livro 20:* Mais ainda. Versão brasileira de M. D. Magno. Rio de Janeiro: Jorge Zahar Editor, 1985. p.87-104.

LLANSOL, Maria Gabriela. *Ardente Texto Joshua*. Lisboa: Relógio D'Água, 1998.

______. *Lisboaleipzig 1*: O encontro inesperado do diverso. Lisboa: Edições Rolim, 1994.

LISIEUX, Teresa. *História de uma alma*. Trad. Yvone M. de Campos. São Paulo: Loyola, 1996.

POMMIER, Gerard. *A exceção feminina*: os impasses do gozo. Trad. Dulce Duque Estrada. Rio de Janeiro: Jorge Zahar, 1991.

Nota sobre a obscenidade de Deus em *Ulisses já não mora aqui*, de José Miguel Silva

Sérgio Lima

Introdução

Num de seus estudos acerca do Mal na literatura, Bataille recorre a um conhecido e polêmico ensaio de Jean-Paul Sartre acerca da poesia e do modo de v(iv)er de Baudelaire. Na leitura, Bataille ressaltará o olhar sartriano em torno da posição moral que trespassa a vida e obra do poeta. "Fazer o Mal pelo Mal" — escreve Sartre — "é precisamente fazer com a máxima deliberação o contrário daquilo que continuamos a afirmar como Bem. É desejar o que não desejamos (...) e não desejar o que desejamos (...)" (Sartre *apud* Bataille, 2017, p. 29). Se concordamos que, na leitura de Sartre, o Bem na modernidade parece se insinuar pelas indeterminações entre uso e apropriação que se estabelecem pela tríade das forças exteriores Vida/Trabalho/Linguagem, "fazer o Mal pelo Mal" implica um modo singular de práxis resultante do composto formal das forças humanas com tais forças que decidem o fascínio por um mundo economicamente viável. É nesse sentido que o filósofo existencialista também aproximará de modo exemplar o "Mal pelo Mal" e os rituais das "missas negras", segundo os quais o repúdio e o ódio a Deus se justificariam pelo fato de ser amável ou pelo menos respeitável. Isso significava, para Sartre, que tais ritos não se explicavam somente pela negação da ordem; da Lei; mas, concomitantemente, pela sua conservação. De outro lado, afirmar deus pelo Bem seria recolocá-lo nos grilhões da própria Lei que representa. Daí decorre a noção de liberdade concedida aos rituais satânicos, pois não negando a amabilidade de Deus, transfigura-se num caso singular em que a liberdade não mais se desvencilha de uma responsabilidade; é ela mesma um despojamento que já não se desvincula do que deveria ser apropriado.

Não me aprofundarei nos méritos filosóficos que envolvem a reflexão de Sartre, em cujo projeto, sabe-se, apontava, a dada época, para um horizonte conciliatório entre a psicanálise e o existencialismo. Interessa-me, contudo, o fato de o paradigma das "missas negras" se configurar enquanto ponto de reflexão (obviamente, um modelo que escapa de qualquer lógica disjuntiva) para se estabelecer uma relação entre o Mal e a poesia. Nesse sentido, cabe lembrar que, em se tratando de Baudelaire, o Mal está diretamente associado à compressão da vida moral que aparece sob a perspectiva de um constrangimento, o que significa que a liberdade que pressupõe o lugar original da práxis poética já não pode contar com o auxílio do Bem em seu sentido tradicional, tampouco ocupar o seu lugar. É em tais termos que Georges Bataille, em "A Literatura e o Mal" (2017), confirmará que a imersão no "horror" da liberdade resulta num comprometimento de ordem política:

> Quando o horror de uma liberdade impotente compromete virilmente o poeta na acção política, ele abandona a poesia. Mas a partir desse momento assume a responsabilidade da ordem por vir, reivindica a *direcção* da actividade, a *atitude maior*: e nós não podemos deixar de perceber que a existência poética, onde nos apercebemos da possibilidade de uma atitude *soberana*, é na verdade uma *atitude menor* [...]. (Bataille, 2017, p. 32-33)

Na passagem, "o horror de uma liberdade impotente" atinge uma dimensão política que parece responder — sob a consequente precariedade poética — às forças de finitude que constituem o mundo, de modo que a "relação de *participação* do sujeito com o objeto" ou "a invasão *actual* do sujeito" (Bataille, 2017, p. 39) coincide com um porvir. É, pois, no instante da operação poética que se encontra a forma instável que tanto depende quanto escapa do destino (da vontade de futuro) que se reduz ao que se projeta do mundo. A inflexão de Bataille, assim, não só impinge na obra e na vida moral de Baudelaire um cariz político, mas afirma a condição menor da poesia que, no entanto, transfigura-se numa "atitude maior" — poderia dizer, por isso, coletiva; comum, pois não é particular nem universal — que recoloca também os impasses em torno das "fraquezas" ou potências individuais enquanto forças que se direcionam a um redimensionamento da sociedade. Bataille dirá que Baudelaire se confessa na vergonha, uma vez que imerso numa realidade prosaica e "recompensando os outros e a si mesmo com palavras" (Bataille, 2017, p. 34) revela que na insatisfação última — impulsionada por um desejo impossível — recai "uma miséria privilegiada que se confessa como tal" (Bataille, 2017, p. 34). Nesses termos, o Mal em Baudelaire se prende com a própria noção de contemporaneidade: à vontade que conduz ao Bem, que não deixa de remeter à obrigação de apropriação, o poeta responde com o fascínio pelo Mal; o que não significa uma abdicação absoluta, mas uma recusa do que oprime, do que sufoca, embora nunca uma abdicação de si mesmo, pois se trata de "fazer do tênue trabalho da forma a obstinação que desfaz o idêntico e expõe ao tempo, no mundo, o que não cabe em nenhum mundo fechado" (Lopes *in* Freitas, 2015). Mas em que medida Bataille afirma que a experiência de uma radical insatisfação "abandona" a poesia? Se, por outro a amabilidade de Deus está pressuposta na potência de "fazer o Mal pelo Mal", de que maneira — a partir de Baudelaire — pode-se falar de deuses se atendo a algum olhar contemporâneo da poesia? Talvez tais perguntas não sejam claramente respondidas aqui. Mas é certo que o Mal no sentido que aparece em Baudelaire ainda acerca — porque ainda contemporânea de nós mesmos — alguma poesia atual.

Ulisses já não mora aqui: "[r]ente ao soluço que fecha a janela"

No nome de José Miguel Silva ainda não se vê estampada a sua grandeza poética. Embora o poeta não conte com uma extensa obra, quando nos referimos a *Ulisses já não mora aqui* (publicada em 2002 e reeditada e revista em 2014) de fato estamos tratando de um conjunto de poemas que bem serviriam como paradigmas para nos remetermos a alguma tendência da poesia portuguesa atual. O título da obra, deslocando e afirmando a tradição poética, insinua por si uma noção de perda que, sabemos, não parece algo incomum no trajeto histórico da poesia portuguesa. Talvez, nesse sentido, a dissolução — ou simplesmente a ausência do herói — não deixe de ser uma alusão a essa perda; a essa presença espectral, pois a imagem de Ulisses (associada ao mito de fundação de Olissipo, futura Lisboa) aparece aqui como uma refundação do que outrora afirmaram os seguintes versos de Fernando Pessoa: "Este que aqui aportou/ Foi por não ser existindo/Sem existir nos bastou/Por não ter vindo foi vindo/E nos criou (Pessoa, 2008, p. 83). A ideia da inexistência enquanto fundação mais afirma do que nega o lugar nuclear do mito. Por outro lado, se em Pessoa "a lenda se escorre/A entrar na realidade/E a fecundá-la decorre", não parece inequívoco falar aqui de uma tarefa de refundação (e nunca de origem, já que a origem é sempre um mito), pois a própria ausência do herói — o seu não ter lugar na obra — abre-se tanto aos inversos dos mecanismos de imitação quanto ao permanente tornar-se outro que alia os tempos e as épocas.

Entretanto, diferentemente de Pessoa, a poesia de José Miguel Silva parece já não poder se lançar num quase desiludido desejo de afirmar a nação pela força ou pela cultura. O mesmo-movente de um mundo regido pelo totalitarismo tecno-financeiro se exerce como uma força exterior provocadora da lisura do canto, da poesia que já não escuta o apelo do herói: "Trespassados os escudos dos Aqueus,/os deuses retiraram-se dos campos de batalha/e o canto dos aedos decaiu em jornalismo" (Silva, 2014, p. 57). A consciência de um país que já perdeu a consciência de si; de um país que nem sequer pode ser mais cantado, pois a língua se encontra desgastada e a terra natal é, em si, estrangeira — é exemplo de tantos outros lugares "[e] ntregues a ciências tão exatas como a fome,/ o luto, as curvas estatísticas do saque/ as armas [que] já não têm quem as guie (...)" (Silva, 2014, p. 57).

Evidentemente leitor de Baudelaire e também poeta caído, José Miguel Silva parece situar o Mal na recusa e, simultaneamente, na aceitação das forças de fora: o que não deixaria para todo caso de recair na recusa como aceitação e na aceitação como recusa. A própria estrutura de *Ulisses já não mora aqui*, cujas seções subvertem a épica referencial, remetem ao mesmo tempo a imagens que aparecem em Homero. A começar pela seção de abertura intitulada "Cíclopes", que em Homero são a representação do isolamento e da não civilidade, nota-se um conjunto que se transmuta em olhares pejorativos acerca de um urbano travestido de hábitos esclerosados e pela mentira, mas que não escapam da "estúpida carreta fúnebre" (Silva, 2014, p. 9). O Bem, a Beleza e a Verdade assim abrem o poema ironicamente intitulado "Salão de beleza":

> Dorida visão, esta pobre velha à saída
> do salão de beleza. Apesar dos muitos
> e pesados passos que deixou na terra,
> ainda encontra forças para arrastar a alma
> até ao reverso de um espelho e desenhar,
> de memória, o contorno dos lábios,
> armar o cabelo para mais uma ilusão. (Silva, 2014, p. 9)

Também próximo a Baudelaire, o futuro em *Ulisses* não já não mora aqui parece intervir de modo negativo na determinação dos elementos poéticos, de modo a enunciar que a vontade do Bem corresponde à fatalidade de uma insatisfação: "Chamam destino ao rifão do acaso/ e chamam à fraude boa fortuna./ Crêem no Batman e na Virgem Maria,/duvidam do frio, não da polícia,/ e nunca dão crédito àquilo que vêem (Silva, 2014, p. 15). Esse poema, intitulado "Contra os otimistas", assim se encerra: "Depois, jantam em grupo, falam dinheiro,/guiam a vida por grandes veredas, e ouvem/ sininhos, alegres sininhos de música sacra". Também a relação entre futuro e fatalidade aparecerá no poema "Faculdade", que remonta e questiona os efeitos produtivos de uma instituição que deveria promover o conhecimento, mas que também se rompeu às praxis excessivas: "Mais um ano e sairás/daqui formado em miudezas/ de um futuro gradeado. E o mundo/vai abrir-se, já o sabes,/num esgoto cor de prata" (Silva, 2014, p. 14).

Já na seção intitulada "Entre Cila e Caríbdis", o desalento persiste, e a esperança — a prancha que se transforma na última e pequena porta que sustenta o homem em alto mar —, por vezes, apresenta-se como um modo de revelar o desencanto que envolve o nome de Deus. Mais uma vez, o Bem aqui se anuncia no impasse crença/descrença de forma a revelar o uso enquanto apropriação (que seja do nome de Deus), do que, de outro lado, a própria poesia parece escapar, mas ao mesmo tempo assumir. É o que parece sugerir os versos de "Poema com apólogo moral":

> Há quem diga que depois da batalha de Queroneia,
> de Los Alamos, do Rapto das Sabinas,
> nunca mais se pode escrever com maiúsculas
> a palavra 'Deus'; que se tornou imoral
> a gente queixar-se à lua de uma farpa no dedo,
> do infortúnio, do tempo que perdemos na paragem
> do autocarro. Quem diz que não se pode,
> não sabe, não entende o que poesia seja. (Silva, 2014, p. 23)

Nesse trecho, o nome de Deus, em minúsculo, aparece enquanto efeito de conflitos que bem nos parecem aqueles que hoje fazem atravessar os discursos políticos que usam o nome de Deus em nome da guerra. João Barrento, ensaísta e crítico português, dirá que tal obscenidade (daí a ideia para o título deste texto) compreende "as muitas formas de ruído e desconversa que desconhecem e agridem 'o mais íntimo sentimento do eu' (...) e ignoram o tempo lento que o discurso interiorizado exige, para lá dos gritos estridentes da palavra desamparada" (Barrento, 2011, p. 21). Talvez, neste sentido, é o que o ensaísta, na esteira do último verso do trecho transcrito, mas também de um texto decisivo da obra de Jean-Luc Nancy, falará de uma "resistência da poesia". Uma resistência que, no entanto, revela que o lugar da poesia — e isso o trecho transcrito parece deixar claro — nunca pode coincidir com ela mesma, pois quem entende de poesia, segundo o poema, jamais conduziria o nome de Deus aos grilhões do convenientemente econômico. De qualquer forma, o que aqui também se revela como o abandono da poesia (que se faz poema) remete àquele mesmo gesto político resultante de uma experiência liminar de insatisfação que se encontra em Baudelaire, mas também nos versos de "Pedras e Morteiros":

> Essa dos poetas, Senhora, com vocação
> para apanhar no pelo, tem quase tanta graça
> como a outra, de chamar vítimas às vítimas
> oficiais do século XX. Como se a história
> fosse um prato congelado e a moral
> o restaurante onde se come mais barato.
>
> Entretanto, nós somos acusados de atirar pedras.
> Mas vede, Senhora, não são pedras, é o que resta
> das nossas casas, abatidas por Golias.
> Na mão que lhe estendemos deixou-nos esta funda.
> Que mais podemos nós, senão utilizá-la?
> Razão tem a pedra na conhecida fábula
> da Pedra no Sapato quando diz:
> todas as pedras são palestinianas. (Silva, 2017, p. 16)

Que a noção de Deus, de mito ou mistificação tenha se transformado em algo evidentemente instrumental para os poderes e seu conjunto de dispositivos, é algo que já aparece desde o início do capitalismo moderno (Baudelaire nos ensina fazendo o Mal pelo Mal, que não coincide com o mal apenas, mas com a atenção pensante). Tratar hoje do que poderia se configurar como Bem, contudo, talvez exigisse um estudo mais cirúrgico, que envolvesse "o progresso do eufemismo nos meios de comunicação", o "esvaziamento semântico de palavras ou conceitos" (Silva, 2012) que resvalam na difusão da surdez e na poluição lexical que nos afastam do outro, quando a exigência é justamente o revés. A poesia de José Miguel Silva, nesse sentido — e não só da obra em questão — revela-se como a contraparte simétrica deste ruído que incansavelmente polui a língua, mas só porque o assume: daí o fato de a dupla negação — de fazer o Mal pelo Mal — não sugerir propriamente um efeito negativo nem se limitar ao aparente pessimismo, pois o pessimismo poderia figurar um comodismo frente ao que vem.

Diante disso, o bem (e já aqui o escrevo em minúscula) — como as pedras que restam da casa — exibe e ensina, por ser menor, um mundo em que o Mal do espetáculo não mais se diferencia do Bem: no caso, o bem de consumo. Mas o uso — também como quis Baudelaire — não presume nunca uma propriedade. E é em tal sentido que *Ulisses já não mora aqui* imprime o seu gesto: mas não como em Bataille, por meio de uma transgressão que dá acesso ao sagrado; antes, por um deslocamento sem consolo que foge, no entanto, em direção à hiper-realidade do mundo. Daí decorre que uma ideia de deus não evoca qualquer concepção mística ou transcendental. O poeta José Miguel Silva, refazendo o mito da morte de Deus (mito há muito vivo), nos mostra que a força viva que nos revela que "o mundo é tudo o que é o caso" (Wittgenstein) é ela mesma a possibilidade de deuses: porque eles — e isso sabemos desde Feuerbach — são cada um dos bocados desta parte viva que pulsa no ritmo irregular do mundo.

REFERÊNCIAS

BARRENTO, João. *O mundo está cheio de deuses*: crise e crítica do contemporâneo. Lisboa: Assírio & Alvim, 2011.

BATAILLE, Georges. *A Literatura e o Mal*. Trad. Manuel de Freitas. Lisboa: Letra Livre, 2017.

DELEUZE, Gilles. *Foucault*. Trad. Claudia Sant'ana Martins. São Paulo: Brasiliense, 2005.

LOPES, Silvina Rodrigues. "Anywhere out of the world". In: FREITAS, Manuel de. *Sunny Bar*. Seleção de Rui Pires Cabral. Lisboa: Alambique, 2015.

PESSOA, Fernando. *Mensagem*. Edição de António Apolinário Lourenço. Coimbra: Angelus Novus, 2008.

SILVA, José Miguel. *Ulisses já não mora aqui*. Lisboa: Letra Morta, 2014.

______. Divagações sobre o futuro da Literatura numa era de ignorância programada e pré-apocalíptica. *Cão Celeste*, Lisboa, n. 1, p. 45-48, abr. 2012.

As *Chagas de Cristo* no *Grande Sertão: veredas*

Tereza Virgínia Ribeiro Barbosa

O título desse capítulo destaca para estudo uma jaculatória antiga ligada à veneração das cinco chagas de Cristo que aparece no *Grande Sertão: veredas* quatro vezes. O uso da exclamação "Chagas de Cristo!", conquanto parcimonioso,[1] intrigou-me, sobretudo porque o romance se passa em região de alta incidência de hanseníase[2] e doença de chagas[3] e, ademais, emoldura um período de hostilidades entre jagunços que se embrenham nas matas e se banham nos rios, a sujeitar-se a ataques de cobras, onças, lobos-guará, macacos, capivaras, cachorros do mato, antas... Para não falar, ainda, sobre a formação do autor, médico de profissão.

Significativo, porém, é que há uma ocorrência a mais da palavra "chagas" (complemento para o número devocional?), desatrelada ao sintagma adjetivador "de Cristo". Com ela teríamos, na obra em foco, cinco ocorrências do termo "chaga" no plural,[4] como manda a reza. Restou-me a pergunta: o que significa a ausência do qualificador para as chagas, no contexto mencionado? Em que situação tão peculiar o vocábulo — diferenciado

---

1. Para efeito comparativo, tenhamos em mente que o termo "sangue" se repete 78 vezes; "Deus", 179; "Jesus", 18; "reza", 8.
2. "Em 1950, além da Colônia Santa Isabel e do antigo Hospital de Lázaros de Sabará, existiam, no estado, a Colônia Santa Fé em Três Corações, a Colônia São Francisco de Assis em Bambuí, a Colônia Padre Damião em Ubá e o Sanatório Roça Grande em Sabará, com uma capacidade total para 7.300 doentes (Orsini, 1951). Desde o início do Serviço de Profilaxia da Lepra em Minas Gerais, até meados do século XX, foram internados 19.092 doentes. Em todo o estado havia, na mesma ocasião, 52.313 comunicantes em observação. Somente nesse ano, segundo Orsini (1950), foram feitas 658 visitas domiciliares, 1.353.516 medicações em leprosários, 3.230 em dispensários, 3.687 em domicílio e 26.580 exames de laboratório. [...] Durante anos, o isolamento foi a forma que a União e o governo mineiro tiveram para combater a lepra." (Tavares, 2013, p. 34; p. 43).
3. "A história da doença de Chagas se inicia no interior de Minas Gerais, com as pesquisas de um jovem médico sanitarista e pesquisador do Instituto Osvaldo Cruz, Carlos Justiniano Ribeiro Chagas (1879-1934, natural de Oliveira - MG), que em abril de 1909, comunicou ao mundo científico a descoberta de uma nova doença humana. Seu agente etiológico um protozoário que denominou de *Trypanosoma cruzi*, em homenagem ao seu mestre Oswaldo Cruz e o inseto transmissor, o triatomídeo conhecido como 'barbeiro'." (Andreollo; Malafaia, 2009, p. 189).
4. Não há, na obra em foco, ocorrências da palavra no singular. Cf. Guimarães Rosa (2009, p. 13, p. 179, p. 271, p. 320 e p. 377).

das demais ocorrências — é utilizado sem seu epíteto devocional, já que as situações de uso restringem-se à expressão congelada na jaculatória? Afora "de Cristo", as chagas o que são?

Para os cristãos, feridas abertas, chagas — de Cristo ou não — são dado bíblico primordial e estão, frequentemente, associadas aos crimes, dores e mazelas humanas. Recordemos o episódio de punição de Aarão e Miriâm, em *Números*, 12: 1-13. A narrativa sugere que, à época, qualquer mancha, lesão, ulceração ou ferida de pele era entendida como prova de pecado; essa ideia, aliás, em nossa hipótese, perdura e aparece ainda hoje em textos nos quais a doença é indício do mal, pensamento patente em todo o livro de *Jó*.[5] A associação de pecado, ferida e, consequentemente, "lepra" veio, sem dúvida, de longo tempo.

O uso da metáfora "ferida-doença-[é]-pecado" parece ter atingido seu apogeu na Idade Média com alguns dos grandes santos da Igreja Católica que meditaram sobre a paixão de Nosso Senhor Jesus Cristo, o filho de Deus que assumiu em sua carne flagelada os pecados do mundo. Bernardo de Claraval,[6] Clara de Assis,[7] Matilda[8] e Gertrudes[9] de Hackborn, Brígida da Suécia e Thomas de Kempis[10] dedicaram-se à devoção das chagas de Jesus e de seu sangue derramado na cruz.

Depois disso, a crença atravessou para a Idade Moderna, o que nos permite citar, para a associação chagas-pecado, o relato de Teresa de Jesus:

---

5. "Conhecida desde os tempos bíblicos como lepra, a hanseníase é uma doença infecciosa e crônica, causada pelo *Mycobacterium leprae* ou bacilo de Hansen. Acomete principalmente a pele e os nervos periféricos, mas, também, se manifesta como uma doença sistêmica, comprometendo articulações, olhos, testículos, gânglios e outros órgãos. Tem grande importância para a saúde pública, devido à sua magnitude e seu alto poder incapacitante, atingindo, sobretudo, a faixa etária economicamente ativa (Brasil, 2007). Acarreta problemas como a diminuição da capacidade de trabalho, limitação da vida social e problemas psicológicos, o que contribui para o estigma e o preconceito que se lhe imputam. Há registros da lepra no Egito há quatro mil e trezentos anos antes de Cristo, segundo um papiro da época de Ramsés II. É considerada uma doença bíblica, ligada à impureza espiritual ou a um castigo divino (Brasil, 1960). Devido a essa impureza, no período medieval, os leprosos tinham que usar um véu cobrindo o rosto desfigurado e um sino que denunciava sua presença; também eram feitas marcas no corpo desses enfermos (Cruz, 2008)." (Tavares, 2013, p. 15).

6. *1090 a †1153.

7. *1194 a †1253.

8. *1240 a †1298.

9. *1256 a †1301.

10. *1380 a †1471. A contemplação das chagas de Cristo está em Thomas (1908, p. 113-116).

> *Pues ya andaba mi alma cansada, y aunque queria, no la dejaban descansar las ruines costumbres que tenía. Acaecióme que entrando un día en el oratório, vi una imagen que habían traído allí a guardar, que se había buscado para certa fiesta que se hacía en casa. Era de Cristo muy llagado, y tan devota, que en mirándola, toda me turbó de verle tal, porque representaba bien lo que pasó por nosotros. Fué tanto lo que sentí de lo mal que había agradecido aquellas llagas, que el corazón me parece se me partía, y arrojéme cabe El con grandísimo derramamento de lágrimas, suplicándole me fortaleciese ya de una vez para no ofenderle.* (Jesus, 1948, cap. IX, p. 60)

A imagem a que se refere Teresa é a do Cristo que se costuma chamar de *Ecce homo.* Instalada no Mosteiro da Encarnação, em Ávila, o flagelado comove-a tanto que a faz expressar-se assim: "*Mas esta postrera vez, de esta imagen que digo, me parece me aprovechó más, porque estaba a muy desconfiada de mí y ponía toda mi confianza em Dios.*" (Jesus, 1948, cap. IX, p. 61). Há nesse viés a ideia de que Jesus Cristo teria sido flagelado para alcançar-nos, frente a Deus Pai, a remissão de nossas feridas, o que confere com a leitura de Pedro 2: 24: "Ele que, em seu próprio corpo, carregou nossos pecados sobre um madeiro (...) ele cujas chagas vos curaram." Mas a jaculatória popular tem, oficialmente na língua e cultura portuguesa, ao que parece, início com o juramento do rei Afonso Henriques, o qual se conserva no Arquivo do Real Mosteiro de Alcobaça, que diz:

> Eu Affonso Rei de Portugal, filho do Conde Henrique, e neto do grande Rei D. Affonso, diante de vós Bispo de Braga, e Bispo de Coimbra, e Theotonio, e de todos os mais Vassallos de meu Reino, juro em esta Cruz de metal, e neste livro dos Santos Evangelhos, em que ponho minhas mãos, que eu miserável peccador vi com estes olhos indignos a nosso Senhor JESU Christo estendido na Cruz, no modo seguinte. [...] e subitamente vi a parte direita contra o Nacente, um raio resplandecente; e indo-se pouco, e pouco clarificando, cada hora se fazia maior; e pondo de propósito os olhos para aquella parte, vi de repente no próprio raio o sinal da Cruz, mais resplandecente que o Sol, e Jesu Christo Crucificado nella [...]. O Senhor com um tom de voz suave, que minhas orelhas indignas ouviram, me disse. [...] 'Confia Affonso, porque não só vencerás esta batalha, mas todas as outras em que pelejares contra os inimigos de minha Cruz.' Ditas estas palavras dezapareceu, e eu cheio de confiança, e suavidade me tornei para o Real. E que isto passasse na verdade, juro eu D.

> Affonso pelos Santos Evangelhos de JESU Christo tocados com estas mãos. E por tanto mando a meus decendentes, que para sempre succederem, que em honra da Cruz e cinco Chagas de JESU Christo tragam em seu Escudo cinco Escudos partidos em Cruz, e em cada um delles os trinta dinheiros, e por timbre a Serpente de Moysés, por ser figura de Christo, e este seja o tropheo de nossa geração. (Galvão, 1906, p. 187-190)

Camões referenda, de forma poética, n'*Os Lusíadas* (Canto I, 7), o juramento de Dom Afonso

> Vós, tenro e novo ramo florescente
> de uma árvore de Cristo mais amada
> que nenhuma nascida no Ocidente,
> cesárea ou cristianíssima chamada;
> — Vede-o no vosso escudo, que presente
> vos amostra a vitória já passada,
> na qual vos deu por armas, e deixou
> as que Ele para si na cruz tomou —

E assim a tradição da "Festa das Cinco Chagas", que se realiza em Portugal, no dia 7 de fevereiro de cada ano, cruzou mares e chegou aqui como jaculatória. Porém, como afirmei, de tal modo fiquei instigada com a falta de Cristo nas chagas que não me dispus mais a analisar as outras circunstâncias; focalizarei, porém, a única vez em que a palavra chaga é utilizada fora da fórmula "Chagas de Cristo".

Após recordar-se de Otacília, de sentir-se dividido entre dois amores, de ponderar que não merecia a moça fazendeira e que Diadorim restava inacessível, tratando de questões acerca do demo, do bem e do mal, Riobaldo se põe a relatar um novo costume seu: de pular de repente da rede, "num arranco", montar o cavalo Siruiz e galopar em disparada para ver as alvoradas. Saía na escuridão a fim de experimentar o instante em que o dia ia "acabando de amanhecer"; quando chegava de volta, encontrava os homens prontos para a partida. Eis o trecho:

> Sair na escuridão, o senhor sabe: aqueles galhos de árvores batendo na cabeça da gente. Sempre eu ia até longe; quando voltava, encontrava o pessoal se

aprontando, café já coado, cavalaria em fila para a viagem. Uma vez, inda mais longe fui, do que nas outras. E dei com o lázaro.

Ele se achava como que tocaiando, no alto duma árvore, por se esconder, feito uma cobra ararambóia. Quase levei o susto. E era um homem em chagas nojentas, leproso mesmo, um terminado.[11] Para não ver coisas assim, jogo meus olhos fora! Promovi meu revólver. Aquele de repente se encolheu, tremido; e tremeu tanto depressa, que as ramagens da árvore enroscaram um rumor de vento forte. Não gritou, não disse nada. Será que possuía sobra dalguma voz? Eu tinha de esmagalhar aquela coisa desumana.

Dum fato, na hora, me lembrei: do que tinham me contado, da vez em que Medeiro Vaz avistou um enfermo desses num goiabal. O homem tinha vindo lamber de língua as goiabas maduras, por uma e uma, no pé, com o fito de transpassar o mal para outras pessoas, que depois comessem delas. Uns assim fazem. Medeiro Vaz, que era justo e prestimoso, acabou com a vida dele. Isso contavam, já de dentro do meu ouvido. A quizília que em mim, ânsia forte: o lázaro devia de feder; onde estivesse, adonde fosse, lambuzava pior do que lesma grande, e tudo empestava da doença amaldita. Arte de que as goiabas de todo goiabal viravam fruta peçonhenta... — e d'eu dar no gatilho: lei leal essa, de Medeiro Vaz...

— 'Ô guaimoré!'[12] — xinguei.[13] E gritei pulhas. Acho que insultava era por de certo modo retardar meu dever? Ele não respondeu. Em ante mim, assim, ninguém não respondesse? Mas fincava de me olhar: ah, ele tinha dois olhos, no meio das folhas da folhagem. Muito coitado ele era — o senhor esteja de acordo. Mas, aí, foi que vi e repeli o quê que é ódio de leproso! Na cabeça daqueles olhos, eu armei minha pontaria.

E ouvi o vir dum cavaleiro. Esperei. Não dissessem que eu tinha baleado à traição o maldelazento, com escondidos de não ter testemunhas. Quem vinha? Em já madruga-manhã, tudo clareado, reconheci: Diadorim! Embolsei a arma, sem razão. Diadorim me perseguia? 'Vigia, Diadorim: tu pune por este?!' — eu havia de indagar, apontando o esconso do leproso. 'Estou aqui, te vejo é você mesmo, Riobaldo...' — ele ia dizer — '... Riobaldo, tem tento!'... A imaginação dessa conversa, eu pensei de relance, como uma brasa chia em

---

11. A expressão um "homem [...] terminado" é tradução de outra muito afamada de Ésquilo em *Agamêmnon*, v. 972, ἄνδρὸς τελείου.

12. "Guaimoré — variante n. reg. De guaimuré ou aimoré — gentios que habitavam o nordeste de Minas Gerais." (*in* Castro (1982, p. 116).

13. A frase elíptica de Riobaldo revela, segundo penso, preconceito por parte dessa personagem.

dentro de vasilha d'água. Assim estremeci, eu ente. Porque, do bafo mesmo de minha idéia vã, eu estava catando tal anúncio de acusação: — *Tu traz o Arrenegado*... Eu e ele — o Dê?! Então, num sutil, podia mesmo ser que ele quisesse estar tomando conta de mim? — Aí, nem nunca, nem! — eu rosnei, riso. Espinoteei na sela, feito acordado dum cochilo de cão. E Diadorim tropeava chegando. Mas eu virei rédea e roseteei, com brado, meu animal cumprindo: rompemos em galope que era um abismo...

— Eh, diogo! dianho!... Eh diogo, eh dião...

Retos, fomos, desabalando, que um quarto-de-légua quase, por doidejo. Nós três? Que eu pensei. E esbarrei, por tanto; meu cavalo sacudiu o pescoço todo. Espiei em roda, até com a mão.

Não vi o demo... Meu espírito era uma coceira enorme. Como eu ia poder contra esse vapor de mal, que parecia entrado dentro de mim, pesando em meu estômago e apertando minha largura de respirar? Aí eu carecia de negar pouso a ele. A nega. Eu quis! Eu quis?

Como olhei, Diadorim estava acolá, estacado parado no lugar, perto da árvore do homem. Por certo ele tinha enxergado a coisa viva, e estava desentendendo meu espaço, esses desatinos. Contemplei Diadorim, daquela distância. Montado sempre, teso de consciência, ele me parecia mais alto de ser, e não bulia, por mim avistado. E o lázaro? Ah, esse, que se espertasse, que fugisse, para não falecer... Que é que adiantava que, àquela hora os passarinhos cantassem, acabando de amanhecer o campo sertão? A enquanto sobejasse de viver um lázaro assim, mesmo muito longe, neste mundo, tudo restava em doente e perigoso, conforme homem tem nojo é do humano.

Condenado de maldito, por toda lei, aquele estrago de homem estava; remarcado: seu corpo, sua culpa! Se não, então por que era que ele não dava cabo do mal, ou não deixava o mal dar logo cabo dele? Homem, ele já estava era morto. Que o que Diadorim dissesse; que dissesse. Que aquele homem leproso era meu irmão, igual, criatura de si? (Rosa, 2009, p. 320-321)

A escuridão da noite, portanto, abre a cena que se fecha com o amanhecer. Nesse curto período, Riobaldo vê um leproso, ameaça matá-lo e refreia-se por causa da chegada de Diadorim. Se lermos o trecho cuidadosamente, perceberemos a utilização de um léxico muito afinado com a dicção bíblica, a começar pelo termo "lázaro"[14]; mais curioso entretanto é notar que, ao

14. Cf. *Jo.* 11: 1-45; 12: 1-8; *Luc.* 16: 19-31.

mencionar pela primeira vez a palavra, o escritor utiliza-a com o artigo determinado, de maneira que Riobaldo não se depare "um" lázaro qualquer, mas com "o" lázaro. A determinação me leva a pensar no já conhecido amigo de Jesus (Jo 11, 1-44). Francis Utéza, sobre o episódio, afirma o seguinte:

> Este leproso, descoberto no cimo de uma árvore no decorrer de umas daquelas corridas solitárias que o chefe costumava fazer antes do sol raiar, é, em primeiro lugar, assimilado a uma serpente — uma *cobra ararambóia* —, e descrito como um ser em decomposição — *coisa desumana, estrago de homem* — em cujo olhar estariam concentrados os últimos restos de vida. Em termos metafísicos, trata-se de alguém que vive na fronteira da existência material; em termos alquímicos, esta larva purulenta — *lesma grande* — encarna o máximo de *Solve*[15] humano, que o Chefe, imagem do Pai, se prepara para 'fixar' com uma bala entre os olhos. E isto com toda 'justiça' — como confirma a lembrança do modelo paterno de Medeiro Vaz que, na altura, o protagonista visualiza eliminando sem hesitação, em circunstâncias idênticas, outro desses infelizes. (Uteza, 1994, p. 358-359)

Concordo, em parte, com Utéza: o leproso representa o mal, e Riobaldo, tendo assumido o posto de chefe, deve proteger os companheiros e extirpar esse mal, segundo o modelo que elegesse:

> Diadorim dissesse; que dissesse. Que aquele homem leproso era meu irmão, igual, criatura de si? Eu desmentia. Como era que, sabendo de um lázaro assim, eu ia poder prezar meu amor por Diadorim, por Otacília?! E eu não era o Urutu-Branco? Chefe não era para arrecadar vantagens, mas para emendar o defeituoso. Esporeei, voltando. 'Não sou do demo e não sou de Deus!' — pensei bruto, que nem se exclamasse; mas exclamação que havia de ser em duas vozes, uma muito diferente da outra. Vim feito. Tornei a empunhar o revólver. (Rosa, 2009, p. 321)

O problema, todavia, não reside aí, mas antes sobre as dúvidas de Riobaldo, ou melhor dizendo, sobre a certeza dele de que o leproso é realmente um mal. Para discussão, realço o símile de apresentação desse leproso: "feito

15. Termo definido por Utéza (1994, p. 40) como: "[...] dois imperativos latinos: *Solve et Coagula*, dissolva os sólidos e condense os fluídos, espiritualize o corpo e materialize o espírito."

uma cobra araramboia"; nome em língua tupi[16] da "cobra papagaio".[17] Esse homem, pernas e braços serpeados na árvore, é, aliás (e talvez pela mesma razão), cognominado como um "guaimoré", um indígena oriundo da temida nação aimoré.[18] Segundo Helena Goldammer Lenz, a araramboia é "cobra falsa arara" ou "falsa cobra coral", porque é "maior e mais encorpada que a legítima", "na mística Tupi, encarnação do pajé" (Lenz, s.d., s.p.). Penso que a menção do escritor liga seu texto ao ícone que, no *Gênesis*, representa o mal no mito de Adão e Eva; aqui, porém, ele vem como cobra não peçonhenta e encarnação do pajé, se é verdadeira a afirmação de Lenz.

Esse é um dado importante já que, segundo nossa interpretação, o trecho focaliza a passagem das trevas para a luz e a impossibilidade de distinguir com exatidão o bem e o mal. O leproso é como uma araramboia e entra nesse contexto não apenas como mal encarnado, afinal estamos em terras brasílicas. Permito-me afirmar tal coisa a partir do símile e de duas frases em particular: "E era um homem em chagas nojentas, leproso mesmo, um terminado." e "Para não ver coisas assim, jogo meus olhos fora!" A primeira frase estabelece o lázaro como um mal; a segunda — de maneira ambígua — reafirma e rechaça a primeira, ou seja, pode ser entendida como "prefiro jogar meus olhos fora a ver este homem" ou "para não ver este homem assim como mal, prefiro jogar meus olhos fora." Essa última interpretação, a meu ver, tem relação com *Mateus* (18: 9).[19] As duas orações se colocam como o próprio dilema que aflige Riobaldo: não há separação clara entre o bem e o mal; estamos no espaço temporal de trevas e luz. Dessa forma, o lázaro encarna, a um só tempo, o bem e o mal. Como? Veremos adiante.

Voltemos à narrativa. Riobaldo mira. O leproso "se encolheu, tremido; e tremeu tanto depressa, que as ramagens da árvore enroscaram um rumor de vento forte. Não gritou, não disse nada. Será que possuía sobra dalguma

16. "Boya, cobra: na composição precede ao adjectivo, pospõe-se ao substantivo" (Dias, 1858, p. 25). Cf. também araramboia, *in* Cunha (1978, p. 63), e Senna (1905 *in* 1910, p. 10).

17. Instituto Vital Brasil <http://www.vitalbrazil.rj.gov.br/cobras_nao_venenosas.html>: "Cobra papagaio (*Corallus caninus*) Serpente arborícola não-peçonhenta, habitante da Floresta Amazônica. Assim como a jiboia e sucuri, mata suas presas por constrição".

18. "Os Aimbirés, Aimborés ou Aimorés, do nordeste de Minas Gerais, que são os mesmos Aimorés da Serra Geral, no vale do Mucuri, em Tupi significa 'gente diversa', 'gente diferente dos costumes Tupi' [...]." (Ribeiro, 2008, p. 46). Cf. ainda o mito tupi-guarani da Terra sem Mal, em Navarro (1995, p. 61-71).

19. Em tradução da TEB: "E se o teu olho te leva à queda, arranca-o e lança-o para longe de ti; mais vale para ti entrar caolho na vida do que ser lançado como ambos os olhos na geena do fogo!"

voz?" Demasiado óbvia, me parece, a eutaxia bíblica com a expressão "um rumor de vento forte", na indagação acerca da voz e na definição espacial do homem lázaro. Sobrepaira ao sertão 1*Reis*, 19: 9-13; *Isaías*, 52: 14; 53: 2-7; *Números* 21: 8; *Jo*. 3: 14. Sobrepaira o Deus que fala, como brisa, a Elias; o desprezado que não tem aparência humana, homem de dores que mantém a boca fechada de *Isaías*; a serpente curadora elevada no deserto por Moisés e o Filho do Homem elevado no madeiro, árvore da vida redentora. O homem salvador que se confunde com a árvore pode também ser visto em *Isaías* 11: 1-4 e *Jeremias* 23: 5 (Alves, 1994, p. 12-16).

Volta, contudo, na narrativa, a predominância do mal com a rememoração da lenda da contaminação curadora, ou seja, é preciso "transpassar o mal" para se livrar da doença. Remarque-se, mais uma vez, o léxico bíblico com o termo "transpassar". Aqui, de fato, o uso causa estranhamento. Espera-se antes a palavra "passar" a doença, ou "transmitir". O campo semântico do verbo "transpassar", voltado para a figura de Cristo, encontra-se em: *Salmo 38*; *Jo*. 13:4-11; *Jo*. 19,31-37; *Jo*. 20,24-29; 1*Pe*. 2: 24, 25; *Isaías* 53:5 etc. Muitos fatores, evidentemente, favoreceram toda uma trama metafórica bem tecida, mas um que, em meu ponto de vista, parece bastante interessante, é que, até hoje, a ciência considere "o homem como o único reservatório natural do bacilo [*Mycobacterium leprae*], apesar do relato de animais selvagens naturalmente infectados (tatus e macacos)." (Araújo, 2003, p. 373). Para além do metafórico, sobrepesa todo um repertório de preconceitos ao "chagado na pele", o leproso:

> O histórico dessa doença no Brasil foi marcado pelo isolamento compulsório que os indivíduos doentes sofreram, sendo extinto apenas após a introdução da poliquimioterapia durante a década de 1980. Após essa sistematização do tratamento, houve a transição do nome lepra para hanseníase com os objetivos de reintegrar socialmente o doente e diminuir o estigma presente nos termos 'lepra' e 'leproso' [Maciel, Oliveira, & Gallo, 2010]. A transição do nome favoreceu a constituição de novas construções culturais sobre a doença, pois o propósito dessa mudança foi retirar a representação presente na lepra, carregada de um caráter estigmatizante, para inserir a hanseníase, uma doença dissociada da noção de estigma e com cura. Porém esse jogo semântico não conseguiu eliminar a lepra da concepção popular nem o estigma associado a ela. (Loures; Mármora; Barreto; Duppre, 2016, p. 666-667)

Por tudo isso, pronto para atirar, Riobaldo, ao pressentir a chegada de Diadorim e imaginar um diálogo entre eles, guarda sua arma. Para o Urutu-Branco Riobaldo Tatarana, Diadorim falaria: "Estou aqui, te vejo é você mesmo, Riobaldo...". Essa elucubração evoca, mais uma vez, o episódio de Adão e Eva no paraíso (*Gen.* 3: 9 — "Onde estás?"). Assim imaginado, Diadorim é aliado de Deus. Fabrico aqui uma possível etimologia para o nome Diadorim: δία (acusativo de Ζεύς, deus supremo dos gregos) + δῶρον (dom, presente), neste sentido, Diadorim é análogo ao nome Teodoro. A contrapelo desse sentido, no português, o "dia" que remete para luz (se tomarmos o conteúdo) conduz igualmente para a palavra diabo (se focalizarmos o som). A potência dupla do elemento "dia" materializa a oscilação entre o mal e o bem que palpita em todo o trecho, para não dizer no romance inteiro.

> 'Não sou do demo e não sou de Deus!' — pensei bruto, que nem se exclamasse; mas exclamação que havia de ser em duas vozes, uma muito diferente da outra. Vim feito. Tornei a empunhar o revólver. Mas completei, eu mesmo, aquilo que Diadorim decerto ia me responder: 'Riobaldo, tu mata o pobre, mas, ao menos, por não desprezar, mata com tua mão cravando faca — tu vê que, por trás do pôdre, o sangue do coração dele é são e quente...' Encostar nele a ponta de minha franqueira de cabo prateante? — Toma! Tu cai chão... Agalopando assim, joguei fora meu revólver. Joguei — ou foi um ramo de rompe-gibão que relou arrancando a arma de meu pulso. Cheguei, esbarrei. Meu cavalo, tão airoso, batia mão, rapava; ele deu um bufo de burro. Vi Diadorim. Mas o leprento tinha ganhado para se ir, graças que não assisti à arriação dele: decerto descendo às pressas, se escapando de gatas nas moitas de feijão-bravo. Desse, tive um cansaço enorme; pode que seja por não saber se matava ou não matava, caso ele ainda estivesse lá. Do leproso. Mas Diadorim, conforme diante de mim estava parado, reluzia no rosto, com uma beleza ainda maior, fora de todo comum. Os olhos-vislumbre meu — que cresciam sem beira, dum verde dos outros verdes, como o de nenhum pasto. E tudo meio se sombreava, mas só de boa doçura. Sobre o que juro ao senhor: Diadorim, nas asas do instante, na pessoa dele vi foi a imagem tão formosa da minha Nossa Senhora da Abadia![20] A santa... (Rosa, 2009, p. 321-322)

20. Ver Augusto de Lima Júnior (*História de Nossa Senhora em Minas Gerais*, 2008, p. 215-221), no ano de 883, alguns religiosos eremitas, fugindo dos sarracenos, esconderam a imagem de Nossa Senhora do Bouro nos penhascos da região de Braga; no tempo do

Contudo, a presença de Diadorim até agora é interna: pensamento, imaginação, pressentimento e, se conjecturamos Diadorim como representação do divino, no correr da narrativa, a sugestão se delineia com cores mais claras. Riobaldo afirma que "na pessoa dele vi[u] foi a imagem formosa da minha Nossa Senhora da Abadia"; dito de outra forma: no advento daquele que "no rosto reluzia", surge também a figura da Virgem Mãe de Deus que vem, qual *stella matutina*,[21] trazer a aurora. Afonso Maria de Ligório em *Glórias de Maria*, sobre a alcunha de Nossa Senhora como estrela, afirma:

> Sem dúvida não deixará Maria de obter-lhe luzes e força para sair do vício e trilhar pela vereda da virtude. Pelo que graciosamente Inocêncio III lhe chama 'lua de noite, aurora de manhã, sol de dia'. É lua para quem está cego na noite do pecado, a fim de esclarecê-lo e mostrar-lhe o miserável estado de condenação em que se acha. É aurora, isto é, precursora do sol, para quem já está iluminado, a fim de o fazer sair do pecado e recuperar a divina graça. Para quem já está em graça é finalmente sol, cuja luz o livra de cair em algum precipício. [...] Concluamos, pois, com as palavras de S. Bernardo: 'Homem, quem quer que sejas, já sabes que nessa vida vais flutuando entre perigos e tempestades, do que caminhando sobre a terra. Se não queres ser submergido, não apartes os olhos dos resplendores desta estrela [de Maria]. Olha para a estrela, chama por Maria. Nos perigos de pecar, nas moléstias das tentações, nas dúvidas do que deves resolver, considera que Maria te pode ajudar, logo chama por ela, para que te socorra'. [...] Astro precursor do sol é Maria, nas revelações de S. Brígida. Quer isto dizer: Quando em uma alma pecadora

---

conde Dom Henrique, um religioso viu, numa noite, no meio do vale, uma claridade extraordinária que saía de dentro dos penedos. Ele e seu superior buscaram a origem da claridade e, entre uns e outros lugares, encontraram a imagem escondida de Nossa Senhora que "mostrava ser dos tempos antigos". Assim, começou, em Braga, a devoção. Por séculos lá ficou até que o culto e a devoção veio, segundo Lima Júnior, não se sabe como, pelo caminho do mar, passando por Minas, se espalhando por Goiás. Se instalando nos "chapadões do triângulo Mineiro": Pitangui; Nossa Senhora da Abadia do Porto Real do São Francisco; Nossa Senhora da Abadia do Bom Sucesso do Monte Alegre; Nossa Senhora da Abadia da Água Suja (hoje Romaria), o santuário mais famoso à época da narrativa do *Grande Sertão*: veredas. Nossa senhora da Abadia, além dos lugares citados, deu seu nome a uma outra vila do Triângulo Mineiro, Abadia de Dourados, tem altares em Patos, Coromandel, Patrocínio, demonstrando uma larga irradiação do seu culto benemérito [...]." (Lima Júnior, 2008, p. 225).

21. Título de Nossa Senhora: estrela da manhã, estrela que anuncia o sol (Jesus). Cf. stella matutina (In: Marracius).

desponta a devoção a Maria, é sinal certo que dali a pouco Deus a virá enriquecer com a sua graça. (Ligório, 1989, p. 83; p. 85 e p. 106)

Não é difícil associar essa imagem à "mulher vestida de sol" do *Apocalipse* 12: 1. Diadorim, mulher sendo, traz a luz como Nossa Senhora. Retomemos as preces e contemplações; focalizemos as de Brígida da Suécia[22] em honra das 5.475[23] chagas de Cristo. Numa elocução interior dirigida à santa, a Mãe de Deus compara seu filho morto a um leproso. No capítulo 10: 34, das *Revelações*, Maria Santíssima fala a Brígida com as seguintes palavras:

> Assim ia tudo, aí veio um homem e, nele, do lado, cravou uma lança com tanta força que quase vazou outro lado. Quando a lança foi arrancada, sua ponta cobriu-se de sangue vermelho. Quando vi transpassado o coração do meu filho querido, pareceu que o meu próprio coração é que tinha sido

22. *1302 a †1373: Brígida viveu durante um período marcado por instabilidade, disputas políticas, espirituais e conflitos fratricidas. Casou-se aos 14 anos, foi mãe de oito filhos, tornou-se mística após a morte do marido e ganhou renome como uma visionária prestigiosa entre as muitas outras que se destacavam na Idade Média. Cf. Morris (2006, p. 3-38). Segundo Bridget Morris, "as *Revelationes* de Santa Brígida da Suécia são um repositório de volumosos jorros de locuções e visões, recebidas durante um período de trinta anos, desde o tempo de sua viuvez em meados de 1340 até sua morte em 1373. Em linguagem sentenciosa e profética, as *Revelationes* fazem observações sobre a condição humana e exprimem uma crítica à igreja e um apelo para sua reforma. Ao mesmo tempo elas encarnam uma suave devoção para com a humanidade de Cristo e uma identificação pessoal com a Virgem Maria. Por meio de uma prosa um tanto quanto desajeitada emerge a imagem de uma visionária segura e carismática que desenvolve um misticismo contemplativo sempre entrelaçado com um engajamento social e um comprometimento com a salvação do mundo. Enquanto *corpus*, as *Revelationes* são uma corporificação exortativa para uma profunda compaixão interior e para um desejo apaixonado de regeneração e renovação..." (*The Revelationes of St. Birgitta of Sweden are the repository of a vast outpouring of locutions and visions, received over a period of thirty years, from the time of her widowhood in the mid-1340s until her death in 1373. In judgmental and prophetic language, the Revelationes make observations on the human condition and convey a critique of the church and an appeal for reform. At the same time they embody a tender devotion to the humanity of Christ and a personal identification with the Virgin Mary. Through the somewhat clumsy prose there emerges an image of a commanding and charismatic visionary who develops a contemplative mysticism that is always interwoven with social engagement and a commitment to the salvation of the world. Collectively, the Revelationes are an evocative embodiment of a deep inner piety and a passionate desire for regeneration and renewal; beneath them all beats the Swedish saint's great heart: candid, stern, imaginative, and demanding*). (Morris, 2006, p. 3). Todas as traduções, quando não mencionado o autor, são de nossa autoria.

23. Este é total de chagas revelado por Jesus a Santa Brígida, segundo Sven Magnus Gronberger (1917, texto não paginado), em *St. Briget of Sweden: a chapter of medieval church history*.

transpassado. Depois que o tiram da cruz e eu tomei seu corpo no meu colo, ele, todo pálido, parecia um leproso, seus olhos sem vida, ensanguentados, sua boca fria como gelo, sua barba espessa, seu rosto inchado.[24]

A comparação do Cristo a um leproso completa a fórmula sem a palavra. Na hermenêutica que proponho, o leproso visto vem suprir o que falta à expressão apotropaica. Assim, creio que, em todas as cinco ocorrências da palavra "chagas", no *Grande Sertão*: veredas, temos a presença do Cristo. Riobaldo, nesse momento, só compreende o valor do homem sem manchas:

> Todo assim, o que minha *vocação pedia era um fazendão de Deus*, colocado no mais tope, se braseando incenso nas cabeceiras das roças, o povo entoando hinos, até os pássaros e bichos vinham bisar. Senhor imagina? *Gente sã valente, querendo só o Céu*, finalizando. Mas diverso do que se vê, ora cá ora ali lá. Como deu uma moça, no Barreiro-Novo, essa desistiu um dia de comer e só bebendo por dia três gotas de água de pia benta, em redor dela começaram milagres. [...] Porque, num estalo de tempo, já tinham surgido vindo milhares desses, *para pedir cura, os doentes condenados: lázaros de lepra, aleijados por horríveis formas, feridentos*, os cegos mais sem gestos, loucos acorrentados, idiotas, héticos e hidrópicos, de tudo: criaturas que fediam. Senhor enxergasse aquilo, o senhor desanimava. Se tinha um grande nojo. *Eu sei: nojo é invenção, do Que-Não-Há, para estorvar que se tenha dó.* E aquela gente gritava, exigiam saúde expedita, rezavam alto, discutiam uns com outros, desesperavam de fé sem virtude — *requeriam era sarar*, não desejavam Céu nenhum. Vendo assaz, se espantava da seriedade do mundo para caber o que não se quer. *Será acerto que os aleijões e feiezas estejam bem convenientemente repartidos*, nos recantos dos lugares. Se não, se perdia qualquer coragem. O sertão está cheio desses. Só quando se jornadeia de jagunço, no teso das marchas, praxe de ir em movimento, não se nota tanto: o estatuto de misérias e enfermidades. Guerra diverte – o demo acha. (Rosa, 2009, p. 40)

---

24. *"As everyone was going away, a man came and drove a lance into his side with such force that it almost went out the other side. When the spear was withdrawn, its point appeared red with blood. And it seemed to me as if my own heart had been pierced when I saw my beloved Son's heart pierced. Then he was taken down from the cross. I took his body on my lap; it was like a leper's, all livid. His eyes were lifeless and full of blood, his mouth as cold as ice, his beard like twine, his face grown stiff."* (Birgitta of Sweden, 2006, p. 70).

Vale, portanto, observar que, no trecho citado, céu e saúde se igualam; os doentes sem cura possível são os condenados; distribuídos, convenientemente, de acordo com a maldade das pessoas, são "os aleijões e feiezas" já que, segundo o excerto, alguns estropiados querem cura, mas não querem "céu nenhum". A citação reafirma o tratamento bíblico de que doença é pecado, mas entendo que, como Cristo Jesus assumiu nossos pecados, ficamos livres, curados. Ele não se repugnou de nossas chagas. Isso é motivo de louvar "com grandes meremerências". Eu mesma quero punhado de rezas assim, vou me defendendo em Deus: "Chagas de Cristo!" (Rosa, 2009, p. 13).

REFERÊNCIAS

ALVES, Herculano. O símbolo da árvore na *Bíblia*. *Bíblica*, vol. 40, n. 231, p. 12-16, mar.-abr. 1994. Disponível em: <http://www.capuchinhos.org/arquivo-da-revista-biblica>.

ANDREOLLO, N. A.; MALAFAIA, O. Os 100 anos da doença de Chagas no Brasil. *Arquivos Brasileiros de Cirurgia Digestiva*, São Paulo, vol. 22, nº 4, p. 189-191, 2009.

ARAÚJO, Marcelo Grossi. Hanseníase no Brasil. *Revista da Sociedade Brasileira de Medicina Tropical*, 36(3), p. 373-382, mai.-jun. 2003.

BASADONNA, G. SANTARELLI, G. *Ladainhas de Nossa Senhora*. Tradução de João Resende Costa. São Paulo: Edições Loyola, 2000.

BÍBLIA. *Tradução Ecumênica*. São Paulo: Edições Loyola, 1994.

BIRGITTA OF SWEDEN. *The revelations of St. Birgitta of Sweden*. Volume I e II. Transl. of Denis Searby; intr. and notes Bridget Morris, Oxford: University Press, 2006.

CAMÕES, L. V. *Os Lusíadas de Luis de Camões comentados por Augusto Epiphanio da Silva Dias*: tomo I. Porto: Companhia Portugueza Editora, 1916.

CARVALHO, Keila Auxiliadora. *Colônia Santa Isabel*: a lepra e o isolamento em Minas Gerais (1920-1960). Disponível em: <http://www.historia.uff.br/stricto/td/1376.pdf>.

CASTRO, N. L. de. *Universo e vocabulário do grande sertão*. Rio de Janeiro: Achiamé, 1982.

CUNHA, Antônio Geraldo. *Dicionário Histórico das Palavras Portuguesas de Origem Tupi*. São Paulo/Brasília: Companhia Melhoramentos/ Editora UnB, 1978.

DIAS, Antônio Gonçalves. *Diccionário da língua tupy*. Lipsia: Brockhaus, 1858.

DIAS, Geraldo Coelho. A devoção do povo português a Nossa Senhora nos tempos modernos. *Revista da Faculdade de Letras*, História, série II, vol. 04, p. 227-256, 1987.

ÉSQUILO. *Tragédias*: Persas, Sete contra Tebas, Suplicantes, Prometeu candeeiro. Estudos e traduções de Jaa Torrano. São Paulo: Iluminuras, 2009.

GALVÃO, Duarte. *Chronica de El-Rei D. Affonso Henriques*. Bibliotheca de Clássicos Portuguezes, Vol. LI. Lisboa, 1906.

GRONBERGER, Sven Magnus. *St. Briget of Sweden*: a chapter of medieval church history. James J. Walsh (ed.). Washington: The writers club of Washington, 1917.

JESUS, Santa Teresa. "Vida". In: *Obras completas*. Madrid: M. Aguilar, 1948.

LENZ, Helena Goldammer. *Tupi e Guarani*: a língua dos bandeirantes, séculos XVII e XVIII. Timburi/São Paulo: Editora Cia do E-book, s/d.

LIGÓRIO, Afonso Maria de. *Glórias de Maria*. Tradução de Geraldo Pires de Sousa, C.Ss.R. Aparecida, São Paulo: Editora Santuário, 1989.

LIMA JÚNIOR, Augusto de. *História de Nossa Senhora em Minas Gerais*: origem das principais invocações. (org. Francisco Eduardo de Andrade e Mariza Guerra de Andrade). Belo Horizonte: Autêntica: Ed. PUC Minas, 2008.

LOURES, Liliany Fontes; MÁRMORA, Cláudia Helena Cerqueira; BARRETO, Jubel; DUPPRE, Nádia Cristina. Percepção do estigma e repercussões sociais em indivíduos com Hanseníase. *Psicologia em Estudo*, Maringá, v. 21, n. 4, p. 665-675, out./dez. 2016.

MARRACIUS, Hippolytus. *Polyanthea Mariana* in libros 20. In: <http://books.google.com/books?id=Ujz9mEdUL_8C&hl=&source=gbs_api, 1694>.

MORRIS. Bridget. "General Introduction". In: *The revelations of St. Birgitta of Sweden*. Volume I, Oxford: University Press, p. 3-38, 2006.

NAVARRO, Eduardo de Almeida. A terra sem mal, o paraíso Tupi-guarani. *Cultura Vozes*, n. 2, p. 61-71, 1995.

RIBEIRO, N. B. *Os povos indígenas e os sertões das Minas do outro no século XVIII*. 2008. (org. Fernando Antônio Novais). Tese (doutorado em História Social) - Faculdade de Filosofia, Letras e Ciências Humanas, Universidade de São Paulo, São Paulo, 2008.

ROSA, João Guimarães. "Grande Sertão: Veredas" *Ficção Completa*. Vol. 2. (org. Eduardo F. Coutinho). Rio de Janeiro: Editora Nova Aguilar, 2009.

SEARBY, Denis. *The Revelations of St. Birgitta of Sweden*. Volume I: Liber Caelestis, Books I–III. Oxford: University Press, 2006.

SENNA, Nelson. "A edade da pedra no Brasil" (1905). In: *Discurso*: Seção inaugural da Academia Mineira de Letras. Belo Horizonte: Imprensa Oficial, 1910.

TAVARES, Amanda P. N. *História social da Hanseníase no nordeste de Minas Gerais*. 2013. (org. Francisco Carlos Félix Lana). Dissertação (Mestrado em Enfermagem e Saúde) - Escola de Enfermagem, Universidade Federal de Minas Gerais, Belo Horizonte, 2013.

THOMAS (a Kempis). *Prayers and meditations on the life of Christ*. Translated by W. Duthoit. London: Drydkn House, 1908.

UTEZA, Francis. Metafísica do Grande Sertão. Tradução José Carlos Garbuglio. São Paulo: Editora da Universidade de São Paulo, 1994.

Cobra papagaio. Disponível em:
<http://www.vitalbrazil.rj.gov.br/cobras_nao_venenosas.html>.

Ilustração de Bernard Foucher, Éditions Tituli.
In: TUDURI, C. *L'arbre au fond de la jetée*. Paris: Éditions Tituli, 2016.

IV. DEUS(ES) NAS LITERATURAS DE LÍNGUA ESTRANGEIRA

Sur une table de bois

Retirer le bracelet de sa montre,
déposée sur une table de bois
et voir sous ses veines aux yeux bistres
l'éclosion des choses, leur assise :
une échelle grimpant à un grenier,
le safran romain d'un plafonnier,
un chat sur la nappe à carreaux
devant les mâchoires de ses maîtres,
le moindre rien cherche l'asile d'une mémoire,
l'aria où cesser de mordre à tous les vents.
Les objets se dressent désormais entre les mots,
comme des phares menaçant de leur lumière
l'insensible flottement de leurs eaux.
Temps, émotions, amis perdus basculent
par-derrière une épaule chuchotant votre
[mort,
et le chuintement des champs de blé
au bord des berges bleues
redevient une pure ondulation de stupeur et
[de brise
quand partir dans la nuit, entrailles écopées
[de tout ornement,
ouvre l'âme aux splendeurs
[d'un entier firmament.

(Claude Tuduri)

Sobre uma mesa de madeira

Retirar a pulseira de seu relógio,
deixá-lo sobre uma mesa de madeira
e ver sob suas veias os olhos amadeirados
a eclosão das coisas, seu assento:
uma escada subindo a um sótão,
o açafrão romano de um teto,
um gato sobre a toalha de mesa xadrez
sob as barbas de seus donos,
qualquer coisa busca o abrigo da memória,
a ária onde parar de morder aos quatro ventos.
Os objetos ficam agora entre as palavras,
como faróis ameaçando com sua luz
a insensível flutuação de suas águas.
Tempos, emoções, amigos perdidos oscilam
por detrás de um ombro sussurrando vossa
[morte,
e o farfalhar dos campos de trigo
ao longo das margens azuis
torna-se uma pura ondulação de espanto e
[de brisa
quando sair à noite, entranhas escavadas
[de todo ornamento,
abre a alma aos esplendores
[de um inteiro firmamento.

(trad. André Araújo)

Towards an ethnopoetics of shamanism: teonanacatl and the flesh of the gods

Marcel de Lima Santos

Shamanism is the phenomenon that refers to the practice of a shaman, the spiritual leader of so-called "primitive" cultures around the world. From the Native American peoples to the aborigines of Oceania to the African tribes, the shamanic figure makes itself present and incorporates a series of activities related to the supernatural, which range, among others, from politics to medicine, from art to ecology.

In the current times of ethnic wars and racial conflicts, the figure of the shaman, the warrior of knowledge, acquires unsuspected dimensions to the Western observer. Certainly one of the most challenging individual representations of the cultural, religious, and political appropriations in the West during the last five hundred years, this intriguing liminal character, symbolic of the ethnic survival of traditions that have been assimilated by the European culture of reason, incorporates, in this technological millennium that overwhelms us, the fundamental values to the survival of not a particular culture or ethnicity, but of a whole race: the human.

The shaman is the healer wounded by death itself, the one able to restore the mortal evils by means of controlling the spiritual spheres to be found in the invisible forces of nature commanded by him alone. The shaman is indeed the manifestation of the powers of mystical healing; beyond the reach of science and medicine, which cure rather than heal, the shaman acts according to the commandments of the sprits of nature; he goes to knowledge as those who go to war, willing to spill his blood in the battlefields.

The shaman is the charlatan, whose delirious personality makes him believe in achieving altered states of consciousness through which he deceives his whole community. A figure on the verge of schizophrenia, the shaman exerts his tyrannical power as he dominates the forces of nature and thus determines the chance of whoever dares to cross his path. The very personification of the manipulation of knowledge, the shaman plants fear in the heart of those who do not share his level of command of the occult forces.

The contrast between the previous paragraphs is too conspicuous to be denied and yet it generally illustrates the typical Western representations of shamanic practices. It is precisely the interest in unfolding this paradoxical look, a hybrid of both attraction and repulse, which makes the examining of shamanism such a challenging endeavour. Even though the first comprehensive accounts of shamanism so named, reported mainly by naturalists and explorers among Siberian communities appeared in the late 19th and early 20th centuries,[1] shamanic practices have been reported in the Western world as early as the fifth century B. C. It is interesting to observe that despite the similarities to be found between shamanic practices and the Dionysian Bacchanalia, wherein certain common practices take place, Greek shamanism is more closely associated with Apollo.[2] Those ancient shamans are in fact said to have arrived in Greece coming from the North, from the land of the Hyperboreans, which is Apollo's original homeland.[3] Among the earlier representations of shamanism in the Western world we find, through Herodotus, the accounts of the Scythian poets Aristeas and Abaris. The latter's magical flight and the former's ecstatic animal transformations bear typical traces of traditional shamanic practices.[4] Other figures of Ancient Greece which also present shamanic features are Hermotimos of Clazomenae, who had the power of leaving his body, Epimenedes of Crete, who interpreted the future, and Empedocles, who inspired by the Gods was said to reveal the truth to men.[5]

Shamanic practices were indirectly registered and often misrecognized for a long time by Western observers and writers, and it is only in the 19th

1. See Waldemar Bogoraz, The Folklore of Northeastern Asia (New York: Putnam's Sons, 1902), The Chukchee (New York: G. E. Stechert, 1904), Tales of Yukhin, Lamut, and Russianized Natives of Eastern *Siberia* (New York: Anthropological Papers of American Museum of Natural History Vol. 20 pt. 1, 1918); Waldemar Jochelson, *Peoples of Asiatic Russia* (New York: AMNH, 1928); and Knud Rasmussen, *The People of the Polar North* (London: Kegan Paul, 1908), *Across Arctic America* (New York: Greenwood Press, 1969 [1927]), *The Eagle's Gift, Alaska Eskimo Tales* (New York: Doubleday, 1932). [Hereafter, quotes that are not followed by a reference number belong to the one previously numbered].
2. Mircea Eliade points out that "the few figures of Greek legend who can be compared with shamanism are related to Apollo" in Mircea Eliade, *Shamanism: Archaic Techniques of Ecstasy* (Princeton: Princeton University Press, 1964) 388.
3. According to W. K. C. Guthrie, Apollo's original home is the Northwestern Asian area where Siberia is located, which points to an interesting correspondence with the origins of shamanism itself, in *The Greeks and their Gods* (Boston: Beacon, 1955) 204.
4. The Scythian poets' feats are in Herodotus IV.15. Abaris's magic flight is worth quoting: "Carrying in his hand the golden arrow, the proof of his Apollinean origin and mission, he passed through many lands dispelling sickness and pestilence by sacrifices of a magic kind, giving warnings of earthquakes and other disasters" in Erwin Rohde, *Psyche: the Cult of Souls and Belief in Immortality among the Greeks* (New York: W. B. Hillis, 1925) 300.
5. See J. Burnet, *The Legacy of Greece*. (Oxford: Oxford University Press, 1969) 57-72; E. R. Dodds, *The Greek and the Irrational*. (Berkeley: Sather, 1951) 145; and Charles H. Kahn, "Religion and Natural Philosophy in Empedocles' Doctrine of the Soul," *Archiv der Philosophie* (Berlin: XLII, 1960) 30.

century that they take on a particular privileged status within Western discourses on primitivism and debates over magic and rationality. In fact, Mircea Eliade's classic work was the first to provide a historical study of shamanism, systematizing and unifying its hitherto scattered ethnographic sources.[6] Eliade was concerned with defining the essential features of the phenomenon in order to identify its unifying archaic religious patterns, which he believed played a key role in differentiating shamanism from other parallel cultures also based on possession and/or trance states.[7] Yet Eliade was not the only one to approach the shaman as a specialist in the human soul, as other scholars also began writing about shamanism comparatively and exploring its essential ideological systems.[8] Henceforth shamanism becomes an acknowledged category in the developing social sciences. In a broader sense, this is related both to the rise and development of anthropology and the variations of Romanticism and its valorization of the irrational and the occult.

Arising out of the 18th century's rationalism was a counter current of fascination with what went beyond reason, and seemed to express the

---

6. *Shamanism* was originally published in French in 1951. Eliade is certainly the chief commentator on shamanism among Western thinkers, and in my opinion, the widespread view of shamanism as a fundamental religious concept, of shamanism as the primary ingredient of religion, is the effect of his comments on the subject. Rather than being a neutral authority, Eliade is thus responsible for the creation of the category. A native of Romania, Mircea Eliade lectured in the Ecole des Hautes-Etudes of the Sorbonne and was Chairman of the Department of History of Religions at the University of Chicago. Having published many important books on religious themes, Eliade was certainly the first Western scholar to take up the problem of shamanism and fully define it. Interestingly enough, before becoming a historian of religion dedicating his life to the scholarly reinterpretation of the sacred dimensions of religion and thought, and aligning these against a contemporary desacralization of nature, Eliade had been an experimental writer in his native Rumania, publishing novels (including occult fiction), travel writing, and personal philosophy. For a complete bibliography on Eliade's early fictional work, along with his scientific ones see: Bryan S. Rennie, *Reconstructing Eliade: Making Sense of Religion* (Albany: State University of New York Press, 1996) 261-270.

7. E. J. Langdon points out to the essential difference, in Eliade's view, between soul flight, typical of shamanism, and possession, typical of African religions, in E. J. Matteson Langdon and Gerhard Baer (eds.), *Portals of Power: Shamanism in South America* (Albuquerque: University of New Mexico Press, 1992) 4.

8. See Alfred Metraux, *Ethnology of Easter Island* (Honolulu, The Museum, 1940), "Religion and Shamanism" in *The Comparative Ethnology of South American Indians* (Washington: 1949), *Voodoo in Haiti* (New York: Schocken Books, 1972 [1959]), *The History of the Incas* (New York: Pantheon Books, 1961); Harald Motzki, *Schamanismus als Problem religionswissenschaftlicher Terminologie* (Bonn, University of Bonn, 1977); and Gerhard Baer, *L'Ethnologie dans le dialogue interculturel* (Fribourg: Editions Universitaires, 1983).

inexpressible and the sublime, but it is only in the Romantic period that a crucial dimension of the modern conception of the shaman is developed, namely that of artist. Indeed artistic creativity and imaginative capacity take on a religious and transcendent coloration. Such a view of the artist as isolated seer and healer for society aligns him closely with our figure of the shaman, so that it is in the 19th century's exploration of the higher reaches of the imagination that we find a rekindled interest in primitive religion, past and present.

It is argued here that special kinds of artists may also express themselves in shamanic forms, i.e., they bring to art a sacred meaning, often entering themselves into other layers of consciousness in their search for artistic expression. Claude Lévi-Strauss makes the connection between art and the primitive, giving it an enclave-like capacity that is present even today: "whether one deplores or rejoices in the fact, there are still zones in which savage thought, like savage species, is relatively protected. This is the case of art, to which our civilization accords the status of a national park."[9] In addition, of all the artistic expressions sharing primitive roots poetry arises as one of the closest forms to the venting of man's primal utterance. As explained by Ruth-Inge Heinze, "these individuals [shamans] bring problems to the surface so that they can be dealt with, and they translate ineffable messages of the sacred into secular language."[10] Thus, one can understand certain artistic expressions through a shamanic perspective.

Western thought has long considered "primitive" peoples as a minor representative of literary culture because of their reliance on oral rather than written representations. Many recent poets have sought to change this view based on a new poetics that would represent more fully human cultures the world over, including those peoples whose works have been marginalized by an exclusive range of Western traditional literary culture. This movement has been concerned with a complex redefinition of cultural and intellectual values involving the idea of an ethnopoetics. This new poetics, which paradoxically can be traced back as far as the Paleolithic, is concerned with experimental works ranging from the Romantic period up to modern poetry. It is my contention that shamanism is itself a phenomenon that can be best represented under the light of this new conceptual

9. Claude Lévi-Strauss, *The Savage Mind* (Chicago: Chicago University Press, 1966) 219.
10. Ruth-Inge Heinze, Foreword, in Mark Levy, *Technicians of Ecstasy: Shamanism and the Modern Artist* (Connecticut: Bramble, 1993) ix.

idea that brings together poetry and ethnography. An ethnopoetics can indeed allow the artistic representations of shamanic practices to reflect more fully the worldview of cultures to which art, as culture in general, is intrinsically linked to religious values as a whole, revealing the complexity of "primitive" as opposed to civilized.

As part of such an ethnopoetics of shamanism I will now deal with the case of the Mazatec healer María Sabina and the series of representations of her and her activities by which she became known outside her community. While we have tape recording of her chanting, and performing rituals, she never wrote anything herself, so what we do have is a complex textual and representational chain in which others have represented her, or translated and transcribed her own words. Thus we have a figure who can be seen as a mediator between different realms, namely shamanic/Christian, sacred/secular, who is herself being mediated and used within Western culture, via a number of discourses ranging from the scientific and anthropological to the aesthetic.

María Sabina was born on March 17, 1894. She was a native of Huautla de Jimenez, a town situated in the Sierra Mazatec of the Mexican state of Oaxaca. Sabina, who had very little knowledge of Spanish, could only speak in her own native Mazatec dialect.[11] She was known locally as a Wise One, which is the name the Mazatec give to their highest category of curer, whose healing techniques involve the ingestion of sacred mushrooms in order to acquire the spiritual power to diagnose and cure the sick. Sabina first comes to the notice of the outside world through Gordon Wasson, who in a seminal article in 1957, followed by a series of later books, the last one in 1986, not only described her ceremonies but made large claims for the power of the mushrooms being used.[12] Thus, on the one hand, for Wasson,

11. Mazatec is an unwritten language. As explained by Henry Munn, "it is a tonal language in which the meaning of a word is determined by its intonation as well as by its phonetic features" in Estrada *María Sabina*, 193.

12. The following books represent Wasson's work most relevant to Sabina and his overall project on the cultural use of sacred mushroom in the history of mankind: Valentina Pavlovna Wasson and R. Gordon Wasson, *Mushrooms, Russia, and History* V. 2 (New York: Pantheon Press, 1957); Robert Gordon Wasson and Wendy Doniger O'Flaherty, *Soma: Divine Mushroom of Immortality* (New York: Harcourt Brace Jovanovich, 1968); R. Gordon Wasson, George and Florence Cowan, Willard Rhodes, *María Sabina and her Mazatec Mushroom Velada* (New York: Harcourt, Brace, Jovanovich, 1974); R. Gordon Wasson, Albert Hofmann, and Carl A. P. Ruck, *The Road to Eleusis: Unveiling the Secret of the Mysteries* (New York: Harcourt Brace Jovanovich, 1978); R. Gordon Wasson, *The Wondrous Mushroom: Mycolatry in Mesoamerica* (New York: McGraw Hill, 1980); R.

the interest in Sabina is inextricably mixed up with the claims being made for the power of certain mushrooms, and the development of a branch of science to promote and explore those claims. Later writers, on the other hand, and in particular Álvaro Estrada redressed the balance in putting more emphasis on Sabina herself and on the nature of her beliefs and chants, leading to an increased interest in the aesthetic problems of translating and presenting her experiences and her expressions.

First, then, it is necessary to look at Gordon Wasson, and the ways in which he presents Sabina. Wasson's first published words about María Sabina, or Eva Mendez, which was the pseudonym he then gave her, appeared in an article in Life Magazine in 1957.[13] The article was part of Life's Great Adventures series, and therefore it was presented as a blend between news and science. The groundbreaking effect of Wasson's article was that for the first time the general public became aware of not only the existence of the mushrooms sacred rituals but also of how Wasson had been the first Western outsider ever to have full participation in them. Wasson's interest in the world of mushrooms had started long before his meeting with Sabina. The texts generated at this cultural crossroads, primarily by Wasson and subsequently by other writers, have perhaps turned out to be Wasson's most notorious ones, even though they are but part of his overall project of the cultural studies of mushrooms the world over, or ethnomycology, as he himself named it. Hence, the article in Life, and his subsequent writings, being themselves an amalgam of a far ranging spectrum of texts, from historical documents to proto science-fictional literature to ethnobotanical scientific papers, will themselves bring forth a myriad "new" representations of shamanism, adding to the ebb and flow of the different attempts to represent the ever ambiguously evasive phenomenon of sorcery under the scrutiny of "civilization."

Wasson had been drawn to Sabina and her mushrooms, in fact more to the latter, after he had encountered a paper by Richard Evans Schultes, a Harvard ethnobotanist who had received the mushrooms from Robert Weitlaner, an Austrian who had acquired them in Huautla de Jimenez,

---

Gordon Wasson, Stella Kramrish, Jonathan Ott, and Carl A. P. Ruck, *Persephone's Quest: Entheogens and the Origins of Religion* (New Haven: Yale University Press, 1986). For the complete bibliography on Gordon Wasson's work, which counts almost one hundred entries, see Thomas J. Riedlinger (ed.), *The Sacred Mushroom Seeker* (Rochester: Park Street Press, 1997) 257-266.

13. R. Gordon Wasson, "Seeking the Magic Mushroom" in *Life Magazine* (May 13, 1957) 44-60.

Mexico, in 1936.[14] Even though there had been some descriptions of the use of mushrooms in shamanic practices in colonial documents, the scientific confirmation had never occurred. Moreover, the very existence of such fungi, thought to enable shamans not only to heal but also to predict the future, had long been a matter of controversy among scholars. Yet, the Mazatec shamanic practice in Huautla, preserved in its pristine features, and hardly changed since colonial times, was eventually discovered by the scientific community, which was drawn by the new interest brought about by the then almost unknown magic mushrooms.

Perhaps the most important of the colonial descriptions belongs to Bernardino de Sahagún, the Spanish friar who wrote an extensive account on the life and culture of the Indian peoples of the New World in the 16th century.[15] Sahagún, in his massive and detailed account of the cultural practices of the Indians, is perhaps the first source ever to mention the use of hallucinogenic substances among the Indians. Although it took more than 300 years for his descriptions to be confirmed by scientists, when even the existence of such substances was questioned, the substances are clearly

14. See Robert Evans Schultes, "Plantae Mexicanae II: The Identification of Teonanacatl, a Narcoti Basidiomycete of the Aztecs" in *Harvard Botanical Museum Leaflets* (Cambridge: Vol. 7, No. 3, February 1939); and "Teonanacatl: The Narcotic Mushroom of the Aztecs" in *American Anthropologist* (N. S., 42, 1040). Two years after Weitlaner's acquisition, his wife was one of the first white people to participate in a "velada," or vigil, the sacred mushroom ceremony, as we learn from R. Gordon Wasson *The Wondrous Mushroom: Mycolatry in Mesoamerica* (New York: McGraw Hill, 1980) 288. In the evening of July 16th 1938, Jean Bassett Johnson, a young anthropologist, together with three others (Bernard Bevan, Irmgard Weitlaner, and Louise Lacaud), were present at a magic mushroom ceremony in Huautla de Jiménez, Mexico. The experience, which has been considered the earliest first hand account of white people being allowed at such event, was told by Johnson in a conference at the Mexican Anthropological Society, on August 4th 1938, and later published as "Some Notes on the Mazatec" (México: Editorial Cultura, 1939). See also by Johnson "The Elements of Mazatec Witchcraft" in *Ethnological Studies 9* (Gothenburg: Ethnographical Museum, 1939).

15. Fray Bernardino de Sahagún, in Arthur J. O. Anderson and Charles E. Dibble (eds. and transl.), *General History of the Things of New Spain* (op. cit.), This work is also known as *The Florentine Codex*. Other early accounts include: Hernando Alvarado Tezozomoc, *Crónica Mexicana* (op. cit.); Toribio de Benavente Motolinia, *Historia de los Indios de la Nueva España* (op. cit.); Francisco Hernandez, *Historia Plantarum Novae Hispaniae* (op. cit.); and Jacinto de la Serna, "*Manual de Ministros de Indios, para el Conocimiento de sus Idolatrías y Extirpación de Ellas*" in Francisco del Paso y Troncoso, *Tratado de las Idolatrías, Supersticiones, Dioses, Ritos, Hechizerías y Otras Ccostumbres Gentílicas de las Razas Aborígines de México* (op. cit.).

depicted both in chapter xviii of Book IX and in chapter vii of Book XI. In the latter, Sahagún enumerates eleven different types of "ciertas hierbas que emborrachan," that is, certain herbs that provoke drunkenness, among which we find "teonanacatl (the native term for the magic mushroom, meaning flesh of the gods), which breed underneath the hay in the fields, are round and have a long and thin stem."[16] In the former he describes the ingestion of the mushrooms in a special ceremony:

> The first thing to be eaten in the banquet was the black little mushrooms they call nanacatl, which bring drunkenness and make one see visions, and also provoke lust; this they would eat before the dawn, those little mushrooms they would eat with honey, and when they were heated enough with them, they would start dancing, and some would chant and others cried, because they would be already drunk with the little mushrooms.[17]

For almost 400 years, the sacred mushroom ceremony had remained secret to the eyes of "civilization." One could say that it was only with Wasson that the sacred ceremony of teonanacatl was actually shown to exist. All in all Wasson was the one who actually brought María Sabina to the public eye outside the scholarly world after he published the article of his first experiences with her in Life.[18] Here I transcribe the first paragraph of Wasson's account, worth looking at in full as it is such a starting point for recent explorations and representations:

> On the night of June 29-30, 1955, in a Mexican Indian village so remote from the world that most of the people still speak no Spanish, my friend Allan Richardson and I shared with a family of Indian friends a celebration of "holy communion" where "divine" mushrooms were first adored and then consumed. The Indians mingled Christian and pre-Christian elements in their religious practices in a way disconcerting for Christians but natural for them. The rite was led by two women, mother and daughter, both of them curanderas, or

16. Sahagún, *General History*, 666.
17. Sahagún, General History, 505.
18. The article contained numerous pictures taken in situ by Allan Richardson, as well as many drawings of the mushrooms by Roger Heim. The pictures include those of the surrounding areas of Huautla, and others depicting the ritual itself, showing some never before seen facial expressions of awe and ecstasy.

> shamans. The proceedings went on in the Mixeteco language. The mushrooms were of a species with hallucinogenic powers; that is, they cause the eater to see visions. We chewed and swallowed these acrid mushrooms, saw visions, and emerged awestruck. We had come from afar to attend a mushroom rite but had expected nothing so staggering as the virtuosity of the performing curanderas and the astonishing effects of the mushrooms. Richardson and I were the first white men in recorded history to eat the divine mushrooms, which for centuries have been a secret of certain Indian peoples living far from the great world in southern Mexico. No anthropologists had ever described the scene that we witnessed.19

Clearly, Wasson was still to do his research in the science he himself named mycology and find out they had not exactly been the first white people to ever take part in such a ritual. Nevertheless, we can hardly deny the overwhelming effects, both negative and positive, of Wasson's account. Wasson's obsession was, however, with the mushrooms themselves rather than with the healer who used them in shamanic ritual practices. That is why he never established a more comprehensive relationship with María Sabina, leaving the Mazatec healer, who had her life changed forever after their encounter, in a very delicate and vulnerable position inside her own community.

As he analyzed a 17th century Nahuatl ceremony transcribed by Ruiz de Alarcón,[20] a parish priest, Wasson found some intriguing common features between Alarcón's shaman's ceremonial language and María Sabina's. Wasson believes there may be some sort of secret language to speak with the deities, whose depiction might be found in Sabina's Holy Book. In Alarcón's account, there is a word-list of the formulas used by the Nahuatl thaumaturge as he addresses his gods that is quite similar to what Wasson recorded when he attended Sabina's performance. Wasson tells of a particular common feature when Sabina, as she recites a long chant about her powers, repeats again and again in Mazatec (here in Spanish, as it is shown in Wasson's book): "Soy más que hombre," that is, I am more than human.[21] Likewise Alarcón's Nahuatl also expresses the same feeling as he states "Amo nezzo, Amo

---

19. Wasson, *Life*, 45.
20. Alfredo López Austin (ed.), Historia Mexicana (El Colegio de México, Vol. xvii N. 1, July-Sept. 1967) 1-36.
21. R. Gordon Wasson, George and Florence Cowan, Willard Rhodes, *María Sabina and her Mazatec Mushroom Velada*, 74.

nitlapallo," that is, I am more than human, I am not human. Interestingly enough, Alarcón's informants also mention a book, as he refers to it in Nahuatl, "amoxtli," in which there are descriptions of divine deeds among the Nahua and the Mixtecs. Just as Sabina could not have read from the magical book Wasson believes to be a fount of mystical lore, being illiterate, Alarcón's informants could have had no access to such work as they were not part of the Maya's elite to which the pictographic writings about the doings of the gods among the Nahua and the Mixtecs belonged. All in all it appears as if these shamans' ability to get into other levels of perception, that is, to achieve other layers of consciousness, bears features of not only the loss of their psychic balance, as Eliade puts it, diving into worlds beyond the grasp of words, but also of the gain of mystical knowledge, albeit as part of the whole shamanistic technique, through a very special combination of words in the form of poems and chants. According to Henry Munn, in Mazatec tradition it is said that the mushrooms speak, which is obviously an anthropomorphization of the natural world:

> The shamans who eat them [mushrooms], their function is to speak, they are the speakers who chant and sing the truth, they are the oral poets of their people, the doctors of the word, they who tell what is wrong and how to remedy it, the seers and oracles, the ones possessed by the voice.[22]

It is the voice of the mushrooms that makes itself heard through the shaman's, in the form of poetic chants and it reveals the meanings of life in an over-articulate flow of consciousness. As explained by Eliade: "The shaman's adventures in the other world, the ordeals that he undergoes in his ecstatic descents below and ascents to the sky, suggest the adventures of the figures in popular tales and the heroes of epic literature."[23] Furthermore, literary narrative dealing with underworld journeys, as well as with supernatural events, typical of epic and heroic tales as those by Virgil, Dante, Shakespeare, and Milton, are borrowings from shamanic narratives, which describe the shaman's spiritual ecstatic journeys: "Probably a large number of epic 'subjects' or motifs, as well as many characters, images, and clichés of

22. Henry Munn, "The Mushrooms of Language," in Michael Harner, Hallucinogens *and Shamanism* (London: Oxford University Press, 1973) 88.
23. Eliade, *Shamanism*, 510.

epic literature, are, finally, of ecstatic origin ... borrowed from the narratives of shamans ... their journeys in the superhuman worlds."

Eliade goes on to say that poetic inspiration itself finds a parallel in shamanic practices. The shaman's preparation for entering the spiritual world suggests the same mystical freedom that pervades aesthetic achievement:

> Poetic creation still remains an act of perfect spiritual freedom. Poetry remakes and prolongs language, that is, the creation of a personal universe, of a completely closed world. The purest poetic act seems to re-create language from an inner experience that, like the ecstasy or the religious inspiration of 'primitives', reveals the essence of things. It is from such linguistic creations, made possible by pre-ecstatic 'inspiration', that the 'secret languages' of the mystics and the traditional allegorical languages later crystallize.[24]

Thus, we can say that this secret language, with which the shaman summons the spiritual beings, parallels, if not originates, the inner experience that will be translated into poetry. The epitome of the possessed artist, the shaman brings about the subtlest form of human expression in artistic ecstasy. Like the poet who is possessed by an uncontrollable desire to express what he "understands not,"[25] María Sabina sings about what can not be taught, about that which is beyond the grasp of reason and can only be experienced as a whole by a synesthetic perception of the senses.

24. Eliade, *Shamanism*, 511.

25. Accordingly, as if discoursing on the shamanic features of poetic creation, Shelley defines the poets as those who are "the mirrors of the gigantic shadows which futurity casts upon the present," and whose words "express what they understand not," in "A Defence of Poetry," M. H. Abrams (ed.), *The Norton Anthology of English Literature* (New York: Norton, 1993) 765.

Cristãos ocultos, um caso de tradução cultural

Eduardo Cursino de Faria Chagas

Cristãos ocultos: lendo a tradição cristã com olhos japoneses

Os povos e suas culturas, apesar da distinção em vários aspectos, possuem alguns elementos comparativos como a religião com seus ritos e iconografias, uma função conhecida como onomasiologia teológica. No entanto, algumas religiões surgem como uma reação à perseguição que algum grupo sofreu, através de uma formação rígida e normativa de sua identidade cultural (Assmann, 1966, p. 25-30), como a religião judaica (Budick, 1996, p. 14-15). Temos, assim, o paradigma da intraduzibilidade: essas religiões são resistentes às traduções e influências e, até certo ponto, o único modo de acesso seria a conversão.[1] O Japão seria um exemplo, com sua história de resistência à dominação política e cultural, inicialmente contra o cristianismo e posteriormente os cristãos ocultos contra a perseguição do poder político.

A partir dos postulados citados passamos a refletir sobre os problemas das traduções dos textos cristãos para a língua japonesa do século XVI, a maneira como os *kanjis* 漢字 foram interpretados revela uma ressignificação descuidada dos elementos cristãos. A história começa com os jesuítas portugueses e sua busca de algo que trouxesse à tona, de dentro para fora da cultura japonesa, os signos cristãos, e, assim procedendo, os tradutores se depararam com uma situação nunca antes enfrentada, a tarefa de uma tradução para uma cultura com bases filosóficas consistentes (Shusaku Endo, 1969, passim).[2]

Anjiro (século XVI), enviado por Francisco Xavier para ajudar na catequização do Japão, foi um dos principais protagonistas dos "equívocos" (Higashibaba, 2001, p. 5-11) que vieram a causar sérios problemas para a missão jesuíta, dos quais citamos a tradução de 神 *Kami* para o conceito do Deus cristão, além disso, destacamos 信 *shin* para fé, 鬼 *oni* para demônio,

1. Para Benjamin, essas questões levantadas sobre a tradução e a intraduzibilidade da cultura seriam uma aproximação da alteridade através de meias verdades, uma abordagem iniciada com o entendimento de sua cultura de origem, compreensão que transforma o Outro ao aplicar os parâmetros culturais da cultura do tradutor na tentativa de entendê-lo.
2. O Japão para o Shusaku é um pântano ao sugar todos os tipos de ideologias, transformando-os em si mesmo e distorcendo-os no processo.

entre outros (Higashibaba, 2001, p. 8-9). A tradição japonesa marcou profundamente o pensamento cristão no Japão e vice-versa, o *kanji* 鬼 *oni*, por exemplo, isoladamente tem o significado de uma criatura ambígua passível de apresentar comportamentos virtuosos ou ruins, algo impossível para sua tradução judaico-cristã: o demônio, um ser privado de qualquer virtude. Além disso, o *kanji oni* foi usado para traduzir outros conceitos quando colocado juntamente com outros *kanjis*, uma característica bem comum do *kanjis*. A tradução do verbete grifado *kuchiyose* para "necromante", cujo *kanji oni* é parte integrante, em nada condiz com o significado de demônio. "31 Não vos voltareis para os necromantes (憑鬼者) nem para os feiticeiros (...). – Lv. 19, 31." Assim como o *kanji* 鬼 *oni* não remete à figura da encarnação do mal, da mesma maneira, o verbete hebraico רשֵׁ*sēd*, está mais relacionado às questões morais quanto à proibição de se envolver com os deuses de outros povos e não às questões metafisicas.

Os signos budistas tinham, em seu arcabouço simbólico, pontos em comum, facilitando a absorção dessas palavras antigas. Um dos *kanjis* que perdurou até a atualidade, 神 *Kami*, traz ao imaginário japonês a imagem de espíritos humanos ou naturais. Os *Kamis* não foram concebidos em um sentido absoluto como o Deus cristão, mas sim em sentido relativo, já que eles apareciam e desapareciam a pedido dos fiéis, dessa maneira a sua existência era intrinsicamente ligada à crença. A relação entre um *Kami* e um fiel está bem ilustrada na história do *Kami* do conhecimento, um *Kami* nascido a partir da morte de *Suguwara no Michizane* – d.C 845-903 –, que, através da cerimônia 御霊会 *goryou-e* (Higashibaba, 2001, p. 45-50), foi consagrado como o *Kami* do conhecimento 天神信仰 *Tenjinshinkou*. Uma informação relevante está na consagração com o *kanji*信 *shin*, ou fé. Ao observar o nome do *Kami* em conjunto com o *kanji shin*, percebe-se uma relação entre a fé e a sua existência, o *Kami* adquiriu a capacidade de se beneficiar através da fé que era imputada pelos crentes. Chegando assim ao assunto da intermediação entre 神 *Kamis* e 菩薩 *Bosatsus*, deidades do budismo. Com a combinação institucional entre santuários xintoístas e templos budistas, em meados da Era Heian, passou-se a reservar um nicho nos templos dos *Bosatsus* chamado 鎮守 *Chinju*, nos quais as entidades budistas do templo eram resguardadas por *Kamis* consagrados; e, de maneira análoga, eram protegidos os *Kamis* nos santuários xintoístas ou como eram conhecidos, *jinguu-ji*. Os *Chinju* e os *jinguu-ji* constituíram um sincretismo entre as religiões budistas e xintoístas, conhecido como 神仏 Shinbutsu

(Takami, p. 287-291). Em outras palavras, um sistema de intermediação, semelhante às relações entre Deus e os santos da Igreja e o *daimon* grego, tradução grega para demônio, o definido pelos estudiosos como algo entre o divino e o mortal, uma ação intermediária entre homens e deuses, semelhante ao episódio de Jó com a vontade do demônio submetida à de Deus.

A partir do século XIX, com toda sua bagagem simbólica, *Kami* passou a ser a tradução adotada para Deus (Burke, 2007, p. 29). O primeiro versículo do Gênesis nos proporciona a consumação dos três séculos de ressignificação do nome de Deus e outros signos. 1- *hajemi ni Kami* 神 *tsukuri tamaheri*創造たまへ – "No princípio, Deus os céus e a terra criou" (Gn. 1.1-2). Seguindo esse versículo, o verbo hebraico ארָבָּ *bārā'* cujo sentido básico de "criar" ao "enfatizar o início da existência de algo sem uma matéria pré-existente", é usado apenas para se referir a Deus (Anderson; Arbez, 1998, p. 212-213). Assim, calcado no texto hebraico, os tradutores utilizaram o substantivo 創造 *tsukuri*, cujo sentido é criação, e um verbo auxiliar たまへり *tamaheri* para traduzir o verbo exclusivo de Deus: 創造たまへり *tsukuri tamaheri*. Apesar do risco de cair na mera tentativa de dedução, o fato é que, dentro da língua japonesa, existem verbos mais simples para o verbo criar. Poderíamos usar o argumento da musicalidade, porém a rima encontrada nos versos da Bíblia Meiji poderia ser realizada da mesma maneira com os outros verbos, entre eles elencam-se os verbos: 作る *tsukuru*, 做る *tsukuru*, 造る *tsukuru*, 創る *tsukuru*. Apesar da diferença dos *kanjis*, além da homofonia, os verbos elencados são sinônimos de "fazer". No entanto, as reincidências do verbo ארָבָּ *bārā'* em Gênesis surgem justamente nas mesmas passagens da tradução japonesa, e quando o verbo *yatsar*, verbo hebraico para o ato de criar, moldar ou obter uma forma, é utilizado, da mesma maneira na versão japonesa, também não se utiliza o verbete *tsukuri tamaheri*: "E formou o Senhor Deus (...)" (Gn. 2:7), em hebraico surge o verbo *yatsar* רצַיָ, assim como na tradução japonesa optou-se por *tsukuri* 造り.

Por fim, na metade do século XVII, sobrevivendo em um ambiente hostil aos cristãos, os *Cristãos ocultos*, por meio do sincretismo, mantiveram a sua fé por dois séculos e sem conhecimento dos textos bíblicos por completo (Turnbull, 1998, p. 75). Circulavam apenas livros devocionais contendo as principais orações católicas em japonês (algumas transmitidas pela oralidade) com expressões oriundas do latim e do português. Um texto sagrado nasceu, então, do resultado de toda essa história de tradução de dois séculos, *Tenchi Hajimari no Koto*, "Princípio do céu e da terra", um rico exemplar de tradução da cultura e ressignificação dos textos bíblicos. Logo, nos dois primeiros capítulos temos o relato da criação dos céus derivada da cosmologia budista. Diferente das traduções da Bíblia Meiji, o Deus era invocado pelo seu nome português, デウス *Deusu*, que era descrito com 200 categorias e 42 formas implicando que, além de possuir as 32 formas de um Buda, Deus possui 10 a mais. A narrativa continua com Deus criando vários paraísos ao gerar a luz e dividi-la em centenas de Édens e doze céus (Ebisawa *apud* Whelan, 1996, p. 76-77). Em suma, um fato ocorrido por volta de 1564 entre um padre e um samurai resume o breve delineamento da história da tradução do Cristianismo no Japão. Na história, um idoso convertido como cristão orava diante de uma nova igreja portando um rosário budista. Um padre, ao perceber o erro, perguntou ao homem se ele era um cristão e ao obter uma resposta positiva ele interrogou onde estaria o rosário cristão. O homem mostrou o rosário cristão para o padre e ao ser interrogado sobre o uso equivocado, ele responde que por ser Deus muito rigoroso em seu julgamento, e seu pecado ser imenso, não poderia merecer o perdão, por isso ele orou a Buda Amida para ser capaz de ir para o paraíso cristão (Higashibaba, 2001, p. 38). A sua resposta foi conclusiva a respeito do pântano japonês, absorvendo tudo inclusive os personagens basilares: Jesus Cristo e Deus, ou, como ficou conhecido, *Kami*.

REFERÊNCIAS

ASSMANN, Jan. "Translating Gods: Religion as a Factor of Cultural (Un) Translatability". In: BUDICK, Sanford; ISER, Wolfgang (org.). *The translatability of cultures*: figurations of the space between. California: Stanford University Press, 1996.

ANDERSON; ARBEZ. "אָרָבָּ *bārā⊠*". In: HARRIS, R. Laird; ARCHER, Gleason Leonard; WALKTE, Bruce (org.). *Dicionário Internacional de Teologia do Antigo Testamento*. Márcio Loureiro Redondo; Luiz Teixeira Sayão; Carlos Osvaldo Pinto (trad.). 1° ed. São Paulo: Edições Vida nova, 1998.

BÍBLIA. Português. Bíblia de Jerusalém. Euclides Martins Balancini (trad.). Traduzido diretamente dos originais de La Bible de Jérusalem. 6° ed. revista e ampliada. São Paulo: Paulus, 2010.

BÍBLIA. Hebraico. Hebraica Stuttgartensia. Ed. K. Elliger; W. Rudolph. 5º ed. Stuttgart: Deutsche Bibelgesellchaft, 1997.

BÍBLIA. Japonês. 明治元訳聖書 Meijimotoyakuseisho. James Cutis Hepburn *et al* (trad.). Japão: Sociedade bíblica americana; Sociedade Britânica bíblica; Sociedade escocesa bíblica em Tóquio, 1880 e 1887. Disponível em: <bible.salterrae.net/meiji/html/leviticus.html>.

BURKE, Peter. "Cultural translation in early modern Europe". In: ______; R. Po-Chia Hsia (ed.). *Cultural translation in early modern Europe*. Cambridge: Cambridge University Press, 2007.

HIGASHIBABA, Ikuo. *Christianity in early modern Japan*: Kirishitan belief and practice. H. Bolitho; K. W. Radtke (Ed.). Brill's Japanese Studies, Leiden; Boston; Kijln: Brill, Vol. 16, 2001.

KINLAW, Dennis. "שֵׁדִים šēdîm". In: HARRIS, R. Laird; ARCHER, Gleason Leonard; WALKTE, Bruce (org.). *Dicionário Internacional de Teologia do Antigo Testamento*. Trad. Márcio Loureiro Redondo; Luiz Teixeira Sayão; Carlos Osvaldo Pinto. 1º ed. São Paulo: Edições Vida nova, 1998.

PFEIFFER, K. Ludwig. The Black Hole of Culture: Japan, Radical Otherness, and the Disappearance of Difference or "In Japan everything normal". In: BUDICK, Sanford; ISER, Wolfgang (org.). *The translatability of cultures*: figurations of the space between. California: Stanford University Press, 1996.

MULLINS, Mark. *Christianity made in Japan*: A study of indigenous movements. Honolulu: University of Hawai press, 1998.

RIBEIRO, Oswaldo Luiz. *Homo Faber*: O contexto da criação em Gênesis 1, 1-3. 1º ed. Rio de Janeiro: Maud X, 2015.

SHUSAKU, Endo. *Silence*. William Johnston (trad.). Monumenta Nipponica: New York, 1969.

TAKAMI, Inoue. "The interaction Between Buddhist and Shinto traditions at Suwa Shrine". In: TEEUWEN, Mark; RAMBELLI, Fabio (ed.). *Buddhas and Kami in Japan*: Honji suijaku as a combinatory paradigma. London: Routledge Curzon, 2003.

TURNBULL, Stephen. *The Kakure Kirishitan of Japan*: A Study of their development, beliefs and rituals to the present day. [S.l.]: Japan Library, 1998.

WHELAN, Christal. *The Beginning of Heaven and Earth*: The Sacred Book of Japan's Hidden Christians. ______ (trad.). Honolulu: University of Hawai'i Press, 1996. Disponível em: <http://nirc.nanzan-u.ac.jp/nfile/4176>.

O Deus de Milton no século XXI

Miriam Piedade Mansur Andrade

Paradise Lost foi publicado em 1667 e, nesse poema épico, John Milton luta para conciliar o relato do Gênesis sobre a queda com as suas próprias convicções mais profundas, caminhando por um terreno que ainda hoje é conflituoso. Os dilemas que se encerram em *Paradise Lost* refletem um conflito entre o seu entendimento da autoridade das Escrituras e sua convicção de que a razão é o guia mais seguro para a verdade. Esses argumentos colocam Milton e sua obra, principalmente *Paradise Lost*, sob a mira constante da crítica, que intenta redefinir o lugar desse poeta e de seu poema na tradição literária. *Paradise Lost* foi aclamado como um dos maiores poemas em inglês, pelo comando de Milton da linguagem e do estilo poéticos e pelo seu conteúdo.

Em 1674, Milton publicou *Paradise Lost* em sua nova versão, em 12 livros, seguindo o padrão da poesia épica, versão essa que permanece até os dias de hoje. Ainda em 1674, seis meses antes de sua morte, Milton foi procurado por John Dryden,[1] que idealizava o lançamento de uma ópera — "The state of inocence" —, baseada em *Paradise Lost*. No final do século XVII, na Inglaterra, as óperas eram um gênero moderno, cujos libretos eram geralmente derivados de textos clássicos. Desse modo, Dryden já declarava o poema épico de Milton com o *status* de um clássico, e esse reconhecimento foi extraordinário, uma vez que Milton ainda era vivo. Apesar da atitude laudatória de Dryden e por ele ter sido um dos primeiros poetas e críticos que elogiou o estilo e conteúdo de Milton, elevando-o ao mesmo nível de Homero e Virgílio, outros críticos já esboçavam as primeiras reações contrárias ao poema épico, desde a sua primeira publicação em 1667. O censor episcopal, Thomas Tomkins, foi a primeira pessoa inclinada a reprimir o poema, encontrando evidências dos sentimentos antimonárquicos de Milton e demonstrando uma profunda preocupação sobre a caracterização de Deus e de Satã.

A grandeza do verso de Milton e a forma que ele usou para a caracterização de Deus e de Satã se tornaram mais reconhecidas no final do século

1. Devido à grande extensão da crítica literária da obra miltoniana entre os sécs. XVII e XIX, os nomes mais representativos são aqui citados de fontes secundárias, isto é, a partir das compilações mais recentes acerca desse assunto, como as seguintes Lewalski (2001) e Maltzahn (1996).

XVIII até meados do século XIX. Dentre os que examinaram esses pontos em *Paradise Lost*, citam-se poetas como William Blake, William Wordsworth, Samuel Coleridge e Percy Shelley. Para Coleridge, a caracterização de Satã como a imagem da "grandeza do sofrimento e um esplendor arruinado, que constituem o maior status da poética sublime" (Thorpe, 1966, p. 95) de *Paradise Lost*, apresenta a força desse personagem e se aproxima da pensada por Blake em seu livro, *The marriage of Heaven and Hell* (1790). Para Blake, Milton era partidário do Mal, sem sequer saber disso. Shelley corrobora com o pensamento desses outros poetas e complementa, em seu texto *Defence of Poetry* (1819), que o Satã de Milton, como um ser moral, era muito superior ao Deus de Milton.

Quase 150 anos mais tarde, William Empson, em *Milton's God* (1961), retrata que em *Paradise Lost* ocorre uma luta heroica contra as incoerências internas da própria fé cristã, e conclui seu texto expondo Deus como um tirano. Para Empson, Deus foi culpado das quedas de Satã e de Eva, mas esse fato não é marcado para demonstrar com ferocidade um ataque à teologia cristã; ao contrário, é uma forma de exibir a complexidade e confusão da representação poética do próprio Deus (1961 [1981], p. 94). Empson se destaca por ser o crítico que apresentou Milton como aquele que intentava discutir os valores universais do humanismo cristão.

Várias respostas para a visão de Empson foram dadas, sendo uma das mais eficazes a de Stanley Fish, em seu livro *Surprised by sin* (1967). Fish afirma que as apresentações que Milton fazia de Deus e Satã eram deliberadas e que a ambiguidade do poema representava a ambiguidade da condição humana em seu estado caído. A atração por Satã e o afastamento de Deus refletiriam, não o caráter verdadeiro das personagens, mas o exílio do homem caído, para quem Satã era um inimigo formidável, pelo seu caráter rebelde e libertário, e Deus era o estranho, já que o mundo caído não estava em sintonia com Ele. Fish explora os dilemas do leitor de *Paradise Lost*, salientando as dificuldades de se compreender a perspectiva divina. Para Fish, o leitor é ameaçado pelo poema, não somente pelo distanciamento e dificuldade provocados em sua leitura, mas também pela necessidade de o leitor se posicionar e enfrentar o conflito da leitura com suas próprias convicções interpretativas.

Em *Milton´s Good God: A Study in Literary Theodicy* (1982), Dennis Danielson também responde à Empson de forma direta, defendendo a bondade e a justiça do Deus de Milton. Danielson tenta legitimar as ações de Deus como sendo justas e boas e, para isso, ele emprega várias teorias da teologia tradicional para demonstrar o ponto principal de sua leitura: a presença do pecado no mundo como sendo atribuída à ação humana e ao exercício do livre-arbítrio. Danielson (1982, p. 87) reforça seu argumento com a necessidade do exercício do livre-arbítrio porque, sem ele, a humanidade não poderia participar do ato de amor livre para com o divino. Nessa perspectiva, a humanidade funciona como a recebedora da graça de Deus, pela encarnação e redenção do Filho e, assim, Danielson complementa seu texto na esperança de definir a bondade do Deus de Milton, que exerce a sua justiça na desobediência do Homem, através da sua compaixão na redenção humana.

John Rogers, em seu ensaio "The Political Theology of Milton's Heaven" (2012), assim como Stanley Fish, procura resolver esses dois posicionamentos extremos, propondo que o Deus de Milton é o pai e o rei, que precisa fazer uso arbitrário de seu poder para a garantia do exercício do livre arbítrio. Para Rogers (2012, p. 76, tradução nossa),

> A estratégia exasperada do Pai de ofuscar a origem do Filho como herdeiro da soberania do Pai serve à estranha, mas crucial função, de introduzir o ato da escolha e da agência no que poderia ser considerado como determinante, ou talvez até necessário, a ligação que conecta o Pai ao Filho, o criador à criatura, o ser superior ao inferior.

Sob esse ponto de vista, o ato da escolha, embora arbitrário, existe desde a ordem do Céu e é exercido pelo Pai que elege e situa seu Filho acima de todas as outras criaturas celestes. Esse mesmo exercício é concedido à sua primeira criação humana, que é criada à Sua imagem e semelhança. Em outras palavras, o ato da escolha é da ordem do divino que chega até o homem, como herança de seu criador. Dessa forma, o Deus de Milton, para Rogers, está isento da responsabilidade das quedas de Satã e Adão, pois ambos estão em livre exercício de suas escolhas.

O que Rogers propõe traz uma nova luz ao texto de Milton, pois situa Deus, que, sendo onisciente e onipresente, é também Aquele que escolhe. Esse ponto traz uma implicação para a figuração do Deus de Milton, pois Ele compartilha com o humano o ato da eleição, que, em alguns aspectos, envolve a noção da diferença. De acordo com Paulo Sérgio Gonçalves, em seu ensaio "Por uma Nova Razão Teológica: A Teologia na Pós-Modernidade" (2005), que traça uma linhagem teórica sobre a Teologia até a contemporaneidade, a Teologia Pós-Moderna se manifesta, "também, na hermenêutica em sua relação com o niilismo, com a retórica e com a antropologia, formatando, dessa maneira, uma efetiva filosofia da diferença em sua qualidade de pensamento diverso e nômade" (p. 14). Segundo Gonçalves, o estabelecimento do diálogo com a filosofia da diferença abre espaço para uma nova tendência para o estudo da Teologia, com a emergência das teologias da libertação, "denominadas contextuais, do gênero e da cultura que denotam o espírito de historicidade e de diálogo desencadeado na formulação de complexos teológicos pelo Concílio Vaticano II" (p. 26). A inclusão de discursos que não faziam parte, diretamente, da Teologia tradicional provoca uma mudança também na reflexão acerca do estudo teológico da atualidade. Nesse sentido e ainda de acordo com Gonçalves (2005, p. 35-36),

> Em uma perspectiva pós-moderna, o tema teológico da liberdade deve não apenas desembocar na libertação social, mas também fortalecer a libertação integral. Trata-se de elaborar uma reflexão teológica que se constitua da dialética psicossocial indivíduo-sociedade, capaz de assumir o ser humano em sua perplexidade. Dessa maneira, o discurso teológico, ao estar atento aos sinais dos tempos, deverá assumir o caráter histórico, subjetivo e racional do ser humano, e a sua capacidade criativa, lúdica e transcendental. [...] Desenvolver-se-á uma teologia que compreende a nova conjuntura do fenômeno religioso — especialmente em seu fenômeno pentecostal que muito desenvolve a dimensão emocional, a relevância da identidade individual e social do ser humano — trazendo à tona a cultura de cada povo, com seus símbolos, seu rituais religiosos, seus valores éticos —, de reconhecer o Outro em sua alteridade.

A Teologia como a ciência da fé que tem no centro do seu estudo a revelação de Deus realizada e plena na figura de Jesus Cristo, se pensada nesse momento da Pós-Modernidade, certamente, enfrenta o desafio de buscar uma reflexão crítica e um método capaz de dar-lhe consistência, diante de tantas vozes de diferentes locais e contextos.

Pensar no Deus de Milton, como sugerido por Rogers, como Aquele que exerce a escolha e eleva Seu Filho sobre todas as outras criaturas celestes, ou seja, como Aquele que ressalta a noção da diferença, é equipará-Lo à ordem do humano. A mesma concessão dada ao Homem por Deus é a condição da Sua existência, pelo menos para o Deus literário de Milton. Desse modo, quando Milton se autodenomina partidário do Arianismo, em direta rejeição à doutrina da trindade, o que ele possivelmente propõe é que o seu Deus ocupa uma posição diferente da do Filho. A figura de Cristo é a redenção do homem, segundo a Teologia tradicional, mas também é a redenção do próprio Deus, de acordo com a teologia de Milton. Como escrito nas primeiras linhas de *Paradise Lost*, "Que, para a grandeza desse argumento, / Eu consiga demonstrar a existência da Providência Eterna, / E justificar os meios de Deus para com os homens" (I, 24-26, tradução nossa), Milton informa a sua tentativa de justificar Deus. Que Deus é esse que precisa ser justificado? Se lido sob a perspectiva de Milton, Ele não é somente o ser onipotente, onisciente e soberano, mas o Deus humano, que se humaniza, poeticamente falando, para dar lugar ao exemplo maior da redenção humana e divina, o Cristo. O Cristo que ocupa a posição central do tema teológico que, segundo as palavras de Gonçalves acerca da Teologia da Pós-Modernidade, compreende a dimensão emocional e a relevância da identidade individual e social do ser humano, como aquele que reconhece o Outro em sua alteridade.

REFERÊNCIAS

DANIELSON, Dennis. *Milton´s good God*: A study in literary theodicy. Cambridge: Cambridge University Press, 1982.

EMPSON, William. *Milton's God*. London: Cambridge University Press, 1981.

FISH, Stanley. *Surprised by sin*: the reader in Paradise Lost. Cambridge, Massachusetts: Harvard University Press, 1997.

GONÇALVES, Paulo Sérgio. *Por uma nova razão Teológica*: A Teologia na pós-modernidade. Disponível em: <http://www.ihu.unisinos.br/images/stories/cadernos/teopublica/017cadernosteologiapublica.pdf>.

LEWALSKI, Barbara K. *The life of John Milton*: A Critical Biography. Williston, VT: Blackwell Publishers, 2001.

MALTZAHN, Nicholas von. The first reception of *Paradise Lost* (1667). *The Review of English Studies. New Series*, Oxford, v. 47, n. 188, p. 479-499, nov. 1996.

MILTON, John. ORGEL, Stephen; GOLDBERG, Jonathan, eds. *John Milton*: the major works. Oxford: Oxford University Press, 1991.

ROGERS, John. "The political theology of Milton´s Heaven". In: HERMAN, Peter; SAUER, Elizabeth. *The new Milton criticism*. Cambridge: Cambridge University Press, 2012. p. 68-84.

THORPE, James (ed.). *Milton Criticism*: selections from four centuries. New York: Octagon Books, 1966.

A presença e a influência de Deus no *Fausto* de Goethe

Luciene Antunes Alves

Introdução[1]

Existem várias versões em torno da história do famoso Dr. Johann Fausten. A primeira narração alemã — o *Faustbuch* — é de autoria desconhecida e data de 1587. A obra é sobre o histórico teólogo e mágico-alquimista doutor Jörg Faust, que viveu na Alemanha por volta do século XVI, e que se entregou ao espírito demoníaco (Mefistófeles), às artes malignas e à nigromancia, para explorar todos os segredos e prazeres da terra. Como explica Watt (1997, p. 32), não se sabe ao certo quem escreveu o *Faustbuch*. Existe apenas uma assinatura do editor Johann Spiess no texto de apresentação, sujeito que pode ou não ter sido o autor de toda a obra. Sobre a vida e a morte de Fausto, há também um manuscrito redigido entre 1572 e 1587, conservado na biblioteca saxã de *Wolfenbüttel*. É uma obra próxima do *Faustbuch* e é talvez uma de suas possíveis fontes. O interessante é que essa narrativa vem nos legando, há mais de quatro séculos, várias recriações. Entre elas, temos a peça que Christopher Marlowe (1564-1593) estreou nos palcos da Inglaterra, em 1588 — *The tragical history of the life and death of Doctor Faustus* —, passando por Machado de Assis (1839-1908), com o conto *A Igreja do Diabo* (1884), até trabalhos contemporâneos que se propagaram em torno da figura complexa de Fausto e Mefistófeles — como exemplos, *Doktor Faustus* (1947), de Thomas Mann, o *Primeiro Fausto* (1908), de Fernando Pessoa (1888-1935), e o *Meu Fausto* (1944), de Paul Valéry (1871-1945).

Não desmerecendo a importância das várias obras sobre o mito de Fausto, é com Goethe (1749-1832) que tal produção alcançou dimensões históricas e estético-filosóficas amplas. Como assinala Berman, "o Fausto de Goethe ultrapassa todos os outros em riqueza e profundidade de perspectiva histórica, em imaginação moral, em inteligência política, em sensibilidade e percepção psicológica" (Berman, 1986, p. 40). Em primeiro lugar, a obra

1. Nesta introdução e nos tópicos seguintes, há também reflexões que fazem parte de minhas investigações oriundas da dissertação intitulada — *A tragédia de Gretchen: sujeito e liberdade no Fausto de Goethe*, sob a orientação da Profa. Dra. Arlenice Almeida da Silva (Universidade Federal de São Paulo — Unifesp).

de Goethe abarca em si vários momentos da história que abrange o período pré-romântico, romântico e o clássico grego. Em segundo lugar, sua escrita não foi convencional, pois Goethe trabalhou no *Fausto* durante sessenta anos. Os primeiros escritos iniciaram-se por volta de 1772, porém apenas em 1790 é que Goethe publicou a primeira versão do seu poema — *Fausto: um fragmento* ou *Urfaust*, como ficou conhecido posteriormente. Todavia, em 1808, apareceu publicada, de forma definitiva, a primeira parte da obra sob o nome de *Faust: eine Tragödie.* Entre 1825 e 1831, Goethe, estimulado pela beleza clássica, mas sempre com o olhar voltado para o futuro e, ao mesmo tempo, sem se afastar do presente, como nos informa Alves (2014, p. 10), completou a parte II da saga de Fausto, enriquecendo-a de forma extraordinária. Nesse segundo momento de escrita, o pensador promoveu, com mais ênfase e de maneira metafórica, o (re)nascimento da cultura grega antiga, atualizando, na modernidade, a importância da mitologia, possibilitando, assim, que a tragédia se afirmasse, mais uma vez, como o gênero literário capaz de elevar e edificar o humano. Como assevera Barrento (1984, p. 122), "depois de Goethe, Fausto nunca mais assumiu esta dimensão cósmica totalizante, mas também não perdeu o sentido de mito literário que permite dar expressão às mais diversas manifestações humanas da superação de limites".

2. Fausto, Deus e suas inquietações antes do pacto

A tragédia do conhecimento, a qual se inicia na cena *Noite*, nos mostra Fausto imerso às suas angústias e tristezas, "em um quarto gótico, estreito e com abóbada, agitado, sentado à mesa de estudo" (Goethe, 2004, p. 63). Fausto questiona tudo, descontente com a ciência e a vida afirma: "Ai de mim! Da filosofia,/ Medicina, jurisprudência,/ E, mísero eu! da teologia,/ O estudo fiz, com máxima insistência./ Pobre simplório, aqui estou/ E sábio como dantes sou!" (v. 354-359). Insatisfeito e tedioso continua suas lamúrias: "(...) De doutor tenho o nome e mestre em artes/ (...) E vejo-o, não sabemos nada!/ (...) Não temo o inferno e Satanás tampouco/ Mas mata-me o prazer no peito; / Não julgo algo saber direito,/ Que leve aos homens uma luz que seja/ Edificante ou benfazeja (v. 360-373). Mas o Doutor não para, com reflexões profundas em um monólogo — na primeira cena no quarto de trabalho — almeja e abre a Bíblia no início do Evangelho segundo São João: "(...) Escrito está: 'Era no início o Verbo'! (...)". Fausto, contudo, "carece" de outra interpretação, algo mais original que representasse também aquele momento solitário e aflitivo: "(...) Começo apenas, e já me exacerbo!/ Como hei de ao verbo dar tão alto apreço?/ De outra interpretação careço;/ Se o espírito me deixa esclarecido,/ Escrito está: No início era o sentido!/ (...) É o sentido então que tudo opera e cria?/ Deverá opor! No início era a Energia!/ Mas, já, enquanto assim o retifico,/ Diz-me algo que tampouco nisso fico,/ Do espírito me vale a direção,/ E escrevo em paz: Era o início a ação!" (v. 1224-1237). Fausto atualiza o texto bíblico e, como ressalta Berman (1986, p. 47), entusiasma-se "com a ideia de um Deus que se define pela ação, através do ato primordial de criar o mundo"; o Doutor é iluminado "de vibração pelo espírito e pelo poder desse Deus, e se declara pronto a reconsagrar sua vida e ações amplamente criadoras". Essas ações fazem com que Fausto negue suas experiências, sua vida e, sobretudo, o amor: "(...) Tudo maldito, hoje, o que em obra/ De sedução o ser governa,/ (...) Maldita seja a presunção,/ Em que o critério se emaranha!/ Maldito o encanto da visão/ (...) Maldito o haver que lisonjeia/ (...) Do amor, maldita a suma aliança! (...)" (v. 1587-1606). Como homem de ação, Fausto ainda continua a deliberar sobre seus atos, mas não com a experiência que a vida lhe deu ou com a experiência dos anos de estudos, de conhecimento do mundo e das coisas; as escolhas do Doutor estão, até certo ponto, diretamente ligadas à potência maligna — Mefistófeles, "O Gênio que sempre nega" (v. 1340).

2.1. Deus e o diabo: uma conversa sobre Fausto

O Doutor sente não ter mais esperança nessa vida; tudo lhe parece ter sido um engano. Tedioso, prostrado e desiludido, está entregue à má sorte. No entanto, Fausto não está totalmente sem luz, pois Deus e o diabo observam-no. Antes de Fausto pactuar com Mefistófeles — na cena *Prólogo no Céu* —, este, em conversa com o Senhor (Altíssimo) indaga sobre os homens e queixa-se sobre as coisas terrenas, e na primeira oportunidade, assunta-se com Deus sobre o seu mais atormentado servo — Fausto.

Sobre o Doutor, o diabo assevera acerca da forma estranha de Fausto servir a Deus e principalmente sobre o "fermento que o impele ao infinito" (v. 302), mas Deus já adianta ao diabo: "(...) Se em confusão me serve ainda agora,/ Daqui em breve o levarei à luz" (v. 308-309). Descontente, Mefistófeles quer uma aposta com o Altíssimo, e ainda, a permissão para guiar o Doutor pelo seu caminho. Diz o diabo: "(...) Que apostais? Perdereis o camarada;/ Se o permitirdes, tenho em mira/ Levá-lo pela minha estrada!" (v. 312-314). Esperto, Mefistófeles tem a permissão do Altíssimo para tentar levar a alma de Fausto para o inferno: "Pois bem, por tua conta o deixo!/ Subtrai essa alma à sua inata fonte,/ E leva-a, se a atraíres para teu eixo,/ Contigo abaixo a tua ponte" (v. 323-326).

De imediato, salientamos que no poema-drama, Goethe não deixa claro que Deus tenha realmente apostado com Mefisto, somente a permissão para desviar o Doutor é explícita.[2]

3. Fausto e o pacto com Mefistófeles

Com negra aflição, "sedento de verdade, erradiço, infeliz" (v. 667) e velho, Fausto está à beira de um suicídio — leva aos lábios uma taça com veneno — clama pela morte: "Vidro único, precioso, eu te saúdo!/ Reverente te empunho; em teu conteúdo/ Do gênio humano exalto a arte e o labor./ Substância, tu, do sono fluido grato,/ De todas as letais virtudes almo extrato,/ Hoje a teu mestre outorga a teu favor!/ Para ti olho, e a dor vai-se aliviando" (v. 690-696). Apesar de todo o discurso de lamentações, o Doutor volta atrás; parece intuir que há um outro, e quiçá, caminho melhor.

Sagaz e esperto, Mefistófeles aproveita o estado frágil em que se encontra o Doutor e já lhe sugere uma aposta: "Obrigo-me, eu te sirvo, eu te secundo,/ Aqui, em tudo, sem descanso ou paz;/ No encontro nosso, no outro mundo,/ O mesmo para mim farás" (v. 1656-1659). Com seu próprio sangue, Fausto acaba por assinar um acordo com o demônio e se lançar no mais mágico da vida; ele se joga ao "mundo terreno" de forma desregrada e ilimitada: "(...) Quero gozar no próprio Eu, a fundo,/ Com a alma lhe colher o vil e o mais perfeito,/ Juntar-lhe a dor e o bem-estar no peito,/ E, destarte, ao seu Ser ampliar meu próprio Ser,/ E, com ela, afinal, também eu perecer" (v. 1771-1775). Entregue aos prazeres mundanos, no gozo imediato e desmesurado, Fausto volta a ter novas perspectivas e novos sonhos. Agora jovem[3] e disposto a tudo, a vida adquire um novo sabor: torna-se valorosa e insubstituível.

---

2. Para mais detalhes, consultar Goethe (2004, p. 53, nota 8).
3. Por uma obra de feitiçaria, Fausto torna a ser um jovem bonito e gracioso.

Considerações finais

No drama *Fausto*, Goethe mostra a sede de conhecimento que usurpa Fausto; o que mais o motiva a pactuar com Mefisto é o desejo pelo saber e por tudo ter, a sede de vida e de gozo; o dever e a universalidade já não importam mais ao velho Doutor — que estudou filosofia, medicina, jurisprudência, teologia e tantas outras modalidades "com máxima insistência" (v. 357). Ao término de sua vida, antes do pacto, Fausto assenta-se numa única verdade: a de que "não sabemos nada" (v. 363). E o diabo, bem perceptivo, sabe do ponto fraco, dos desejos que atormentam Fausto e diz: "(...) Com gosto o cimo de minha arte,/ Dou-te o que nunca viu humano ser./ (...) De tais bens posso dar-te a escolha,/ E põe-me o encargo a fácil prova" (v. 1673-1688). Fausto é abandonado por si mesmo na existência e, ao ver uma oportunidade, não resiste: "Não há perigo de eu romper o pacto!/ O afã do meu vigor completo/ É justamente o que prometo./ Demais alto ensoberbeci-me;/ Pertenço só à tua classe./ Falhou-me o Espírito sublime,/ Vela-me a natureza a face" (v. 1741-1747). E será por esse querer que Fausto, como envolto por um véu, sufoca o seu próprio existir. Como assevera Goethe, "Com pureza trágica podeis ver/ O triste perigo do querer sombrio; / O homem poderoso, cheio de brio,/ Não se conhece, não sabe o seu dever..." (Goethe *apud* Szondi, 2004, p. 49).

Nesse contexto de apostas e pactos, no entanto, por mais que pensemos que seriam duas apostas — entre Deus e Mefistófeles e entre Fausto e Mefisto —, no texto somente a última aposta, como já dissemos, é evidente. Na aposta com Fausto, o diabo lhe propõe o maior prazer possível, dar sentido à sua existência e preencher seu "vazio" (*Leer*) em troca da sua alma. Caso esse vazio não fosse preenchido e a "eterna inquietação e aspiração de Fausto nunca aplacar-se" (Goethe, 2004, p. 169, nota 04), Mefisto não ganharia a "suposta" aposta feita com o Altíssimo.

Há, porém, algum ganhador nesse acordo: Deus, o diabo ou Fausto? Como Deus não teria se rebaixado a apostar com Mefisto e no *Prólogo no Céu* já havia sido enunciado algo sobre o Doutor — "(...) Daqui em breve o levarei à luz" (v. 309) — o jogo ficaria apenas entre o Doutor e Mefistófeles; e nesse ponto, sem querer frustrar a expectativa de um futuro leitor, o que podemos de imediato afirmar é que Fausto, com a ajuda de Mefisto, usufrui de seus maiores desejos, todavia, a felicidade em si parece nunca ser encontrada e o Doutor não consegue ver sentido em sua existência.

REFERÊNCIAS

ALVES, Luciene Antunes. *A tragédia de Gretchen*: sujeito e liberdade no Fausto de Goethe. 2014. 154 f. Dissertação (mestrado em Filosofia) - Escola de Filosofia, Letras e Ciências Humanas, Universidade Federal de São Paulo, Guarulhos, 2014.

BARRENTO, João (org.). "Fausto: as metamorfoses de um mito". In: ______. *Fausto na literatura européia*. Lisboa: Apaginastantas, 1984. p. 107-137.

BERMAN, Marshall. *Tudo que é sólido desmancha no ar*: a aventura da modernidade. Trad. Carlos Felipe e Ana Maria. São Paulo: Companhia das Letras, 1986.

GOETHE, Johann Wolfgang von. *Fausto*: uma tragédia: primeira parte. Trad. Jenny Klabin Segall; apres., coment. e notas de Marcus Vinicius Mazzari. São Paulo: Editora 34, 2004.

SZONDI, Peter. *Ensaio sobre o trágico*. Trad. Pedro Süssekind. Rio de Janeiro: Zahar, 2004 (Col. Estéticas).

WATT, Ian. *Os mitos do individualismo moderno*. Rio de Janeiro: Zahar, 1997.

Linguagens de Deus: uma leitura teológica do juramento da Patrulha da Noite nas *Crônicas de Gelo e Fogo* de George R. R. Martin

Tiago José Theisen

Introdução

O objeto dessa pesquisa é uma obra literária e, assim, tem caráter plurissignificativo. Seu enredo aponta para muitos caminhos. O desafio é fazer de tal obra uma leitura teológica. É o que se propõe aqui. Parte-se do pressuposto de que teologia e literatura lidam com realidades humanas. No caso da teologia, mais do que uma atividade crítica da fé, no intuito de dar razão da fé (1Pd 3,15), ela reflete a existência do ser humano na referência a Deus. Refletindo a existência humana e usando o engenho da linguagem pode-se "dizer Deus" (confessar) de múltiplas formas. Uma obra literária também testemunha as mais variadas realidades humanas. Assim, literatura e teologia, cada qual com suas peculiaridades, trabalham o existir humano. Nas entrelinhas de ambas é possível entrever o discurso e a experiência de Deus e, por conseguinte, a fé. Pode-se afirmar que a literatura é uma provocação para o pensar na medida em que aborda temas teológicos e filosóficos tradicionais sob outro viés, com a liberdade que a linguagem metafórica proporciona e com uma independência e criatividade que vão além do rigor da linguagem científica. Parte-se do pressuposto de que a narrativa pode ser interpretada como uma estrutura da consciência humana. Além disso, vista como estratégia de fala-discurso é possível interpretá-la como uma alternativa ao método da epistemologia científica (Magalhães, 2009, p. 219).

Recorda-se que George R. R. Martin foi declarado como uma das cem pessoas mais influentes do mundo em 2011 pela revista *Time*. Além disso, a coleção, Crônicas de Gelo e Fogo, foi traduzida para vinte idiomas. Os livros foram, em geral, bem recebidos pela crítica literária e pelo público, sendo indicados a diversos prêmios como o *Locus Award*, o *Nebula Award* e o *Hugo*. A coleção foi adaptada para um grande número de formatos, como jogos de videogame, histórias em quadrinhos, bonecos em miniatura e uma série televisiva de grande sucesso intitulada *Game of Thrones*.

1. O juramento

Apresenta-se, a seguir, o juramento de entrada na Patrulha da Noite que servirá de base para o estudo. Recorda-se que, uma vez feitos os votos, a Muralha torna-se o lar. Jon Snow e Samwell Tarly ajoelhados proferem as palavras em conjunto, enquanto a última luz desaparecia a oeste e o dia cinzento se transformava em noite negra:

> Escutem as minhas palavras e testemunhem meus votos. A noite chega, e agora, começa a minha vigia. Não terminará até minha morte. Não tomarei esposa, não possuirei terras, não gerarei filhos. Não usarei coroas e não conquistarei glórias. Viverei e morrerei no meu posto. Sou a espada na escuridão. Sou o vigilante das muralhas. Sou o fogo que arde contra o frio, a luz que traz consigo sua alvorada, a trombeta que acorda os que dormem, o escudo que defende os reinos dos homens. Dou a minha vida e a minha honra à Patrulha da Noite, por esta noite e por todas as noites que estão para vir. (Martin, 2010, p. 369)

A Patrulha da Noite, como sintetiza a wiki *Game of Thrones Br*, é uma ordem militar dedicada à manutenção da Muralha, a imensa fortificação na fronteira norte dos Sete Reinos, e à defesa dos reinos dos homens daquilo que se encontra além dela. A fundação da ordem remonta à era dos heróis, quando os *outros* foram forçados de volta ao extremo norte. Os homens da Patrulha da Noite vestem apenas o negro.

2. As palavras

Nota-se que o texto inicia com imperativos (*escutem, testemunhem*). Estes já mostram que o que segue não se trata de algo costumeiro. O que será dito é digno de atenção, pois supõe o engajamento dos ouvintes (*testemunhem*). O texto segue com verbos no futuro (*terminará, tomarei, possuirei, gerarei, usarei, conquistarei, viverei, morrerei*). Aqui se torna claro que o que é feito, é feito com engajamento, pois supõe a vida toda (*morrerei*) em todas suas dimensões. Os verbos no futuro demonstram que o que é feito possui implicações futuras e que elas são conhecidas. Não há nada escondido. Esses elementos são explicitados, narrativamente, na personagem de Aemon, mestre da cidadela a serviço da Patrulha da Noite:

> Três vezes acharam os deuses por bem testar os meus votos. Uma vez quando era rapaz, uma vez em plena idade adulta e uma vez depois de envelhecer. Nessa altura, já as forças me tinham fugido, já os olhos viam mal, mas essa última escolha foi tão cruel como a primeira. (Martin, 2010, p. 468)

Por fim, apresentam-se os verbos no presente (*sou, dou*). Estes mostram que o que é feito não diz respeito apenas a um futuro, mas que, desde agora, é válido. É encarnado na realidade. Acontece, de certa forma, uma mudança "ontológica". Não se trata mais de Jon Snow, bastardo de Ned Stark, ou Samwell Tarly, primogênito destituído de sua casa, mas do vigilante. Os sujeitos não se entendem mais como se entendiam. Acontece uma espécie de "desorbitamento do eu" (*dou minha vida*). Narrativamente, isso é explicitado de maneira dramática e paradoxal pelas palavras de Mormot, Senhor Comandante da Patrulha da Noite:

> Um senhor é uma coisa, um rei é outra. Vão vestir seu irmão Robb em sedas, cetins e veludos de cem cores diferentes, enquanto você vive e morre em conta de malha negra. Ele se casará com alguma bela princesa e será pai dos seus filhos. Você não terá esposa, nem segurará nos braços um filho do seu próprio sangue. Robb governará, você servirá. Os homens chamarão você de corvo. Ele, de *Vossa Graça*. Cantores elogiarão cada coisinha que ele fizer, enquanto os maiores de seus feitos passarão despercebidos. Diga-me que nada disso o perturba, Jon... e eu chamarei você de mentiroso, e saberei que tenho razão. (Martin, 2011, p. 73)

Diante da realidade nua e crua, e diante da pergunta de Mormot, "O que vai fazer?", Jon assume: "(...) Ficar perturbado e respeitar meus votos" (Martin, 2011, p. 74).

Outro fator a ser levado em consideração é o caráter iniciático do juramento. *Iniciação* (Houaiss, 2001, ed. digital) é um conceito da antropologia e das ciências da religião, para designar um conjunto de ritos e instruções orais, cuja finalidade é levar a cabo uma transformação radical no "*status*" religioso e social de uma determinada pessoa. Em consequência, a própria estrutura existencial do iniciado passa pelo que, em linguagem filosófica, se chamaria de mutação ontológica. O iniciado se torna outro, totalmente diferente de antes da iniciação (*sou o fogo; sou a espada; sou a luz, o escudo*). Um fator que pode ser levado em conta é o de que o juramento não expressa, explicitamente, emoções.

Os votos introduzem Jon e Samwell na Patrulha da Noite. Na explicitação que Mormot faz da Patrulha da Noite (Martin, 2010, p. 264-366), percebe-se que o juramento implica e supõe a *limpeza* dos crimes, o perdão das dívidas, o abandono de antigas lealdades, o esquecimento de ressentimentos, ofensas e amores e na possibilidade de gerar família. Torna-se evidente a palavra *reino*. "Um homem da patrulha da Noite vive sua vida pelo reino". "Não por um rei (...), nem pela honra (...), mas pelo *reino* e por todas as pessoas que há nele". Vale lembrar que biblicamente o termo *reino*, especificamente, *Reino de Deus*, é bastante relevante.

Nos evangelhos sinóticos o temo *reino de Deus* (Mckenzie, 1984, p. 787-789) é frequentemente usado para designar o tema central da missão de Jesus. A ideia do reino de Deus reflete a concepção do Antigo Testamento a respeito da realeza de *Iahweh*. Certo número de passagens bíblicas sugere claramente um evento escatológico, que se situa fora da história e que encerra a história. Entrar no reino é entrar na vida eterna. Na teologia de João, o reino é formado pelo ato salvífico realizado ao Pai mediante Jesus. Em algumas passagens, o reino parece ser identificado à própria pessoa de Jesus, que traz consigo o reino. O duplo aspecto do reino como realidade presente e totalidade futura evidencia-se nas parábolas do reino.

3. O ambiente

Afirmou-se, anteriormente, que se trata de uma profissão de fé, de uma experiência sincera de fé. Contudo, viu-se que os votos possuem caráter iniciático, que não expressam — claramente — emoções, que dizem respeito a um projeto de vida. Como, então, é possível dizer que se trata de uma profissão de fé e, além do mais, de uma experiência sincera de fé? Isso se torna possível devido ao ambiente no qual estão inseridos os votos.

Como foi mostrado, aquele que se junta à Patrulha da Noite repudia sua origem, seus costumes, priva-se de família, entre outras coisas. Contudo, um aspecto permanece intacto. Os votos são feitos num ambiente religioso. Pyp, Sapo, Grenn proferem os votos ao cair da noite, perante Septão Celladar e Samwell e Jon perante uma árvore-coração.

Esse aspecto mostra a importância da religião e a radicalidade dos votos. Pode-se dizer que a única identidade que é mantida é a identidade religiosa. A religião e, por conseguinte, qualquer celebração religiosa adquire um sentido profundo. A profissão se insere numa fé que lhe confere não somente sentido, mas engajamento. Recordando a explicitação de Mormot, vemos que a personagem, ao fazer os votos, se compreenderá de maneira diferente (o vigilante, sem filhos, sem descendência), mas sua identidade religiosa é mantida.

Samwell Tarly recebeu o nome à luz dos Sete no septo de Monte Chifre, tal como seu pai, e o pai dele, e todos os Tarly ao longo de mil anos. Porém, opta por fazer seus votos perante os antigos deuses. Samwell, por assim dizer, não está enraizado na fé familiar.

Encontramos, assim, dois elementos que são universais e que tornam os votos uma profissão de fé sincera. O primeiro elemento é o da tradição. Estamos inseridos numa fé desde que nascemos. Muitos se compreendem nessa fé "tradicional" e organizam a vida a partir dela. Outros optam por outra religião, na qual se compreendem e organizam a vida. O elemento da tradição está presente nas duas opções, uma vez que a opção por outra já pressupõe outra tradição. O segundo elemento é o da opção pessoal. É indispensável a afirmação do "*eu* creio" [grifo nosso] explícita ou implícita. Finalmente, pode-se dizer que os votos se tornam o horizonte epigenético, no qual Jon Snow e Samwell Tarly se compreendem durante a narração.

4. O sentido

Compara-se agora a "transgressão" dos votos de Jon sugerida por Qhorin, chamado Meia-Mão — patrulheiro-chefe na Torre Sombria, com a *aqedah* de Gn 22 para tratar das contradições lógicas que o fiel encontra em sua existência como uma pessoa de fé.

Gn 22 (*aqedah)* estabelece um limite para a Lei ("não matarás"). No entanto, seguir a norma, nesse sentido, é o mínimo requerido, pois esta lei necessita ser transcendida. O cumprimento dentro da medida, isto é, sem amor infinito, não é cumprimento de modo algum. Este aspecto é bastante evidente na atitude de Jesus no episódio literário conhecido como a parábola do samaritano. Gênesis 22 e sua suspensão teológica do que é ético mostram que a Lei ("não matarás") deve e pode ser transcendida (sacrifício de Isaac). Lacoque afirma que "isto é extravagante, mas o reino de Deus é para as aventuras da fé. Pelo bem do reino de Deus, levantamos a faca para cortar em um golpe o maior tesouro que temos na Terra".

O mesmo acontece com Jon Snow. Para manter seus votos, precisa justamente quebrá-los. Contudo, essa passagem não é dada de forma tranquila. Abraão precisa sacrificar seu primogênito, Jon matar seu irmão e tornar-se um troca-peles. O troca-peles representa, justamente, o lado oposto do vigilante.

Na transgressão dos votos, revela-se o terceiro elemento universal que torna os votos uma profissão de fé sincera. O terceiro elemento é o sentido. As palavras são importantes na medida em que expressam o sentido. Sabe-se que o fiel encontra contradições lógicas em sua existência como pessoa que crê. Nessas ocasiões, revela-se a maturidade da fé. Muitos preferem seguir as regras que regem sua crença, mas isso não revela maturidade. Podemos citar como exemplo uma mulher que se prostitui para sustentar seus filhos. A *aqedah* de Gn 22 e a transgressão dos votos de Jon são paradigmáticas nesse sentido.

Conclusão

Partiu-se do pressuposto de que a narrativa pode ser interpretada como uma estrutura da consciência humana e, assim, tematizou-se a profissão de fé de Jon Snow e Samwell Tarly como uma experiência sincera de fé. A análise do juramento permitiu o descobrimento de três elementos universais pelos quais é possível caracterizar o juramento como uma profissão sincera de fé: o elemento da tradição, a opção pessoal e o sentido.

REFERÊNCIAS

GAME OF THRONES WIKI. *Patrulha da Noite.* Disponivel em: <http://pt-br.gameofthrones.wikia.com/wiki/Patrulha_da_Noite>.

HOUAISS. Dicionário eletrônico Houaiss da língua portuguesa. *Iniciação.* Versão monousuário 3.0. 2001.

JACOBY, H. (org.). *A guerra dos tronos e a filosofia.* Rio de Janeiro: BestSeller, 2012.

LACOQUE, A. "Não matarás: Um estudo da lei apodítica de Israel, sua duração e seus limites à luz de Gênesis 22". In: RICOEUR, P. *Pensando biblicamente.* Bauru: EDUSC, 2001.

MARTIN, G. R. R. *A guerra dos Tronos.* São Paulo: Leya, 2010.

______. *A Fúria de Reis.* São Paulo: Leya, 2011.

______. *A tormenta de espadas*. São Paulo: Leya, 2011.

MAGALHÃES, A. *Deus no espelho das palavras*. São Paulo: Paulinas, 2009.

MCKENZIE, J. *Dicionário Bíblico*. São Paulo: Paulus, 1984.

Ilustração de Bernard Foucher, Éditions Tituli.

In: TUDURI, C. *L'arbre au fond de la jetée*. Paris: Éditions Tituli, 2016.

V. DEUS(ES) NA MÚSICA

Reminiscência, poesia e pintura:

A reminiscência ou memória involuntária como imagem
é uma imagem profundamente enraizada na nossa história, no nosso coração;
é ela que pode fazer nascer o poema.
Como o amor de Deus, este gênero de imagem nos precede,
impõe-se docemente a nós a partir do interior,
mas não brutalmente desde o exterior.

(Claude Tuduri, trad. André Araújo)

Deus na música *rock*: uma visão ecológica dos grupos *headbanger's* e outros grupos juvenis na Comunidade Caverna de Adulão

Flávio Lages Rodrigues

Introdução: *rock* um gênero polêmico

O *rock*, desde o seu nascimento entre 1940 e 1950, foi relacionado à rebeldia, seja aquela que se referia aos negros, nos campos de algodão dos Estados Unidos, que lutavam por libertação, seja aquela de jovens brancos, já na década de 60, que incorporaram os elementos musicais do movimento inicial, em uma relação complicada com sua origem, tal como o fizeram Bob Dylan e os "Beatles", por exemplo.[1]

Hoje este estilo ultrapassa seu contexto original – que aqui nomeamos como um circuito com "limites ecológicos"[2] mais definidos. Atualmente, falar de *rock* envolve falar também de uma indústria de bandas, produtores musicais, estúdios, empresários, fábricas e lojas de instrumentos, empresas de

1. De acordo com o *The Hutchinson Concise Dictionary of Music* (2006): "1960s - In 1962, the Beatles emerged as leaders of the new 'beat' groups and, while restoring the excitement of early rock, introduced a new element of sophistication. British rhythm and blues developed from 1963, the main groups being The Animas and the Rolling Stones. Bob Dylan's mature, poetic songwriting achieved commercial success, although British groups largely dominated the US charts. Psychedelic rock grew in popularity on both sides of the Atlantic with groups such as The Doors, and Pink Floyd. Jimi Hendrix produced a new and exciting improvisational rhythm and blues which achieved world success, paving the way for the later popularity of such 'heavy' rock groups as Led Zeppelin. Frank Zappa's Mothers of Invention fused elements of jazz, symphonic, and avant-garde classical music. Conventional pop during this time relied on gospel-derived soul music, and Motown groups including The Supremes and The Four Tops."

2. A expressão "limites ecológicos" é ferramenta forjada para delimitar o contexto de bandas de *rock* que nasceram improvisadas e que atuam de modo a fazer resistência à mercantilização do *rock*; com "limites ecológicos", delimitamos as associações com perfil semelhante à Comunidade Caverna de Adulão, isto é, um grupo que postula um aprofundamento, para além da geografia e do espaço, em seu convívio e que sinaliza para uma socialização marcada pelo afeto, pelo sentimento de partilha e pela busca de gostos e emoções comuns. Assim, a ecologia pensada a partir do fenômeno religioso pode ajudar a entender as relações microsociais como as tribalizações juvenis que ocorrem na sociedade de forma viva e orgânica e que muitas vezes são imperceptíveis ou invisíveis. Realçamos, para uma melhor compreensão de nosso escopo, o significado etimológico da palavra *ecologia*: a palavra compõe-se com *oikos*, "casa", e logos, "discurso, estudo, tratado" e significa, basicamente, a lei que rege uma casa.

sonorização para os shows, além da produção de discos, que gera empregos e movimenta milhões de dólares por ano; o *rock* está presente em jogos de *video game*, comerciais, programas de televisão, rádios, internet, filmes, seriados e outros.

Mas, ainda que o *rock* pareça ser um estilo dominante no mundo moderno, aliando-se inclusive às práticas religiosas e à espiritualidade, não se pode negligenciar que, neste mesmo âmbito religioso, o estilo sofreu os mesmos preconceitos quando na ocasião de seu nascimento. Neste aspecto, limitando-nos às igrejas e comunidades evangélicas, sabe-se que, até a década de 1970, não era permitido, no recinto de culto, instrumentos como o contrabaixo, a bateria, a guitarra e a percussão.

Todavia, a contrapelo dessas proibições, reiteramos que, já em seu nascimento este estilo musical teve sua base em gritos campais de negros americanos que clamavam a Deus e buscavam sua libertação. De acordo com Baggio, os negros "deram desenvolvimento ao *blues*[3] como música secular e ao *gospel*[4] como música sacra" (Baggio, 1997, p. 43). Também para Calvani (1998, p. 211), o nascimento do *rock* ocorre com a evolução dos *spirituals* e dos *blues* e sempre esteve associado à rebeldia e contestação frente à colonização da América e da África que se iniciou no século XV. Neste

3. In *The Hutchinson Concise Dictionary of Music* (2006): "blues - African-American music that originated in the work songs and Negro spirituals of the rural American South in the late 19th century. It is usually of a slow to moderate speed and characteristic features include a 12-bar (sometimes 8-bar or 16-bar) construction and a syncopated melody line that often includes 'blue notes' (quarter tones lying between the minor and major third of the scale – as found on some African five-note xylophones – or between the minor and major seventh). The lyrics are melancholy and tell tales of woe or unhappy love. The guitar is the main instrument, although the harmonica and piano are also common. Blues guitar and vocal styles have played a vital part in the development of jazz, rock, and pop music in general."

4. In *The Hutchinson Concise Dictionary of Music* (2006): "African and Latin American influences -The slaves taken to America brought their own musical cultures with them, which (...) they developed very separately from their white contemporaries until well into the 20th century. A vocal form found in many African cultures is the field holler, and this became a common worksong pattern amongst black slaves in the USA. The call-and-response pattern of the field holler, in combination with the harmonic progressions and simple forms of the hymn tunes the slaves were made to learn, developed into the spiritual and later into gospel music, while the African vocal and rhythmic inflexions led to the typical mannerisms of blues and jazz. Much African music has come to North America via Latin America, where it has blended with Hispanic music; it later became assimilated into the folk culture of the Spanish-speaking population of the USA, and later into international popular music."

sentido, o *rock* acaba por ser um retrato da era moderna que "....se inaugura e se desenvolve na e através da violência, da destruição, da escravidão, da exploração feroz das Américas e da África." (Morin; Kern, 2000, p. 24).

Deus na Música *Rock*

Entre o "sagrado" e o "profano", o *rock* original, negro, surgiu marcado pela questão da liberdade, tema que permeava todas as suas letras. Os desdobramentos que vieram ao longo dos anos com os estilos musicais do *rock* tiveram as bases na contracultura juvenil de 1950. Posteriormente, o *rock* se estabeleceu com seus subgêneros que cada vez mais denunciavam as estruturas injustas e opressoras e protestavam contra elas. A geração *baby boom* pós-Segunda Guerra Mundial vem logo após o nascimento do *rock* e continua utilizando este estilo como porta voz de toda uma geração insatisfeita com as estruturas da sociedade: política, econômica, social, cultural e também religiosa. Estes jovens eram vistos como rebeldes e desajustados pelos poderes instituídos daquela época. Muitos perderam os pais na guerra e viviam sem perspectivas de trabalho, de vida e de futuro dignos.

As duas guerras mundiais produziram efeitos desastrosos para todos os países envolvidos nos conflitos e também para todo o planeta. Na Segunda Guerra Mundial (1939-1945), a briga pelo poder gerou destruição, fome, miséria e milhões de mortes com o massacre de mais de 50 milhões de pessoas, entre as quais, 6 milhões de judeus que morreram nos campos de concentração nazistas, acabando no horror das bombas atômicas em Hiroshima e Nagasaki no Japão em 1945. Em ambas as guerras, os jovens procuravam respostas em meio a tanto horror, ódio e destruição de vidas, porém, nem mesmo a religião conseguiu dar respostas a eles.

A mistura de inquietação, rebeldia e contestação foi utilizada por inúmeras bandas de *rock*, como o Pink Floyd, um dos porta-vozes dessa geração marginalizada e hostil à sociedade, devido à perda de familiares na Segunda Guerra. "Nos anos 60, surgiram vários grupos que reuniam jovens sem perspectiva no mercado de trabalho da época. Muitos deles vinham de famílias desestruturadas, que haviam perdido os pais durante a Segunda Guerra, como Roger Waters, líder do grupo de *rock* progressivo Pink Floyd." (Calvani, 1998, p. 211).

Podemos verificar que a vida de Roger Waters foi marcada pela guerra. Os discos do Pink Floyd traziam entre as composições letras de protesto contra as instituições sociais, políticas, econômicas e religiosas. No álbum duplo da banda, *The Wall*, gravado em 1979 e no filme lançado mundialmente com mesmo nome, ficam evidentes a revolta e a indignação de Roger Waters com a sociedade. As letras das músicas do disco e a história do filme mostram um astro do *rock* atormentado pela perda do pai na guerra, a sua experiência em um sistema educativo repressor e seus problemas nos relacionamentos sociais, inclusive com as mulheres.

No disco *The Final Cut*, gravado em 1983 pelo Pink Floyd e com letras de Roger Waters, notamos um retorno à temática da guerra com várias críticas ao armamento nuclear, conflitos, drogas, violência urbana e inclusive com a Guerra das Ilhas Malvinas entre a Inglaterra e a Argentina. A letra de uma das canções desse disco, "The Post War Dream" ("O Sonho Pós-Guerra"), traduz de forma clara a revolta de Roger Waters quanto aos efeitos que as guerras e os conflitos armados deixam nas famílias, na sociedade e no mundo.

> (Ligando o rádio do carro) Ã... "Ã ... anunciado planos para construir um abrigo nuclear no município de Peter no condado de Cambridge Ã ... Ã..."
>
> (sintonizando outra estação)
> Ã... "Ã... três juízes da suprema corte cancelaram a maneira... Ã..."
>
> (sintonizando)
> Ã... "Ã... Foi anunciado hoje que a substituição do navio cargueiro do Atlântico perdido no conflito de Falklands seria construído no Japão, um porta-voz para... Ã..."
>
> (sintonizando)
> Ã... "Ã... se mudando. Eles dizem que os países do terceiro mundo, como a Bolívia, que produz a droga, estão sofrendo com o aumento da violência... Ã..."
>
> Diga-me a verdade, diga-me por que Jesus foi crucificado?
> É para isto que o Pai morreu?
> Foi por você? Foi por mim?
> Eu assisti muita TV?
> Há sugestão de acusação em seus olhos?

Se não fossem pelos estreitamentos
Sendo tão bons para construir navios
Os mastros ainda estariam soltos no Clyde.
E não pode ser muito divertido para eles
Em baixo do sol nascente
Com todas suas crianças cometendo suicídio
O que nós fizemos, Maggie? O que nós fizemos?
O que fizemos para a Inglaterra?
Deveríamos gritar, deveríamos fugir
Ã... "O que aconteceu com o sonho do restabelecimento pós-guerra? Ã..."
Oh Maggie, Maggie, o que nós fizemos?
(Tradução Letrasweb)[5]

Na análise da música "The Post War Dream", observamos que a crítica de Roger Waters é direta à Inglaterra e aos seus políticos, de modo que uma reflexão teológica diante de tanta dor e sofrimento é feita por ele.

---

5. Esta música integra o álbum "The Final Cut", da banda Pink Floyd. Letra original:
(Car sound, switching on of car radio) "...announced plans to build a nuclear fallout shelter at Peterborough in Cambridgeshire..."
(static of retuning) "...three high court judges have cleared the way..."
(static) "...It was announced today, that the replacement for the Atlantic Conveyor the container ship lost in the Falklands conflict wouldbe built in Japan, a spokesman for..."
(static) "...moving in. They say the third world countries, like Bolivia,which produce the drug are suffering from rising violence..."
Tell me true, tell me why, was Jesus crucified
Is it for this that Daddy died?
Was it for you? Was it me?
Did I watch too much T.V.?
Is that a hint of accusation in your eyes?
If it wasn't for the nips
Being so good at building ships
The yards would still be open on the clyde.
And it can't be much fun for them
Beneath the rising sun
With all their kids committing suicide.
What have we done, Maggie what have we done?
What have we done to England?
Should we shout, should we scream
"What happened to the post war dream?"
Oh Maggie, Maggie what have we done?

Isso ocorre ao questionar a morte de Jesus numa cruz pela humanidade e o martírio de seu pai pela Inglaterra, representada por ele como Maggie, como alusão à primeira-ministra Margaret Thatcher. Ele mostra que o martírio é em vão quando está ligado à guerra e à destruição. O niilismo produzido pelos acontecimentos familiares devido à guerra o torna cada vez mais indignado pela morte de seu pai na Segunda Guerra Mundial e aumenta ainda mais com a Guerra das Ilhas Malvinas entre a Inglaterra e a Argentina em 1982. Roger Waters nessa música faz várias críticas ao que as guerras e os conflitos armados produzem, bem como os prejuízos psíquicos, emocionais e físicos que são irreparáveis.

Notamos que a desestrutura familiar, a falta de perspectiva e a revolta desses jovens foi o combustível para formação dos movimentos contraculturais em seus contextos sociais. Com essa contracultura, os grupos estabelecidos como minorias marginalizadas não aceitam que pessoas sejam formatadas ou rotuladas. Eles combatem a cultura oficial de massa, por ser uma cultura planejada pela elite com fins lucrativos de dominação e poder. A recusa à produção em massa, de acordo com Brandini, "orientada pela 'oposição à burguesia capitalista' e à indústria cultural, representou a resistência adotada por muitos movimentos e tribos" (Brandini, 2004, p. 15).

Ainda hoje, este estilo musical continua se transformando e utilizando elementos culturais por onde passa. Apesar da resistência que o *rock* causava por ser um instrumento de denúncia da injustiça e opressão, esse gênero musical, a partir de 1970, começou a ter mais abertura nas comunidades e igrejas cristãs, que começaram a receber esses jovens em seus templos. A década seguinte foi ainda mais intensa, pelo grande número de bandas que utilizam o *rock* não apenas como estilo de vida, mas também para expressar suas práticas religiosas e a espiritualidade desses jovens. Conforme destaca Cardoso (2010, p. 152-153),

> a gênese do *underground cristão* é constatada a partir de uma série de igrejas alternativas que surgiram nos anos 1980 no mundo inteiro. Essas comunidades religiosas foram influenciadas por movimentos cristãos norte-americanos como o *Jesus Movement* (Movimento de Jesus), Jesus Music (Música de Jesus) e por modelos anti-institucionais de Igreja como o da Capela do Calvário (*Calvary Chapel*), do pastor Chuck Smith e da *Sanctuary Church*, do pastor cabeludo Bob Beeman.

Na década de 1990, inúmeras comunidades e igrejas cristãs no Brasil abriram suas portas para receber jovens que gostam da música *rock*, para se expressarem na linguagem e cultura própria dessa faixa etária. Entre elas, destacam-se o Metanoia Missões Urbanas, em Niterói, a Comunidade Zadoque, em São Paulo, e a Comunidade Caverna de Adulão, em Belo Horizonte. Segundo Jungblut (2007, p. 145), esses grupos se apropriam "de tudo aquilo que, produzido para finalidades mundanas ou não religiosas, mostra-se simbólica e esteticamente sedutor, mobilizador de atenções, consumível em grande escala, racionalizador de esforços". Assim, na opinião do estudioso (2007, p. 146), a música *rock*, geralmente associada no ideário comum a uma série de práticas tidas como anticristãs, como uso de drogas, sexo, rebeldia ou mesmo simpatia pelo satanismo[6], adquire novos sentidos ao ser apropriada por comunidades cristãs. Ela se torna um modo de incluir e acolher grupos sociais que, em geral, são vistos preconceituosamente pelo meio religioso e passa, com isso, a ser um instrumento para a evangelização. Nessa perspectiva, Cardoso (2010, p. 156) defende que a missão principal dessas comunidades de cristãos *underground* "é levar a Palavra de Deus a todas as tribos urbanas", e que "sua luta, encabeçada por cristãos da cena *metal*, consiste na *ressacralização* de símbolos e valores sagrados que foram ontologicamente dessacralizados pelas culturas juvenis seculares, sobretudo pelos grupos góticos, *darks*, *black metals* e outros extremos da cena *underground* do *heavy metal*". No entanto, nessa apropriação, não se considera que a música *rock* seja originalmente "satânica". Jungblut (2007, p. 149) esclarece que se trata "de retomar algo que pertence a Deus, já que este seria o verdadeiro criador de todas as coisas".

1.1 Uma visão ecológica dos grupos *headbangers* e outros grupos juvenis na Comunidade Caverna de Adulão

A Comunidade Caverna de Adulão tem sua gênese nos anos 1990. Em 1992, a comunidade começa suas atividades com os pastores Fábio de Carvalho e Eduardo Lucas Ferreira, que saíam pelas praças de Belo Horizonte e

6. Trata-se, na verdade, de uma imagem estereotipada, muitas vezes fundada em preconceitos contra o gênero musical do *rock*, mas que se encontra difundida no senso-comum. Além disso, é importante ressaltar que a música *rock* desenvolveu-se em diversos subgêneros bastante distintos entre si, e que traços como o "satanismo", o "paganismo" e o "anticristianismo" são exclusivos do *black metal*, uma vertente extrema e mais radical do *heavy metal*.

evangelizavam os jovens roqueiros, que tinham algum tipo de resistência com a religião e que também não eram aceitos nas igrejas e comunidades evangélicas tradicionais. A princípio, segundo eles próprios afirmam, não tinham a pretensão de abrir uma comunidade ou igreja para acolher esses jovens. A esse respeito, Cardoso (2010, p. 153) propõe uma interessante distinção ideológica entre "*underground* evangélico" e "*underground* cristão". Os primeiros dizem respeito a "bandas e ministérios pertencentes ao campo religioso evangélico e neopentecostal", ou seja, a comunidades "subjugadas à hierarquia das instituições legais e às decisões dos agentes especializados do sagrado", de modo a não possuírem autonomia material, financeira ou espiritual e estarem vinculados a uma liderança maior e ao corpo de uma Igreja. Por outro lado, o "*underground* cristão" objetiva estar "desvinculado de instituições tradicionais, não se subordinando à liderança de pastores e missionários evangélicos" e "criando seus próprios espaços, referenciais identitários e maneira de exercer a vontade do Pai" (Cardoso, 2010, p. 153).

De acordo com Rodrigues (2007, p. 130), na época do início da atuação dos dois pastores, "Belo Horizonte chegou a ser intitulada 'Capital do *Rock*,' com a ocorrência de várias manifestações culturais." Também podemos ver que o começo da comunidade, voltada apenas para os jovens que estavam envolvidos com as tribos urbanas *headbangers*[7], abriu-se, com o passar dos anos, para outros grupos e tribos que estavam espalhadas pela cidade. Essa forma de entender as tribos urbanas *headbangers*, e posteriormente outras tribos, ocorreu pela sensibilidade dos pastores em comunicar o evangelho na linguagem e cultura juvenil. "A Mensagem deve ser transmitida de forma que eles, em sua maneira de viver, pensar e sentir, consigam entendê-la." (Rodrigues, 2006, p. 65). Podemos ver a constituição da comunidade com o olhar das Ciências da Religião, que nos leva além da visão teológica, geográfica, histórica, sociológica e antropológica. Nesse caso, uma visão "ecológica" nos revela

7. O termo "tribo urbana *headbanger*" é dado aos jovens que interagem em pequenos grupos ou tribos nos centros urbanos. Para esta tribo a socialização gira em torno da sonorização com o *rock* pesado, na produção e no consumo dessa música entre os jovens. Estes também consomem uma variedade de roupas, calçados e acessórios, que, em muitas vezes, são definidos pelos membros da própria tribo. Durante os *shows*, estes jovens, dançam em círculo com o *mosh*, o que lembra as tribos indígenas em suas danças. No *mosh*, os jovens fazem a roda para dançar e dão socos e ponta pés ao ar. Também batem a cabeça, que é o significado literal para *headbanger*, com o movimento para cima e para baixo, jogando os cabelos ao ar.

teias, redes e ligações que nos passam despercebidas quando vistas apenas pelas Ciências Sociais. A ecologia que os relacionamentos proporcionam nas cidades se estruturam de forma orgânica nas "selvas de pedra" com as mais variadas tribos que ocupam o mesmo espaço nas suas relações e inter-relações entre os indivíduos e com toda a criação, animais, plantas e minerais.

> Ela retoma força e vigor nas selvas de pedra que são nossas cidades, mas também nas clareiras das florestas quando, de maneira paroxística, as tribos *tecno*, quando das *raves*, pisam, em êxtase, essa lama na qual somos forjados. Estamos no coração do tribalismo pós-moderno: a identificação primária, primordial com o que, no humano, está próximo do húmus. (Maffesoli, 2010, p. 17)

Assim, o início da Comunidade Caverna de Adulão com a tribo urbana *headbanger* posteriormente se propagou para outras tribos urbanas que ali se entrecruzam e se relacionam com todo contexto urbano como casa comum a todos. Todavia, ao mesmo tempo em que se forma uma comunidade e que esta cresce, impõe-se um paradoxo em relação aos ideais básicos do movimento: em que medida o estabelecimento e fundação de uma comunidade não seriam também uma forma de institucionalização, quando, na verdade, o movimento dos cristãos *underground* afirma buscar liberdade e autonomia? E mais, quais os riscos de, mediante uma maior institucionalização, a resistência característica da música *rock* dar lugar a uma submissão religiosa, que tornaria a música apenas um meio de propaganda ideológica?

Isso se vincula ainda a outro paradoxo, abordado e analisado por Jungblut (2007), referente a questões identitárias do grupo dos cristãos *underground*. O estudioso destaca o impasse de a música *rock* relacionar-se, em geral, a um estereótipo desregrado, com diversos elementos tidos como moralmente inadequados pelo âmbito religioso, e sua apropriação nesse âmbito, passando a englobar Deus nas letras de músicas. Para tal, segundo Jungblut (2007, p. 149), esses grupos incorporam apenas aquilo que poderia ser útil à evangelização, como a sonoridade, o ritmo, as técnicas musicais, a linguagem, as referências estéticas e a aparência física. Em oposição, recusam o que se mostra "pecaminoso, ilícito ou pouco edificante para um cristão evangélico" (JUNGBLUT, 2007, p. 149).

A contradição de base, porém, entre institucionalização e liberdade, entre resistência e submissão ideológica, acentuou-se à medida que o movimento dos cristãos *underground* expandiu. Ela parece estar de tal modo arraigada, que sua existência não compromete o movimento. Na verdade, esses cristãos reivindicam para si uma diferença em relação a outros grupos religiosos, como os evangélicos, e afirmam sua distinção por meio de seu vestiário e sua música. Nesse sentido, verifica-se uma autonomia diante de outras instituições e uma espécie de consciência acerca de sua posição na sociedade. Por outro lado, no interior da própria comunidade, a música *rock* adquire o papel de instrumento evangelizador, com o objetivo de atrair mais jovens para o grupo. Embora tenha essa função persuasiva ou propagandística, sua importância principal é ser capaz de promover a integração de grupos que, em geral, são alvo de preconceito no âmbito religioso. Nesse contexto, a música *rock* funciona como um elemento de integração e agregação, que promove a socialidade.

1.2 O *rock* como fator de Socialidade nos intercâmbios ecológicos

Observamos que o contexto ecológico - se entendemos que nossa casa é o próprio mundo - tem muito a nos dizer no que se refere às interações que os jovens têm não só uns com os outros, mas com toda a casa comum que são as ruas, praças, cidade, estado e todo o planeta. A socialidade dos espaços das grandes cidades tem o poder para firmar as interações internas nas instituições somente quando tudo está em conexão. "Desconectar-se da base faz com que as instituições se tornem inconsistentes e vazias de sentido. Ao *contrário*, no entanto, de acordo com nossa ótica, isso indica e sublinha, com força, que se a socialidade pode, pontualmente, estruturar-se em instituições ou em determinados movimentos políticos, ela os transcende a todos." (Maffesoli, 2010, p. 110). Entretanto, apesar de vermos o valor das instituições na socialidade, entendemos que o que se propõe nestes grupos é a independência de hierarquias ou instituições estabelecidas.

Cardoso (2010, p. 158) associa a ideia da socialidade à comunidade cristã primitiva, em que a partilha predominava sobre as hierarquias. Esse traço, segundo ele, perdido ou minimizado ao longo da história cristã, é o que os cristãos *underground* objetivam recuperar em suas práticas,

> na reconstrução duma verdadeira Igreja-comunidade, bem no molde da comunidade cristã primitiva narrada em Atos dos Apóstolos, por exemplo, na qual todos viviam em comunhão e repartiam seus bens, um comunismo autêntico, perdido no transcorrer das eras pelo Catolicismo Romano e pelo Puritanismo europeu, para simplificar o assunto. (Cardoso, 2010, p. 158)

Com base nisso, pode-se pensar que há sempre uma interação orgânica na qual o ser humano se estabelece ecologicamente e está sempre em contato com o pó social. "O homem não é mais considerado isoladamente. Mesmo quando admitimos a preponderância do imaginário (e eu teria tendência a fazê-lo), não devemos esquecer que ele resulta de um corpo social e que, de retorno, volta a materializar-se nele." (Maffesoli, 2010, p. 129). Uma visão estritamente antropológica com o ser humano como centro de todas as coisas pode levá-lo a esquecer que ele não está divorciado da criação e de tudo que existe, sendo assim só podemos existir dentro do "pó social" no qual estabelecemos laços e teias que não podem ser quebradas com tudo na criação.

Desse modo, mais do que institucionalmente, os cristãos *underground* buscam se afirmar por meio da resistência, traço que compartilham com o gênero musical do *rock*. De acordo com Cardoso (2010, p. 155), eles "articulam uma rede de sociabilidade que desestrutura os pilares do campo religioso cristão, injetando novos ânimos e confrontos na religiosidade cristã e um novo complexo de territorialidades urbanas no âmago da sociedade urbana complexa".

Últimas considerações

O *rock* vem preencher – desde suas origens – uma rebeldia diante das regras impostas e, como se viu, ele mostra, através da música praticada, esse poder que ocorre independente de instituições formais. A associação desses jovens em torno de grupos ou bandas de *rock* ocorreu pela produção sonora, estética e ideológica que a tribo *headbanger*, no caso da comunidade Caverna do Adulão, estabeleceu com a construção, apropriação e reprodução de elementos culturais. O *rock* com uma cosmovisão estética "subversiva", assim como as roupas, calçados, tatuagens, *piercings*, alargadores, cabelos longos e outras indumentárias "decorre da necessidade de transgressão e autoafirmação de uma juventude que se encontra submetida a um sistema de práticas e valores social e economicamente padronizado por outras gerações." (Brandini, 2004, p. 16). Esses jovens fazem suas próprias construções com leituras e releituras dos elementos culturais de sua época.

Toda construção da tribo gira em torno de valores que são compartilhados pelo grupo. "Não há mais separação entre o cosmos e o social, nem tampouco no interior do todo social. Pelo contrário, estamos na presença do que se pode chamar a *culturalização da natureza*, e a *naturalização da cultura*." (Maffesoli, 2010, p. 119). Há uma semelhança nos aspectos ecológicos na Comunidade Caverna de Adulão tanto na natureza quanto na cultura. Tudo é orgânico e está em constante transformação. Esta ligação ecológica de várias tribos urbanas na mesma comunidade aponta para a dimensão do estar juntos, do afeto, da efervescência, da partilha e da religação (*religare*), que é própria da socialidade. "Aprender a ser é aprender a viver, a partilhar, a comunicar, a comungar, é isso que se aprendia nas e pelas culturas fechadas. Precisamos doravante aprender a ser, viver, partilhar, comunicar e comungar enquanto humanos do planeta Terra. Não mais apenas a ser de uma cultura, mas a ser terrestres." (Morin; Kern, 2000, p. 185).

Nesse caminho vivencial do aprendizado, da partilha e da comunhão na perspectiva ecológica da Comunidade Caverna de Adulão, portanto, os aspectos culturais e religiosos apontam para a abertura e para o próximo. "Só temos valor pelo fato de pertencermos a um grupo." (Maffesoli, 2010, p. 120). Na procura por experiências autênticas, os jovens se distanciam das instituições religiosas tradicionais e se aproximam de formas alternativas do sagrado para expressarem suas práticas religiosas e suas espiritualidades.

REFERÊNCIAS

AGAMBEN, Giorgio. *O que é o contemporâneo? E outros ensaios*. Chapecó: Argos, 2009.

BAGGIO, Sandro. *Revolução na música gospel*: um avivamento musical em nossos dias. São Paulo: Exodus, 1997.

BRANDINI, Valéria. *Cenários do Rock*: mercado, produção e tendências no Brasil. São Paulo: Olho D'água, 2004.

CALVANI, Carlos Eduardo B. *Teologia e MPB*. São Paulo: Loyola, 1998.

CARDOSO, D. S. O rock e o metal a serviço de Deus: o "lugar" e os territórios do *movimento* underground cristão brasileiro. *Anais do III Encontro de Geografia* – A Geografia e suas vertentes: reflexões. Campos dos Goytacazes: Essentia Editora, 2010, p. 151-160. Disponível em: < www.essentiaeditora.iff.edu.br/index.php/ENGEO/article/download/1675/858>. Acesso em: 28 jun. 2018.

DURKHEIN, Émile. *As formas elementares de vida religiosa*. 2. ed. São Paulo: Paulus, 1989.

DURKHEIN, Émile. *As Regras do Método Sociológico*. São Paulo: Martin Claret, 2011.

FLOYD, Pink. *The Final Cut*. Londres: Harvest Records, 1983. 1 disco.

FLOYD, Pink. The Post War Dream (tradução). Disponível em: <https://letrasweb.com.br/pink-floyd/the-post-war-dream-traducao.html>. Acesso em: 09 jul. 2018.

JUNGBLUT, A. L. A salvação pelo Rock: sobre a "cena underground" dos jovens evangélicos no Brasil. *Religião e Sociedade*, Rio de Janeiro, v. 27, n. 2, p. 144-162, 2007. Disponível em: <http://www.scielo.br/scielo.php?script=sci_arttext&pid=S0100-85872007000200007>. Acesso em: 28 jun. 2018.

MAFFESOLI, Michel. *O tempo das tribos*: o declínio do individualismo nas sociedades de massa. 4. ed. Rio de Janeiro. Forense Universitária, 2010.

MORIN, Edgar; KERN, Anne Brigitte. *Terra-Pátria*. Porto Alegre: Sulina, 2000.

PAIS, José Machado; BLASS, Leila Maria da Silva. (org.). *Tribos urbanas*: produção artística e identidades. São Paulo: Annablume, 2004.

RODRIGUES, Flávio Lages. *A Liberdade do Espírito na vida e no rock*. Rio de Janeiro: MK, 2007.

RODRIGUES, Flávio Lages. *O rock na evangelização*. Rio de Janeiro: MK, 2006.

SALINAS, Daniel; ESCOBAR, Samuel. *Pós-Modernidade*: novos desafios à Fé Cristã. São Paulo: ABU, 1999.

THE HUTCHINSON CONCISE DICTIONARY OF MUSIC. Abington: Helicon Publishing, 2006.

VAZ, Henrique C. de Lima. *Escritos de Filosofia*: introdução à ética filosófica. v. 4. 2. ed. São Paulo: Loyola, 2002.

Materialização do divino: configurações de Deus em músicas de Chico Buarque

Paola Arcipreti dos Santos
Luiz Paixão Lima Borges

Introdução

A recorrência do uso da imagem de Deus na música brasileira, seja em seu cancioneiro popular, seja em composições de caráter sofisticadamente elaborado, para não dizer "erudito" e confundir os termos, carrega historicamente a marca da súplica amorosa e de apelos de cunho social. No âmbito da música de temática amorosa, o destino do homem está irremediavelmente subordinado à vontade superior.

Via de regra, o homem abandonado implora a Deus pela volta da mulher amada, como, por exemplo, Chitãozinho & Xororó:

> Ah! Se Deus me ouvisse e mandasse pra mim
> Aquela que eu amo e um dia partiu
> Deixando a tristeza junto de mim.[1]

O processo se repete e pode ser verificado nas canções que tratam da luta contra as forças da natureza, particularmente a seca no sertão nordestino, e também nas consequências produzidas por governos que não colocam a questão social como prioridade. No clássico de Luiz Gonzaga, observamos como a seca e suas terríveis mazelas são transformadas em desígnio divino e, portanto, impossível de o homem agir sobre elas.

> Quando olhei a terra ardendo
> Igual fogueira de São João
> Eu perguntei a Deus do Céu, aí
> Por que tamanha judiação[2]

---

1. CHITÃOZINHO & XORORO, *Se Deus me ouvisse*. Disponível em: <https://www.letras.mus.br/chitaozinho-e-xororo/45238/>.
2. GONZAGA, Luiz. *Asa branca*. Disponível em: <https://www.letras.mus.br/luiz-gonzaga/47081/>.

Materializar o divino, conforme aqui pretendemos discutir, é retirá-lo de sua condição eterna, aproximando-o da vida dos homens como metáfora e símbolos de relações sociais e interpessoais concretas e objetivas. Entendendo a consciência[3] como resultante das relações sociais, e não como causa delas: "O modo de produção da vida material condiciona o processo da vida social, política e intelectual de maneira geral. Não é a consciência dos homens que determina o seu ser, mas ao contrário, seu ser social determina sua consciência" (Marx; Engels, 1979, p. 13).

Não se trata, portanto, de buscar na blasfêmia e no profano os elementos que poderiam servir como argumento e procedimento de análise; baseamos nosso estudo na relação dialética entre *consciência* e *alienação*. Nesse sentido, o que nos interessa é *compreender o Homem como agente do seu próprio destino que ultrapassa o místico para confrontar-se com o real* para, daí, então, retirar os motivos que justifiquem continuar sua jornada em busca da felicidade.

O presente estudo analisa três obras. Duas do início dos anos 1970, período de maior acirramento do confronto político, a respeito do qual Chico Buarque escreve suas obras mais ácidas contra o sistema, dando voz aos que estavam silenciados em suas possibilidades de manifestação. Na música *Deus lhe pague* (1970), observa-se uma irônica agressividade contra o agravamento das precárias condições de vida do povo e o recrudescimento da violência imposta pela ditadura, agora amparada pelo AI-5. Em *Partido alto* (1971), o autor lança mão do deboche como forma de denúncia à falácia do "milagre econômico brasileiro" em que o governo propagandeava o crescimento econômico acelerado, a redução da inflação, mas que produziu o agravamento da desigualdade e a concentração de renda na mão de poucos. E *Sobre todas as coisas* (1983) pertencente ao período em que o declínio da ditadura já estava definido, e se dedica à discussão específica da relação

3. Consideramos, aqui, consciência em termos marxistas, que deve ser compreendida como "[...] ato pelo qual [o homem] toma consciência do seu ser, como propriedade da matéria altamente organizada, como imagem subjetiva do mundo objetivo, como elemento ideal oposto ao material, mas em unidade com este último. No sentido mais restrito, a forma superior de reflexo psíquico inerente ao homem socialmente desenvolvido e relacionada com a linguagem; o aspecto ideal da atividade laboral orientada para um determinado fim. Formou-se como resultado e com base na prática social e manifesta-se em duas formas: individual e social. *A consciência social não é senão o reflexo do ser social.* As formas de consciência social são a filosofia, a ciência, a arte, a moralidade, a religião, a política, o direito." (Krapívine, 1983, p. 278-279, grifo nosso).

Homem e Deus, apresentando para isso as contradições que se manifestam através da afirmação do processo alienante da consciência religiosa.

O artista e seu tempo: consciência e alienação

Muitos são os conceitos de arte, entretanto, neste artigo, buscamos privilegiar a concepção do caráter estritamente social da mesma, considerando o condicionamento histórico da arte como fator fundamental para a representação da realidade concreta. Em razão disso, podemos afirmar que "a arte jamais é uma mera descrição clínica do real. Sua função concerne sempre ao homem *total*, capacita o "Eu" a identificar-se com a vida de outros, capacita-o a incorporar a si aquilo que ele não é, mas tem possibilidade de ser" (Fisher, 1983, p. 19). Portanto, percebemos como a obra de Chico Buarque, empenhada na luta pela transformação social e política, se distingue por uma figuração da realidade concreta como crítica.

Considerando que a complexidade da realidade objetiva, que se manifesta nas relações entre os homens, está condicionada pela ideologia dominante que se expressa nas diversas manifestações da alienação, materializada nas relações do homem com a natureza, consigo mesmo, ou com os outros homens,[4] podemos afirmar que

> As ideias da classe dominante são também, em cada época, as ideias dominantes, isto é, a classe que é força *material* dominante da sociedade é, ao mesmo tempo, sua força *espiritual* dominante. A classe que tem à sua disposição os meios de produção material dispõe, ao mesmo tempo, dos meios de produção espiritual; o que faz com que a ela sejam submetidas, ao mesmo tempo e em média, as ideias daqueles aos quais faltam os meios de produção espiritual. As ideias dominantes nada mais são do que a expressão ideal das relações materiais dominantes, as relações materiais dominantes concebidas como ideias; portanto, a expressão das relações que tornam uma classe a classe dominante; portanto, as ideias de sua dominação. (Marx; Engels, 1979, p. 72)

A religião apresenta-se como uma forma de crença responsável por separar o homem de sua práxis, inserindo-o no universo metafísico do místico, espaço reservado à projeção de um mundo ideal em que as contradições da vida são superadas e a eternidade nos oferece a satisfação

4. Cf. Iasi (2011, p. 22).

de nossos desejos superiores. Nesse sentido, a religião se torna necessária e impõe a imutabilidade da realidade objetiva, pois

> [...] o reflexo religioso do mundo real só poderá desaparecer quando as condições de trabalho e vida prática mostrarem cotidianamente aos homens relações mais transparentes e racionais não apenas dos homens entre eles, mas também dos homens com a natureza. A vida social, cuja base está formada pela produção material e pelas relações em que esta implica, não será libertada da nuvem mística que a encobre senão no dia em que nela, vida social, venha a se manifestar a obra de homens livremente associados, atuando conscientemente e como senhores do seu próprio movimento social. (Marx *apud* Konder, 2009, p. 81)

A obra literária de Chico Buarque, particularmente aquela dedicada a letras de canções, é reconhecidamente comprometida com uma análise profunda e consciente dos aspectos sócio-políticos da nossa realidade e, acreditamos, apresenta um elevado nível de compreensão das relações interpessoais, no que se refere às músicas que se debruçam sobre as relações amorosas, tentando entendê-las através da análise dialética do comportamento humano.

Ao revelar o contraditório[5] como afirmação dialética da completude, Buarque nos apresenta um ser humano íntegro em suas relações concretas, e não idealizadas. Não vemos nas letras das canções apenas um aspecto do comportamento, mas uma análise realista e humanista, que apresenta uma "figuração do homem como tipo concreto, de múltiplas determinações, como homem total [que se opõe] à alienação fetichista [e também] à fragmentação do homem" (Coutinho, 1967, p. 116). Tais considerações só se tornam possíveis se entendermos a consciência artística do compositor e sua capacidade de análise e figuração do comportamento.

No que se refere às canções autenticamente engajadas, observamos uma análise substancial da realidade brasileira, em que a utilização de elevados recursos literários revela as contradições de uma sociedade no

5. Entendemos a "contradição" dialeticamente como "interação dos aspectos opostos dum objeto ou sistema que ao mesmo tempo se caracteriza pela sua unidade interna e interpenetração recíproca. A contradição dialética é a causa do auto movimento e do desenvolvimento do mundo objetivo e do conhecimento" (Krapívine, 1986, p. 279).

calor da luta e denunciam as condições sociais como produto da situação de ditadura em que vivia o país.

Buarque conseguiu produzir uma obra de inestimável valor artístico, sem render-se à denúncia fácil de menor valor.[6] Ao colocar sua obra artística a serviço da luta contra a ditadura, enfrenta a censura oficial, lançando mão do uso de metáforas e subterfúgios linguísticos e literários para conseguir escapar da tesoura implacável do censor, embora diversas canções tenham sido proibidas e várias censuradas parcialmente, registrando para a história o arbítrio daqueles que, para se garantir no poder, violentavam a cultura e a arte.

Deus lhe pague: uma realidade apesar de Deus

Voltando de seu exílio na Itália,[7] Chico Buarque não se aparta da realidade política e social que o cerca e coloca sua obra a serviço de uma sociedade mais justa e humana, sobretudo, lutando acirradamente contra a ditadura militar. Com a decretação do AI-5 a censura se institucionalizou, atingindo números ainda não registrados em sua perseguição aos artistas e intelectuais, houve a mutilação e proibição de obras de arte. A discussão sobre a arte e sua função política e social atingiu níveis ainda não verificados na nossa história.

Em meio à turbulência política do início dos anos de 1970, Chico Buarque lança *Deus lhe pague*, um grito angustiado e angustiante, cuja agressividade responde ao momento histórico: sua letra forte e incisiva é um grito de revolta contra o período mais truculento da ditadura; sua melodia é trabalhada num *crescendo* quase frenético até o desesperado grito final. Sempre marcada pela rima constante e a repetição incansável do irônico "Deus lhe pague". A expressão-tema, num embate dialético entre versos e realidade objetiva, abandona sua condição de expressão conformista e alienada para assumir-se consciência do sujeito poético que lança seu grito de indignação e revolta, numa aguçada crítica ao regime ditatorial.

---

6. Cabe ressaltar a canção *Apesar de você*, de 1970, inegavelmente, uma obra fora da curva da produção buarquiana. A música, gravada logo após o retorno do cantor/compositor ao Brasil, é um grito de protesto contra aquele que foi o mais brutal do generais-presidentes, Emílio Garrastazu Médici. A denúncia direta e de características próximas ao panfleto político, tornou-se um manifesto, um hino em que o verso "amanhã vai ser outro dia" foi adotado como *slogan* da luta pelo fim da ditadura e pela conquista das liberdades democráticas.
7. Chico Buarque deixou o Brasil em 9 de janeiro de 1969, menos de um mês depois da decretação do AI-5; só retornou ao país em 21 de abril de 1970. A primeira música gravada assim que voltou ao Brasil, *Apesar de você*, foi imediatamente proibida pela censura.

O que vemos é uma “litania fingida baseada na inversão de uma fórmula linguística comumente usada para demonstrar gratidão por uma caridade feita” (Perrone, 1988, p. 83), a qual, na verdade, se refere a uma conduta repressiva imposta por um sistema político que mal permite ao trabalhador sua própria subsistência. Da mesma forma, o trabalho “pingente” nos andaimes da construção civil, que goteja sem de fato molhar, no sentido de ser suficiente para proporcionar dignidade ao trabalhador, é apresentado como uma obrigatoriedade suportada através da manutenção de vícios igualmente considerados compulsórios pelo sujeito poético que agoniado enfatiza *ter que* “engolir a cachaça” e “tossir a fumaça” como modo de vida inevitável, justificando uma “existência totalmente governada pela alienação, no sentido real da palavra: possessão por de outro (do Latim *alienus* — de outro)” (Perrone, 1988, p. 84).

Ao longo da composição, são apresentadas situações cada vez mais negativas em uma espiral descendente, as quais, tal como na vida da classe trabalhadora, têm, finalmente, na morte, sugerida pela queda do andaime,[8] a única esperança de melhoria: “E pela paz derradeira que enfim vai nos redimir”.

Há um choque de representações em que a alienação se manifesta numa resignação de nada mais poder fazer contra o sistema — “estamos aí” —, assumindo o papel imposto pela ideologia dominante de se aprazer com eventos que distraem a atenção das mazelas sociais e, mais uma vez, o grito de “Deus lhe pague” surge denunciando a realidade concreta, instigando a tomada de consciência.

Deus lhe pague não é, como um de seus versos afirma, o “grito demente que nos ajuda a fugir”, é o grito de afirmação que não se verga às arbitrariedades, nem se deixa levar pelas promessas do “Brasil grande”.[9] Chico Buarque manifesta claramente que voltou para lutar, e está pronto para enfrentar as responsabilidades que a luta impõe e a arte exige.

8. Não por acaso alguns versos de *Deus lhe pague* (estrofes 1, 4 e 6) foram habilmente incorporados à música *Construção*.

9. A construção de um ethos ufanista foi a marca do regime militar, particularmente no período Médici. “Em ritmo de Brasil grande”, vários slogans foram criados para exaltar o “patriotismo” e os êxitos do governo: “Brasil: Ame-o ou deixe-o!”, “Brasil: Ame-o”, e “Quem não vive para servir ao Brasil, não serve para viver no Brasil”, “Pra frente, Brasil!”. Sobre a propaganda oficial da ditadura, ver: “Exaltação e propaganda da Rede Globo, ao REGIME MILITAR (1975)”. Disponível em: <https://youtu.be/JHMOLQDRER8>.

Partido Alto: debochando do milagre

A crítica percebida em *Partido alto*, onde os problemas sociais são concebidos e apresentados como vontade divina, se coloca para além do que pode ser observado superficialmente, revelando não só a miséria em que foi jogado o povo brasileiro no período da ditadura militar, mas a crise vivenciada no país do "milagre econômico", o qual prometia fazer o bolo crescer para depois dividi-lo.

O deboche, amparado por uma linguagem coloquial, se apresenta tão pujante quanto o ritmo que dá título à canção a qual materializa Deus, responsabilizando-o por uma realidade social em que se registra o processo de proletarização da classe média, a mesma que foi para as ruas defender a "revolução" contra a "infiltração comunista" e a maior pauperização da classe trabalhadora. A religião, metáfora ideológica colocada na canção como instrumento de dominação, permite ao miserável apenas, e quando muito, se "indignar e chega", pois tudo seguirá como sempre foi: a massa continuará ao "Deus dará" não conseguindo superar um sistema de exploração que impele muitos à criminalidade, conforme sugerem os versos da última estrofe.

No jogo entre a realidade e o divino, o sujeito poético se divide, pois nenhum dos dois resolve a problemática "barriga da miséria" imposta pelo cotidiano, até que ele tome as rédeas do seu destino nos momentos em que apresenta uma reação. Apesar de Deus, metaforizado ou não, sua atitude busca alternativas *enviesadas* para superar as dificuldades que se lhe apresentam. Nas segundas partes de cada estrofe (versos 3 e 4), a suposta alienação é substituída por uma tomada de consciência e mudança de postura frente aos entraves sociais. A transformação é produto de sua consciência de que apenas Deus e a boa vontade dos governantes não resolverão os problemas mais emergentes da sociedade. Em forma de *breque*, o fechamento de cada estrofe lança uma espécie de ameaça à estrutura vigente: "Eu sou do Rio de Janeiro", "E aquele abraço pra quem fica", "Que eu já tô de saco cheio" e "Um dia ainda sou notícia".

A repetição paralelística de alguns versos-chave, característica recorrente na produção do compositor, é marcada pelas quatro repetições do mesmo refrão, destacando com isso a consciência de um sujeito poético que, desconfiado da onipotência divina, questiona sua "nega" sobre como lidar com a vida "se" a divindade não providenciar a subsistência. O uso da conjunção condicional demonstra a superação do primeiro nível de alienação, que tudo aceita resignadamente, mas coloca o sujeito poético em conflito, pois vive a contradição de ainda acreditar em situações improváveis justificadas pela irreverência de Deus, "um cara gozador" com certeza! Assim, embora o sujeito poético não pareça acreditar na religião, ainda é mantida a crença metafísica em um Cristo que um dia lhe dará explicações de "como é que pôs no mundo esta pouca titica".

Sobre todas as coisas: a consciência religiosa e sua contraparte alienante

A dialética observada em *Sobre todas as coisas* se evidencia através da afirmação de uma consciência religiosa, que revela o seu contraditório fazendo emergir o que se esconde atrás de um aparente processo de libertação — a alienação do sujeito poético.

Evadindo-se da realidade concreta para refugiar-se em concepções metafísicas e místicas, a consciência religiosa não produz a emancipação, ao contrário, afunda o homem cada vez mais em sua alienação. Conforme destaca Konder (2009, p. 62, grifos do autor),

> A única compreensão que a consciência religiosa sempre comporta é uma compreensão passivamente sofrida, a compreensão da verdade revelada, a compreensão resultante do fato de que o sujeito seja alcançado por uma luz que vem de fora. A compreensão ativa, derivada do desenvolvimento da razão humana, derivada da apreensão crescente, gradativa e ilimitada, pelo homem, da racionalidade da sua objetivação, esta não cabe por inteiro dentro da consciência religiosa. Nisto, precisamente, é que se manifesta a *alienação* inerente à consciência religiosa: em nenhuma de suas formas ela pode reconhecer ilimitadas possibilidades de desenvolvimento para a razão humana. *Em nenhuma de suas formas ele pode reconhecer ilimitadas possibilidade de expansão para o conhecimento humano.*

Construída sob a forma de monólogo dramático, percebemos, na composição, o debate entre *consciência* e *alienação* em torno da consciência religiosa, sendo que o discurso projetado se sustenta na defesa de um único e inalterável ponto de vista. Entretanto, o silêncio do outro elemento está repleto de argumentação que, de certa forma, pode ser inferida, pois busca modificar o pensamento do primeiro, instigando um novo processo de consciência capaz de fazê-lo superar a concepção de ordenação do mundo a partir da vontade de algo sobrenatural. A *consciência* implícita coloca em dúvida o caráter natural das relações estabelecidas entre o homem e o divino, apresentando a tese das incoerências relativas à ideia de Deus. Ao tentar afirmar, a negação surge dentro da própria afirmação, ainda que a negação permaneça silenciada.

Ao elencar as produções de Deus, na tentativa de zelar pela reprodução do pensamento cristão ocidental de culpa, o sujeito poético adverte seu interlocutor de que "Deus até fica zangado vendo alguém abandonado pelo amor de Deus". Há um jogo de palavras que nos é apresentado de forma recorrente ao longo da música com o objetivo de concretizar o contraditório. A expressão "pelo amor de Deus" colocada fechando o quarto verso, não é definida claramente, pois se reveste de duas funções, podendo ser uma locução interjetiva ou mesmo um adjunto adnominal. Esse recurso faz refletir dentro do discurso a voz do outro, aquele que questiona a concepção de um ser divino que aparentemente tudo cria para deleite próprio ou em função de si mesmo. Assim, o procedimento poético faz emergir a alienação do primeiro enunciador, que tenta silenciar aquele que acredita na emancipação do homem através da consciência social.

As duas consciências se chocam: de um lado a *consciência religiosa alienante* buscando se impor e, do outro, a *consciência social emancipadora* que revela as contradições denunciando, ainda que silenciosamente, a alienação, uma vez que "a religião é, na realidade, a consciência e sentimentos próprios do homem que, ou ainda não se encontrou, ou então já se perdeu" (Marx *apud* Konder, 2009, p. 44) e, portanto, continua um homem alienado, tal qual propõe a perspectiva materialista.

Considerações finais

Dotado de uma consciência artística privilegiada Chico Buarque se apresenta ao longo de sua história não só como um questionador da ordem social, mas um profundo conhecedor das relações entre os homens, historicamente condicionadas.

Em *Deus lhe pague* e *Partido alto,* destacamos como o compositor, através de sua poética engajada na luta contra a ditadura, consegue, numa perspectiva popular, driblar a censura valendo-se de expressões e narrativas cotidianas; transforma a crença religiosa responsável pela alienação do homem em consciência e tentativa de emancipação; e denuncia os arbítrios de um governo opressor. Já em *Sobre todas as coisas*, evidenciamos como o fenômeno da alienação, que ocorre em vários níveis sociais, é o elemento utilizado por Chico Buarque para empreender uma crítica radical ao valor religioso do criacionismo.

Deus, nas obras aqui analisadas, não é uma representação religiosa, mas representação do divino como forma de afirmar a *alienação* e a *consciência*. A contradição verificada nas músicas — *alienação* em umas, *consciência* em outras — é fruto de uma consciência materialista e dialética do compositor, que encara a realidade em constante movimento e articula os procedimentos literários e ideológicos de acordo com a necessidade de cada momento.

REFERÊNCIAS

ADORNO, Theodor W. *Teoria estética*. Trad. Artur Morão. Lisboa: Edições 70, 2006.

BORGES, Luiz Paixão Lima. O nacional e o popular na obra de Oduvaldo Vianna Filho. Dissertação (Mestrado, Literatura Brasileira). Faculdade de Letras da Universidade Federal de Minas Gerais. Belo Horizonte, Minas Gerais, 2016. Disponível em http://www.bibliotecadigital.ufmg.br/dspace/handle/1843/ECAP-A6UFSM>.

BUARQUE, Chico. *Construção*. São Paulo: Abril, 2010. Coleção Chico Buarque; v. 2, CD.

______. *Quando o carnaval chegar*. São Paulo: Philips, 2001. CD.

BUARQUE, Chico; LOBO, Edu. O *grande circo místico*. São Paulo: Velas, 1983. CD.

COUTINHO, Carlos Nelson. *Literatura e humanismo*: ensaios de crítica marxista. Rio de Janeiro: Paz e Terra, 1967.

FISHER, Ernst. *A necessidade da arte*. 9. ed. Trad. Leandro Konder. Rio de Janeiro: Zahar, 1983.

GASPARI, Elio. *A ditadura envergonhada*. 2. ed. rev. Rio de janeiro: Intrínseca, 2014.

IASI, Mauro Luis. *Ensaios sobre consciência e emancipação*. 2. ed. São Paulo: Expressão Popular, 2011.

KONDER, Leandro. *Marxismo e alienação*: contribuição para um estudo do conceito marxista de alienação. São Paulo: Expressão Popular, 2009.

KRAPIVINE, V. *Que é o materialismo dialéctico?* Trad. G. Mélnikov. Moscou: Progresso, 1986.

MARX, Karl; ENGELS, Friedrich. *A ideologia alemã* (I - Feuerbach). 2. ed. Trad. José Carlos Bruni e Marco Aurélio Nogueira. São Paulo: Ciências Humanas, 1979.

MARX, Karl; ENGELS, Friedrich. *Sobre literatura e arte*. Trad. Olinto Beckerman. São Paulo: Global, 1979.

PERRONE, Charles A. *Letras e letras da música popular brasileira*. Trad. José Luiz Paulo Machado. Rio de Janeiro: Elo, 1988.

SILVA, Alessandra Kely da. As consequências sociais do milagre econômico brasileiro: o caso do estado de São Paulo, 1968-1972. Monografia (Bacharelado, Ciências Econômicas) Instituto de Ciências Sociais Aplicadas da Universidade Federal de Alfenas, Varginha, Minas Gerais, 2014. Disponível em: <https://www.unifal-mg.edu.br/economia/sites/default/files/economia/4_monografias/20132_Alessandra_Kely_Silva.pdf>.

Ilustração de Geraldo Lacerdine

VI. SARAU

"Tem Deus! Tem Deus! Tem Deus!"
(André Araújo)

A Vila do Sino

André Luís de Araújo
Ilustrações: Geraldo Lacerdine

Introdução

"A Vila do Sino" nasceu de uma vontade partilhada de fazer dialogar a arte em suas múltiplas formas e sensibilidades para contar a vida de um lugar e de um povo. Por isso, esse vilarejo ainda espera por outros possíveis desdobramentos ético-estéticos e culturais (sarau, música, teatro, dança, exposição etc). No entanto, compareceram já, para dar contornos a esse sonho, a poesia e a pintura. Ambas, valendo-se de seu potencial inventivo, deram-se as mãos para gerar os vários personagens que foram convocados para evocar a vida dessa gente anunciada no cotidiano mais banal e corriqueiro de uma vila do interior do Brasil.

"A Vila do Sino" é, assim, um desses rincões que não contém nada de mais, senão o que guarda em si e partilha: literatura, história e memória cultural. Histórias de uma cultura correndo o risco de se perder no ritmo alucinado dos nossos dias em que as coisas se pulverizam pelo excesso do mesmo e pela indiferença. Memórias afetivas profundamente marcadas e ritmadas pela tessitura de vozes narrativas que não querem deixar de apanhar rumores vindos de várias direções, para contar e juntar o que se dispersou no tempo e no espaço. Literatura que, no encontro com o registro mágico de um traço de tinta contra a tela branca, busca o testemunho de uma identidade que conflui no mesmo emaranhado junto do compasso rouco de uma voz mais forte que se personifica: um sino que regula tudo, enquanto toca e anuncia que em toda parte e o tempo todo "Tem Deus!"

"A Vila do Sino" ressoa essa verdade, e esse eco se faz sentir por todo canto. Do campanário, o sino marca as horas, as festas e o luto, enquanto atesta que mesmo o elemento mais trivial encontra-se habitado por uma presença absolutamente transcendente. E essa força vital preenche as lacunas. O tempo escoa de um modo diferente. A vida e a morte se revezam como em todo lado, e as pessoas sabem que precisam desse registro. "Tem Deus!" na vida desses homens e mulheres, crianças, jovens e adultos. "Tem Deus!" na natureza, no trabalho, na pureza da infância e nas descobertas da adolescência. "Tem Deus!" indo e voltando onde a resposta a essa alegria não parecia mais possível. Assim, pura e simplesmente: "Tem Deus!" sem precisar mais de muita explicação...

Objetivo

O intuito aqui é narrar a história de uma vila do interior brasileiro a partir do olhar dos próprios personagens e de suas questões existenciais. Para isso, nove homens e nove mulheres, de idades variadas e oriundas das mais diferentes condições, enunciam suas percepções de mundo e seus pontos de vista, implicando-se no dia a dia do lugar, apesar de e com tudo o que as faz viver. O sino de alguma forma testemunha e marca a presença de um ser Superior que as acompanha e encoraja. Sua regulação é não mais que a da passagem do tempo e das horas. No entanto, seu anúncio é certo para que ninguém se perca em divagações: pouco importa o que se vive, "Tem Deus!" sem invadir e sem passar ao largo, constante e do jeito como O imaginarmos e O sentirmos. Que cada um se aproprie dessa verdade: é por você também que os sinos dobram...

Culminância

O livro de poemas (quase em prosa) resultado dessa empreitada pretende contar a história dos moradores da Vila do Sino, cada um, sempre uma página por vez, tendo ao lado a ilustração correspondente ao personagem evocado. Os títulos são simplesmente o nome de cada um deles. Nesse sentido, há nesse material muita mistura de realidade e ficção, o que impede, num primeiro momento, uma identificação plasmada com o público leitor/espectador, podendo provocar, contudo, sentimentos da mais diversa ordem, dada a similitude das situações enunciadas por quem já possa ter vivido algo parecido em suas "vilas" de origem.

As ilustrações que acompanham cada personagem são telas que foram pintadas para retratar cada um a partir de seu universo e da relação estabelecida com o seu entorno e com o todo da obra. Por isso, vale lembrar que, inicialmente, o projeto foi pensado para acontecer como o ponto alto de um sarau e de uma exposição artística interativa. "A Vila do Sino" tem, desse modo, um viés poético e pictórico que aposta e se lança na confluência com outras artes, como a música, o teatro e a dança, para provocar múltiplas sensibilidades e elevar a arte para além da mera apreciação de um objeto estético estático. As relações que se buscam com o público leitor/espectador são variadas, o que não elimina os princípios básicos de nenhuma das duas interfaces deste trabalho, a saber: o prazer do texto vindo da leitura e da fruição poética, bem como a visita à exposição para contemplação dos quadros e encantar-se com as imagens culturais narradas.

O lançamento das exposições que poderão ocorrer com o desenvolvimento deste Projeto vai contar sempre com a possibilidade de adquirir o livro de poemas e de revisitar as telas realizadas para retratar o contexto de cada personagem da Vila do Sino. Na ocasião, pode haver saraus, recitação de poemas, intervenções teatrais e musicais que ajudem a entrar ainda mais no universo referido, tratado e revelado a várias mãos. Cabe lugar ainda para debates ético-estéticos, e por que não de cunho espiritual e religioso, uma vez que "A Vila do Sino" tende a desvelar mais do que o que se anuncia num sinal sonoro, posto que registra, a cada página e a cada passo para ver a próxima tela, incansavelmente, no seu dizer monocórdico: "Tem Deus!".

"Tem Deus!"

O repicar dos sinos nas cidades do interior continua a falar da vida simples do povo e de uma experiência profunda com o sagrado. A cada vez que o sino toca na Vila tenho a sensação de ouvi-lo dizer: "Tem Deus!" "Tem Deus!" "Tem Deus!" E, de fato, tem mesmo. Do alto, o campanário marca as horas e os acontecimentos mais importantes, pontuando o tempo que segue morno e repetitivo.

Parece um tempo sem tempo, porque "Tem Deus!" e, por isso, vem cheio de uma esperança que ultrapassa qualquer limite. Sente-se aí, ao pé da Matriz, que a temporalidade nesse lugar escoa de outro modo. Deus preenche tudo, para tudo "Tem Deus!". Do anúncio mais corriqueiro até o luto e a festa, o desespero e a alegria. Cada coisa e cada pessoa guarda em si esse registro, para além do silêncio franco que se impõe, para deixar ressoar essa presença tão simples e tão certa, sem atropelar nada, impondo-se pelo que é depois de cada toque. É uma experiência de vida!

"Tem Deus!" pelas colinas, pelas campinas e lá pelo alto da serra. "Tem Deus!" na mina, na curva do rio, subindo e descendo ladeira. "Tem Deus!" indo para a escola, construindo casas e bordando os panos. "Tem Deus!" descobrindo a vida passando a galope, na flor da idade ou na velhice mais aterradora. "Tem Deus!" na vida. "Tem Deus!" na morte. E esse sinal-presença não passa inaudito. Ele se faz memória afetiva para os moradores da "Vila do Sino". Ele preserva o sentido ritmado da existência, o lugar do ser "por quem os sinos dobram".

Criança, adulto ou idoso, homem ou mulher todos se sentem convocados e atravessados por essa verdade intensa: "Tem Deus!" nesse tecido multicolorido, tantas vezes esmaecido pelo sofrimento. Contudo, alvejado de uma ternura que persiste a cada meia-hora para lembrar: "Tem Deus!". A Vila acorda e dorme e passa o dia inteiro meditando esta verdade que ultrapassa a sensatez ou a necessidade de explicação. As badaladas se intensificam com o passar do dia, aumentam de hora em hora, aumentando também sua frequência e, com ela, o sentimento da verdade dessas vidas que dançam, trabalham, assustam, deliram, rezam, vivem e morrem. Epifanias de cada hora, manifestação de todo dia.

Para começar, "Tem Deus!". Para terminar, "Tem Deus!". E a gente sabe que a vida um dia começou e para Ele se encaminha. No intervalo surdo que embala as horas, no calor da Vila que acolhe o homem. "Tem Deus!" assim mesmo, no presente estado em que as coisas entram para a vida e se perpetuam para além da morte. Para além da Vila, para os lados de lá, alguém insiste e eu acredito: "Tem Deus!" "Tem Deus!" Tem Deus!"... E a Vila do Sino anuncia com força esta verdade: "Tem Deus!"

MOACIR

Ele se levantava antes do nascer do dia,
subia as escadas do campanário, sem pressa,
e ficava à espera.
Quando a luz despontava na campina,
lá pros lados da serra,
Sô Moacir começava.
Era bom de ouvir
Como, na minha terra,
anunciavam nova manhã:
"Tem Deus! Tem Deus! Tem Deus!"
Minha memória cansada
retém o compasso daquele anúncio:
"Tem Deus! Tem Deus! Tem Deus!"
E tinha mesmo algo divino
no silêncio daquele gesto
tão simples, tão fácil, tão certo.
Aquelas mãos calejadas a pronunciar:
"Tem Deus! Tem Deus! Tem Deus!"
Longe se ouvia,
hoje nem ouso perguntar,
'e agora o sol quem vai convocar?'
Silêncio nas colinas...
"Tem Deus! Tem Deus! Tem Deus!"

ROSÁRIO

Rosário tinha sonhos e eram muitos,
ela nem conseguia contar.
Tinha medos e eram vários,
difícil de imaginar
como essa menina vivia
tendo tempo pra sonhar.
Perdeu a mãe, chorou sem conta.
Viu irmão preso, irmã doente,
e o pai a definhar...
'Ô Rosário, fica calma,
tudo isso vai passar!'
E ela desfiava as contas
de um tercinho tosco
para não desanimar.
'Rosário, a vida é assim mesmo
tem muito mistério que não dá pra explicar...'

AMETISTA

Ela era linda!
Impossível não amar
a mais bela das bailarinas.
Mas ninguém amava Ametista.
Foi então que,
sem se importar com isso,
entendeu "rápido e rasteiro":
chegou, entrou e dançou.
Dançou até o sapato pedir pra parar.
Depois parou,
tirou o sapato
e dançou o resto da vida...

SILVANO

A gente vê sair o ouro das pedras,
mas não se dá conta.
Não dá conta, Silvano,
da vida lá fora,
do choro das viúvas,
do leite das crianças,
da tosse que não passa,
do ouvido que não escuta,
do convívio com a morte.
A gente põe um cruzeiro no alto
para lembrar dos que já foram, Silvano,
mas, no fundo, a gente nem precisa...
No fundo, é outra coisa.
No fundo da gente,
no fundo do poço,
no fundo, no fundo...
tão profundamente que,
sei lá, ninguém vê nada
de tão profundo...
A gente dá conta
e não dá, Silvano,
de comer comida fria,
de beber água sem filtrar,
de dormir pouco todo dia,
de não ter onde morar.
Mas o ouro sai no fim das contas,
[Silvano,
e lá no alto do morro
não precisa me explicar
de que morte eu tanto morro
quando paro de pensar.
Esta vida é mais que um sopro,
raio doce de luar,
passa boi, passa boiada,
eu não posso mais contar!

HERMÍNIA

O dia em que Dona Hermínia morreu
fez-se um silêncio além do normal
na rua cheia de cães.
Deram uma nota solene na Matriz,
a gente ouvia
e não tirava os olhos do chão.
'Desse jeito ninguém vai ver' —
pensava a meninazinha,
vendo os olhares graves e úmidos.
Ver o quê,
se a velha morreu,
não vai mais dizer
a todo desconhecido que passava:
'Vai com Deus, meu filho!'
'Deus te acompanhe, minha filha!'?
Foi então que,
desafiando a tristeza,
a menina gritou com força:
'Dona Hermínia virou anjo!'
Não sei se por medo ou vaidade
ninguém ousou desmentir...

CÂNDIDA

São seis horas na manhã sem dúvidas.
Lá vai dona Cândida descendo o morro.
O passo é o mesmo, a certeza é nova:
vai abrir a escola, vai varrer as salas,
vai limpar carteiras e apagar os quadros,
vai fazer café.
No sabor dessa rotina,
vai matar a fome.
A fila da sopa ou do arroz temperado
é sempre a mesma:
não tem fim!
Só o dinheiro é que era curto.
Mãe de muitos, tia de uns tantos,
ficara viúva muito cedo
e completava o que faltava com beijinhos,
casadinhos, espera marido e olho de sogra...
Porém, sobrava carinho,
de quem pouco lia
e escrevia "para o gasto",
como ela mesma dizia.
Saudade da pizza, do pastel, do bolo e do pudim.

A gente sabe como é,
a vida não regateia, tia Cândida,
até o doce carrega um amargo no fim.
"Sei mais eu, menino,
o que a vida tem de ensino:
cabeça boa é barriga cheia,
faz letra bonita,
que o resto é água com açúcar!"
É verdade, como pude esquecer:
"tia, tô com dor de cabeça, me dá remédio?!"
"Ô, meu fi, tomou café?"
"Que que é hoje?"
"Arroz com feijão e ovo".
"Hmm, vai custar pra passar..."
"Vai nada, chega aqui!"
Nunca se aprendeu tanto,
como nas lições da cantina,
e não tinha nada pra complicar,
não tinha remédio mesmo, não tinha aspirina.
Era um punhado de arroz com feijão e ovo,
uma coisinha à toa,
que hoje relembro e me comovo:
o suficiente pra uma barriga cheia
e uma cabeça boa...

ALICE
Mais um ano começava.
Alice, como sempre, preocupada:
"Vão me dar de novo aquelas sementes..."
Isso de dizer "aquelas sementes" a fez pensar.
Ela nunca pudera entender
a frase que lera certa vez:
"Ai de nós se, por nossa culpa,
semente morrer semente..."
Ela conhecia o que dizia o Evangelho,
também não ignorava a vida no campo,
o trato da terra, da semente e os adubos.
Mas é que todo ano ela recebia sementes e...
zelava delas, cuidava com carinho,
plantava, regava e esperava pelos frutos
que não vinham.
Talvez ela tivesse de ler mais,
aprofundar coisas, ser mais paciente.
Ela que já tinha se vestido de bruxa,
de fada, de lobo, de princesa, de bonequinha preta...
tinha aprendido a cantar, a tocar e a dançar
para despertar "aquelas sementes".
E o sono era mais forte,
e a violência, mais dura,
e a fome, mais cruel
a cada dia e com todo mundo.

Alice não vivia no país das maravilhas.
Ela sabia e julgava querer pouco até da vida.
Um menino que soletrasse uma palavra,
uma menina que, de repente, arriscasse
um colorido e um contorno suave,
de um sonho diferente,
de uma vida diferente.
As crianças teriam seu tempo,
não aprenderiam com ela,
era difícil admitir:
"Eu plantei, Apolo regou"
e aceitar resignada:
"quem deu o crescimento foi Deus..."
Hoje, diante daqueles olhinhos ávidos,
Alice estremeceu.
Como num flash, ela despertou
quando uma criança pediu:
"Tia, toca aquela música..."
E outra: "Ensina a gente a dançar!"
E outra ainda: "Vai ter fada e bruxa?"
Sorriu, pasmou e se deu conta:
"Alice, esta semente é você!"

BENTO

Pipas e papagaios colorindo o céu,
laçadas e cerol cortante
haja papel e barbante
para parar a saga do menino errante.
Erra na rua,
chinelos gastos, borracha e lona,
entre carrinhos de rolimã e patinetes.
Bento tem nome de santo,
até queria ser um deles,
mas dizem que não é flor que se cheira.
Anda iludido, fedido e mal vestido,
cutuca perebas que não saram nunca.
Engraçado,
não tem sangue ruim,
sua mãe é beata
e lhe cata piolho,
tira bicho de pé.
Faz caridade para si.
Bento fica de molho,
corre em volta da casa
e não sabe o que é
quando a garganta coça
e lhe dói a barriga.
É dor demais para interpretar!
Quase morre de fadiga,
e queria ser santo,
fazer jus ao nome,
mas acha que não vai dar.
Quando está em apuros
ou algo acontece
repete logo a prece
que aprendeu com a avó
e tenta se ajeitar:
"São Bento, água benta,
Jesus Cristo no altar,
afasta cobra, arreda bicho,
deixa o filho de Deus passar!"

TECA
Não sei o que mais caberia
"Atrás dos olhos da menina séria".
A adolescente sardenta,
visivelmente cansada,
apertada contra a grade,
hoje tirou o chapéu.
Arriscou um dedo de prosa,
tomou coragem e zarpou.
Âncoras ao vento,
cortou a cabeleira ruiva.
Fez aparecer, com isso,
a tatuagem que escondia na nuca.
Era esse o seu desejo:
dar a conhecer sua ternura?
Teca corta mais no corpo
o que leva escandido na alma.
A bicicleta, os óculos escuros,
os mesmos aros,
a velha máquina de escrever e o moleton trapaceiam.
Definitivamente: mulheres e crianças
não afundam navios!
Vem, hoje sou eu
que livro você
da verdade...

Bis orat qui bene cantat, "Quem canta bem ora duplamente": cantos em latim a(os) Deus(es)

Júlia Batista Castilho de Avellar

Introdução

Um dos papéis que a música e a poesia, desde a Antiguidade, podiam desempenhar é o celebratório. Em contexto romano, basta pensar, por exemplo, em alguns dos poemas de Horácio. O *Carmen Saeculare* ("Canto Secular"), composto em ocasião dos *Ludi Saeculares* ("Jogos Seculares")[1] a pedido do imperador Augusto, contém uma prece a Apolo e Diana, acompanhada do louvor a esses deuses e à cidade de Roma. De modo semelhante, a ode I, 21, de Horácio, constitui um hino em louvor desses mesmos deuses e termina com a adoção de um tom patriótico.

Em contexto cristão, por sua vez, é bastante difundida a máxima *Bis orat qui bene cantat* ("Quem canta bem ora duplamente"), citada no *Missal Romano* (2002, 39) como antigo provérbio. A ideia do canto como uma forma de aproximação do divino e de vivência da alegria do amor de Deus perpassa o pensamento cristão e manifesta-se com certa frequência em Santo Agostinho (*354 a †430).

Com efeito, na "Narração para o salmo 72", é atribuído ao canto não só um valor laudatório, mas também a possibilidade de experienciar a alegria pelo louvor e o amor pelo que é louvado: "Em verdade, quem canta um louvor, não apenas louva, mas também louva com alegria: quem canta um louvor, não apenas canta, mas também ama aquilo que canta" — *Qui enim cantat laudem, non solum laudat, sed etiam hilariter laudat: qui cantat laudem, non solum cantat, sed et amat eum quem cantat* (Agostinho, PL 36, *Enarratio in Psalmum* 72, 1). Também no Sermão 336, "Em dedicação à Igreja" (*In dedicationem Ecclesiae*), Santo Agostinho associa o ato de cantar à experiência do amor. Para ele, o canto seria uma forma de manifestar e expressar o fervor do amor a Deus: "Cantar é próprio de quem ama. A voz

1. Os Jogos Seculares eram uma celebração com representações teatrais e sacrifícios aos deuses, que ocorria durante três dias e três noites na cidade de Roma, demarcando o término de um *saeculum* (que à época de Augusto tinha a duração de 110 anos) e início de outro (Penna; Avellar, 2014, p. 6-7).

é do cantor, o fervor é do amor sagrado" — *Cantare amantis est. Vox huius cantoris, feruor est sancti amoris* (Agostinho, PL 38, *Sermo* 336, 1).

Diante disso, propusemos uma apresentação que pudesse vincular o canto à poesia e à experiência do divino por meio da música. A primeira parte se volta para a ode I, 21, de Horácio, hino em louvor de Apolo, Diana e Latona, deuses greco-romanos. A segunda parte, por sua vez, insere-se no contexto cristão medieval e aborda uma cantiga do *Libre Vermell de Montserrat* em louvor à Virgem Maria.

1. Hino em louvor dos deuses da Antiguidade: a ode I, 21, de Horácio

Como etapa de uma pesquisa coordenada pela Profa. Heloísa Penna (FALE/ UFMG), que organiza e conduz um grupo de leitura e recitação de poemas em latim, foram traduzidas e musicadas, segundo o esquema rítmico da poesia latina, algumas das odes horacianas.[2] A proposta era exatamente resgatar a musicalidade dos metros da poesia latina a partir da composição de canções que seguissem o exato ritmo do verso latino, que alterna sílabas longas e breves.

Foi nesse contexto que compus uma melodia para a ode I, 21, que tentou explorar, além do ritmo característico dos versos, o tom alegre e exultante da celebração dos deuses, como convém a um hino. O texto em latim possui estrofes asclepiadeas B, que se caracterizam por possuir os dois primeiros versos em asclepiadeu menor (metro em que há uma cesura no meio do verso), o terceiro em ferecrácio e o último em glicônio. O esquema rítmico característico desse metro foi reproduzido na melodia que compus, a qual foi transcrita para partitura por Manuela Ribeiro Barbosa:

2. Os poemas estudados foram o *Carmen Saeculare* e as odes I, 11; I, 13; I, 21; I, 37; III, 9 e I, 30, e a pesquisa resultou na publicação do livro *Odes e canto Secular* (Penna; Avellar, 2014). O volume está disponível *online*: <http://150.164.100.248/vivavoz/data1/arquivos/OdesEcantos.site.pdf>.

Ode 1, 21

Texto: Horácio
Tradução do latim: Júlia Avellar

Música: Júlia Avellar

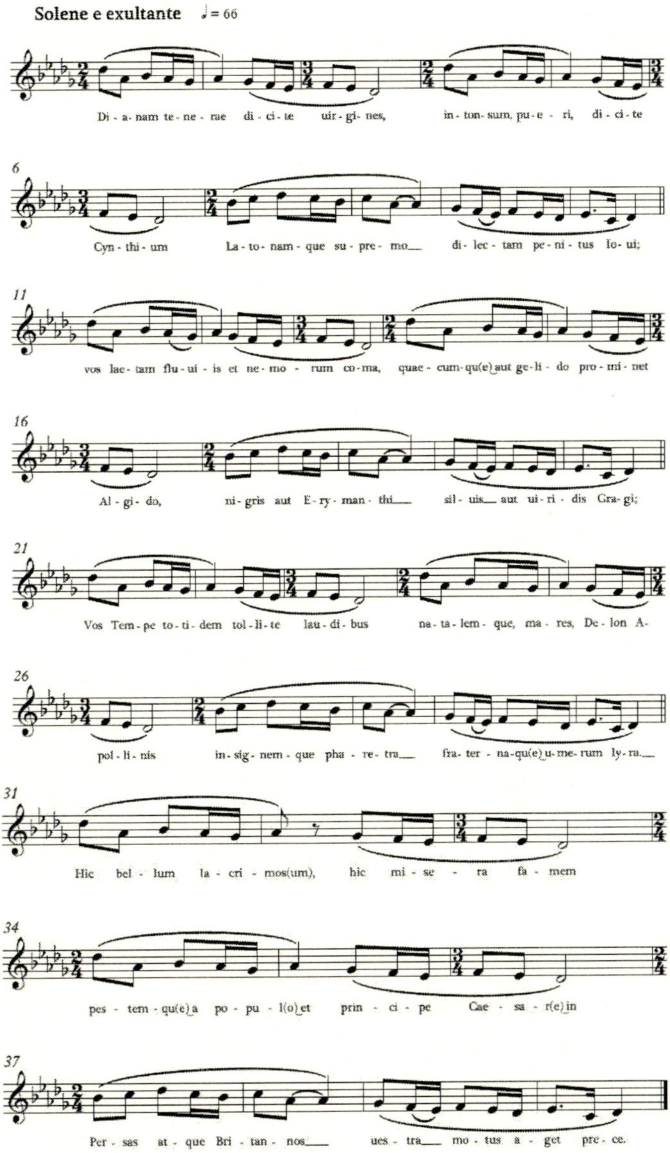

Transcrição: Manuela R. Barbosa
Editoração: Manuela R. Barbosa e Clarice M. R. Barbosa Viana

A ode I, 21 de Horácio pode ser considerada um hino religioso em louvor de Diana, Apolo e Latona, deuses em cuja honra os jovens (mais propriamente um coro) são exortados a celebrar. O poema é composto por três estrofes de elogio aos deuses e uma estrofe de prece. Sua estrutura não parece ser simétrica: a primeira estrofe refere-se aos três deuses, a segunda apenas a Diana e as duas estrofes restantes somente a Apolo, que acaba por se constituir como a figura dominante da ode. Apresento abaixo o texto latino acompanhado de tradução de minha responsabilidade.

Carmen I, 21

Dianam tenerae dicite uirgines,
intonsum, pueri, dicite Cynthium
Latonamque supremo
dilectam penitus Ioui.

Vos laetam fluuiis et nemorum coma,
quaecumque aut gelido prominet Algido,
nigris aut Erymanthi
siluis aut uiridis Cragi:

uos Tempe totidem tollite laudibus
natalemque, mares, Delon Apollinis,
insignemque pharetra
fraternaque umerum lyra

Hic bellum lacrimosum, hic miseram famem
pestemque a populo et principe Caesare in
Persas atque Britannos
uestra motus aget prece.[3]

Ode I, 21

Diana celebrai, ó jovens mocinhas,
ó moços, celebrai o Cíntio[4] longa-coma,
e Latona amada profundamente
por Júpiter supremo;

Vós, celebrai-a alegre com os rios e folhas dos bosques,
seja os que se elevam no gelado Álgido,
ou nas negras florestas do Erimanto
ou nas verdes do Grago:[5]

vós, ao Tempe exaltai com outros tantos louvores,
ó rapazes, e Delos natal de Apolo,
e a espádua notável pela aljava
e pela lira fraterna.

A guerra dolorosa, a peste e a triste fome,
ele afastará do povo e de César príncipe,
rumo aos persas e bretões,
por vossa prece movido. (trad. nossa)

3. O texto-base em latim usado para nossa tradução foi o estabelecido por F. Richard, em edição da *Librairie Garnier Frères* (1950).

4. Cíntio: epíteto de Apolo, que nascera próximo ao monte Cinto, situado na ilha de Delos.

5. Álgido, Erimanto e Grago: locais consagrados a Diana. O Álgido é uma montanha no Lácio, perto de Roma; o Erimanto é uma cadeia montanhosa ao norte do Peloponeso; o Grago é um pico na Lícia, região da Ásia Menor.

1.1. Principais características dos hinos

Ao hino podem ser atribuídos alguns aspectos formulares: o caráter exortativo; o louvor aos deuses e apresentação de seus epítetos, atributos e locais de culto; e a presença de um pedido. Além disso, as antigas preces latinas eram frequentemente marcadas por aliterações, assonâncias e repetições. Na ode em questão, o caráter exortativo pode ser claramente observado pela ampla presença de vocativos (*tenerae uirgines*, *pueri*, *uos*, *uos mares*) e de imperativos (*dicite*, *tollite*).

Na primeira estrofe, são referidos os três deuses, que parecem constituir uma nova Tríade Capitolina.[6] É interessante notar que eles são apresentados por meio de um *tricolon crescendo*: Diana é referida apenas pelo seu nome; Apolo é designado por um epíteto adjetivado (*intonsum Cynthium*), que remete ao seu local de nascimento (o monte Cinto localizava-se na ilha de Delos) e à sua juventude (os cabelos não cortados eram sinal de juventude); Latona, por sua vez, é apresentada por dois versos de descrição.

1.2. Mas quem são esses deuses?

Diana era uma antiga divindade latina, cultuada no Álgido e no Aventino, que, posteriormente, foi relacionada à Ártemis grega. Na ode I, 21, a deusa é associada à natureza, constituindo-se como protetora dos rios e bosques: *laetam fluuiis et nemorum coma* ("alegre co'os rios e folhas dos bosques", v. 5). Assim, são mencionados também os bosques do Erimanto e do Grago, locais a ela consagrados.

Semelhante caracterização pode ser encontrada em outros dois poemas latinos: o *Carmen Saeculare*, também de Horácio, e o poema 34 de Catulo, um hino a Diana. A deusa é "Diana soberana das florestas" — *Diana potens siluarum* (Horácio, *Carmen Saeculare*, v. 1) e "senhora dos montes, das florestas verdejantes, dos bosques mais ocultos e dos regatos murmurantes" — *domina montium siluarumque uirentium saltuumque reconditorum amniumque sonantium* (Catulo, *Carmina* 34, v. 9-12). Além disso, ela também é associada à Lua: "Lua, bicorne rainha dos astros" — *Luna siderum bicornis regina* (Horácio, *Carmen Saeculare*, v. 35-36); "és denominada Lua de brilho emprestado" — *notho es dicta lumine Luna* (Catulo, *Carmina* 34, 15-6).

---

6. A Tríade Capitolina era composta por Júpiter, Juno e Minerva, grupo de divindades superiores que eram associadas à grandeza de Roma. Acredita-se ter existido um templo dedicado à Tríade no Capitólio.

Apolo, por sua vez, era um deus grego, cujo culto foi assimilado em Roma no século IV a.C., com a tomada de Veios. Segundo a ode horaciana, são lugares a ele consagrados o Tempe (vale na Tessália) e Delos, ilha em que nasceu (*Delon natalem Apollinis*, v. 10). Ele é caracterizado por ser hábil com o arco e a lira: "espádua notável pela aljava e pela lira fraterna — *insignemque pharetra fraternaque umerum lyra* (v. 11-12). Além disso, assimilado a *Phoebus*, o deus era associado ao sol — *lucidum caeli decus*, "ornato brilhante do céu" (Horácio, *Carmen Saeculare*, v. 2); à adivinhação e aos oráculos — *augur et fulgente decorus arcu*, "áugure ornado de fulgente arco" (Horácio, *Carmen Saeculare*, v. 61); à poesia — *acceptusque nouem Camenis*, "querido pelas nove Camenas" (Horácio, *Carmen Saeculare*, v. 62); e à medicina — *arte salutari*, "arte salutar" (Horácio, *Carmen Saeculare*, v. 63).

1.3. A prece do hino horaciano

Na quarta estrofe da ode I, 21, é apresentada a súplica a Apolo: que ele afaste de Roma e de César a guerra, a fome e a peste, enviando-as contra os povos bárbaros que ameaçam os limites do Império. Segundo Fraenkel (1959), aí se expressa antes a promessa de realização de um pedido, e não propriamente um pedido. Além disso, nota-se a combinação do desejo de prosperidade própria e do próprio povo com o desejo de desgraça sobre o inimigo (persas e bretões). O estudioso ainda destaca que, uma vez que apenas César Augusto poderia afastar as ameaças que se impõem contra o Império, nessa estrofe, o hino ou a prece torna-se um canto patriótico. A associação desses dois aspectos, religioso e político, no entanto, é harmoniosa, já que Apolo era reconhecido como patrono de Augusto e de seu regime.

2. Cantos medievais em louvor à Virgem: o cancioneiro do *Llibre Vermell de Montserrat*

O *Llibre Vermell de Montserrat* é um manuscrito datável do fim do século XIV (Martinelli, 2012, p. 136; Alarcón Román, 2007, p. 30), que contém conteúdos litúrgicos e um conjunto de cantos medievais. Encontra-se atualmente na biblioteca do mosteiro de Montserrat, na Catalunha, e a denominação de "livro vermelho" deve-se à sua encadernação nessa cor no século XIX. Era originalmente composto por 172 fólios, dos quais restam 137.

Os fólios de número 21 a 27 abrangem peças musicais anônimas em latim, occitano e catalão. A composição do cancioneiro tem como *terminus ad quem* a primeira metade do século XIV (Gómez, 1981, p. 86) e, das dez canções, três são caças (ou cânones), duas são composições polifônicas e cinco são danças. Como o mosteiro de Montserrat constitui, desde o período medieval, lugar de peregrinação em honra da Virgem (no caso, a Virgem Negra de Montserrat, também chamada de *La Moreneta*), as canções foram compostas para que os peregrinos pudessem cantar e dançar nas vigílias ou na praça durante o dia.

Centramo-nos na canção polifônica *Mariam Matrem Virginem, attolite* ("Exaltai Maria, Mãe Virgem"), que é uma composição em louvor não só de Santa Maria, mas também de Jesus Cristo. O texto tem como voz poética um conjunto de fiéis ou peregrinos, que exortam a Virgem e Jesus, rogando-lhes auxílio em meio à dispersão mundana, às vaidades, dores e sofrimentos.

Apresento abaixo a transcrição que fiz do texto latino, a partir da edição fac-similar do *Llibre Vermell de Montserrat*,[7] juntamente com minha proposta de tradução para o português. Para a transcrição, foram adotados os critérios de uma edição paleográfica, que são razoavelmente conservadores, por serem mantidos todos os elementos presentes no modelo. Empreendi apenas o desenvolvimento dos sinais abreviativos (assinalados em itálico) e a demarcação dos caracteres situados nas entrelinhas, indicados por parênteses uncinados duplos « ».[8]

7. Transcrição realizada a partir do fólio [25r] da edição fac-similar do *Llibre Vermell de Montserrat* (1989). Disponível em: <http://www.cervantesvirtual.com/obra-visor/llibre-vermell-de-montserrat--0/html/>

8. Para mais detalhes acerca dos principais tipos de edições e seus critérios, veja-se Cambraia (2005, p. 90-132).

Mariam Matrem Virginem atollite

Mariam matrem uirginem attollite
Ihesum «*Christum*» extollite concorditer.

Maria seculi asilum defende «nos».
Ihesu tutum refugium exaudi nos.
Iam estis nos totaliter diffugium
totum mundi confugium realiter.

Ih*es*u supprema bonitas uerissima.
Maria dulcis pietas gratissima.
Amplissima conformiter sit caritas.
Ad nos quos pellit uanitas enormiter.

Maria u*ir*go humilis te colim*us*
Ih*es*u desid*er*abil*is* te querim*us*.
Et uolumus mentaliter in sup*er*is
Frui cum s*anct*is angelis p*er*hepniter.

Ih*es*u p*ro* pecc*at*orib*us* qui pass*us* es
Maria sta p*ro* o*mn*ib*us* que mater es,
Nam o*mn*es nos labilit*er* subsistim*us*
Iuvari unde petim*us* flebilit*er*.

Maria facta seculis saluatio
Ih*es*u da*m*nati hom*in*is redemptio
Pugnate q*ua*m uíriliter p*ro* famulis
P*er*cussis duris iaculis atrociter.
(transcrição nossa)

Exaltai Maria, Mãe Virgem

Exaltai Maria, Mãe Virgem,
celebrai Jesus Cristo harmonicamente.

Maria, proteção do mundo, defende-nos.
Jesus, refúgio seguro, escuta-nos.
Estando nós totalmente dispersos, agora vós
sois todo o amparo do mundo, realmente.

Jesus, bondade suprema, cheia de verdade.
Maria, doce piedade, cheia de graça.
Que, igualmente, larguíssimo seja teu amor
por nós, a quem a vaidade agita enormemente.

Maria, Virgem humilde, nós te honramos.
Jesus, desiderato, nós te buscamos.
E mentalmente queremos regozijar nos Céus
com os santos anjos eternamente.

Jesus, que sofreste pelos pecadores,
Maria, que és mãe, fica em favor de todos;
de fato, todos nós debilmente sobrevivemos,
por isso, pedimos ajuda chorosamente.

Maria, feita salvação do mundo,
Jesus, redenção do homem condenado,
lutai corajosamente por vossos servos
trespassados por duras flechas cruelmente.
(tradução nossa)

No texto, como é característico das composições hímnicas, são apresentados epítetos para as duas figuras santas: Maria é "proteção do mundo" (*seculi asilum*, v. 3), "doce piedade" (*dulcis pietas*, v. 8), "cheia de graça" (*gratissima*, v. 8), "Virgem humilde" (*uirgo humilis*, v. 11), "salvação do mundo" (*seculis saluatio*, v. 19); Jesus é "refúgio seguro" (*tutum refugium*, v. 4), "bondade suprema e cheia de verdade" (*supprema bonitas uerissima*, v. 7), "desiderato" (*desideratum*, v. 12), "redenção do homem condenado" (*damnati hominis redemptio*, v. 20). Além disso, o caráter exortativo é claramente marcado pela ampla presença de imperativos — "defende-nos" (*defende nos*, v. 3), "escuta-nos" (*exaudi nos*, v. 4), "fica" (*sta*, v. 16), "lutai" (*pugnate*, v. 21) — e pelos vocativos de invocação de Maria (v. 3, 8, 11, 16, 19) e Jesus (v. 4, 7, 12, 15, 20).

Quanto à estrutura da canção, é interessante observar a ocorrência de uma alternância discursiva. O refrão, composto por dois versos, dirige-se não às figuras santas, mas aos demais peregrinos e fiéis, exortando-os a louvar Maria e Jesus. Já nos quartetos, a voz poética passa a dirigir-se diretamente às figuras sagradas, mesclando o louvor com as súplicas por auxílio. Ademais, alterna-se também a ordem de invocação ao longo dos quartetos: nas estrofes ímpares, Maria é invocada no primeiro verso, ao passo que, nas de número par, é Jesus que ocupa esse lugar, o que confere uma estrutura balanceada e certa simetria à canção.

O texto em latim é altamente musical e explora exaustivamente o emprego da rima (ou *homoioteleuton*). Os dois versos iniciais de cada quarteto rimam sempre entre si; os versos finais de todas as estrofes têm a mesma terminação (*-iter*), que é empregada como rima interna com o terceiro verso dos quartetos (por estrofes: *totaliter* e *realiter*; *conformiter* e *enormiter*; *mentaliter* e *perhepniter*; *labiliter* e *flebiliter*; *uiriliter* e *atrociter*). A isso ainda se soma o fato de a palavra final do terceiro verso, por sua vez, rimar com a penúltima palavra do quarto verso de cada quarteto (por estrofe: *diffugium* e *confugium*; *caritas* e *uanitas*; *superis* e *angelis*; *subsistimus* e *petimus*; *famulis* e *iaculis*). Todos esses elementos estruturais são responsáveis por reforçar a musicalidade da canção e, desse modo, contribuir para que o canto acentue os rogos e o louvor, afinal de contas, "quem canta bem ora duplamente".

REFERÊNCIAS

ALARCÓN ROMÁN, Concepción. Las versiones medievales de la leyenda de Montserrat. *Studia Monastica*, Barcelona, vol. 49, fasc. 1, p. 29-73, 2007.

AVGVSTINVS HIPPONENSIS. *S. Aurelii Augustini Opera Omnia*: Patrologiae Latinae Elenchus. Disponível em: <http://www.augustinus.it/latino/index.htm>.

CAMBRAIA, César Nardelli. *Introdução à crítica textual*. São Paulo: Martins Fontes, 2005.

CATULLE. *Poésies*. Texte établi et traduit par Georges Lafaye. Paris: Les Belles Lettres, 1949.

FRAENKEL, Eduard. *Horace*. London: Oxford University Press, 1959.

GÓMEZ, María del Carmen. Más códices com polifonía del siglo XIV em España. *Acta Musicologica*, Basel, vol. 53, fasc. 1, p. 85-90, 1981.

HORACE. *Oeuvres complètes*: Odes et épodes. Texte établi, traduit, préfacé et annoté par François Richard. Paris: Librairie Garnier Frères, 1950.

MARTINELLI, Elsa. Nigra sum: fede, architettura e musica nell'Abbazia Benedettina di Montserrat. In: BERTOCCI, Stefano & PARRINELLO, Sandro (org.). *Sistemi progettuali e paesaggi culturali*: Atti del convegno internazionale di studi (Camaldoli 21-23 Settembre 2012). Firenze: Edizioni Firenzi, 2012. p. 131-137.

MISSALE ROMANVM. Editio Typica Tertia. Roma: Typis Vaticanis, 2002. Disponível em: < https://media.musicasacra.com/books/latin_missal2002.pdf >.

PENNA, Heloísa; AVELLAR, Júlia. (org.). *Odes e Canto Secular*. Belo Horizonte: FALE/UFMG, 2014.

SOBRE OS AUTORES

André Luís de Araújo é doutor e mestre em Letras - Estudos Literários pela UFMG. É graduado em Letras pela UFMG e em Filosofia e Teologia pelo Centro Sèvres Facultés Jésuites de Paris, tendo feito uma parte de seus estudos na Faculdade Jesuíta de Filosofia e Teologia, em Belo Horizonte. Como Professor da Universidade Católica de Pernambuco (UNICAP), desenvolve suas pesquisas teoliterárias, com ênfase em Literatura e Outros Sistemas Semióticos, Expressão da Alteridade e Estudos Culturais, em diálogo com a Filosofia e a Teologia.

Anna Palma é Doutora em Estudos da Tradução (2010) pela Pós-Graduação em Estudos da Tradução (UFSC) com a tese "La poetica della traduzione di Machado de Assis in italiano: O Anjo Rafael". Atualmente, é professora-adjunta IV da Faculdade de Letras da Universidade Federal de Minas Gerais, área de Língua e Literatura italiana, e suas linhas de pesquisa de interesse são: poéticas da tradução, literatura italiana do século XIX, Literatura Comparada. Colabora com o grupo de tradução do "Zibaldone di Pensieri" de Giacomo Leopardi ao português brasileiro (UFSC), e é sub-coordenadora do Grupo de pesquisa de Tradução de Teatro (GTT) da UFMG. Em 2013, publica, como co-organizadora, o livro "O Romantismo Europeu: Antologia Bilíngue". Em 2017, publica, também como co-organizadora, a coletânea intitulada "Teatro e Tradução de Teatro: Estudos", fruto do primeiro encontro internacional sobre o tema organizado pelo GTT.

Claude Tuduri ensina "História da Arte" e "Letras Modernas" há quase 20 anos em universidades de Paris. Na China, publicou sobre espiritualidade e estética em diferentes períodos, trabalhou com artistas em produções multimídia e colabora nas revistas *Christus* e *Études*.

Eduardo Cursino de Faria Chagas possui graduação em Letras pela Universidade Federal de Minas Gerais (2012). Tem experiência na área de Letras, com ênfase em Literatura Clássica e Medieval. Iniciou o mestrado pela Universidade Federal de Minas Gerais em 2013, concluído no primeiro semestre de 2015 com a dissertação "A Largueza nas Cantigas de Santa Maria". Atualmente, trabalha na tese de doutorado em literatura jurídica medieval.

Flávio Lages Rodrigues é bacharel em Teologia (2005) e especialista em Teologia Sistemática (2007) pela Faculdade Teológica de Belo Horizonte - FATE-BH. Atua também entre os jovens e adolescentes como palestrante em escolas, igrejas, clubes de futebol, faculdades, universidades e no sistema sócio-educativo. Possui vários temas de pesquisa, entre eles: *rock*, músicas nas igrejas, aspectos religiosos-cristianismo, evangelização, tribos urbanas, juventude, pós-modernidade, religião e contemporaneidade, religião e cultura e cena alternativa e *underground*. Atualmente, é mestrando PPGCR PUC-Minas e bolsista pela Capes.

Heloísa Maria Moraes Moreira Penna possui graduação em Letras (Licenciatura Português e Latim) pela Universidade Federal de Minas Gerais, mestrado em Estudos Linguísticos (Linguística Histórica) pela Universidade Federal de Minas Gerais, doutorado em Letras Clássicas pela Universidade de São Paulo e pós-doutorado em Letras Clássicas pela Universidade de Campinas (2016). É professora associada da Universidade Federal de Minas Gerais. Suas pesquisas tratam dos seguintes temas: Horácio, poesia e métrica latina, literatura e mitologia, Cláudio Claudiano e a épica da Antiguidade Tardia. Organiza o Festival de Culturas da FALE/UFMG e orienta grupo de poesia e canção em latim.

Jonas Miguel Pires Samudio é formado em Filosofia (2003), Teologia (2006) e Letras (2012). É mestre em Estudos Literários (UFU) e doutorando em Teoria da Literatura e Literatura Comparada (UFMG, bolsista CNPq), com pesquisa sobre a obra de Maria Gabriela Llansol. Escritor, publicou *a mais aberta* (2017) pela editora Cas'a'screver.

Júlia Batista Castilho de Avellar é doutoranda em Literaturas Clássicas e Medievais pela Faculdade de Letras da Universidade Federal de Minas Gerais, como bolsista Capes. É licenciada em Letras (Latim/Português) e mestre em Literaturas Clássicas e Medievais pela mesma instituição. Sua dissertação de mestrado foi premiada pelo Programa de Pós-Graduação em Estudos Literários (Pós-Lit/FALE/UFMG) como a melhor do triênio 2014-2015-2016. Tem desenvolvido estudos sobre a poesia latina do período augustano, com especial interesse na elegia e nas obras de Ovídio. É coautora da tradução para o português do *Dialogus de oratoribus* ("Diálogo dos oradores"), de Tácito (2014).

Luciene Antunes Alves posssui Licenciatura plena em Filosofia pela Universidade Federal de Minas Gerais; bacharelado na mesma instituição; mestrado em Filosofia pela Universidade Federal de São Paulo (linha: Subjetividade, Arte e Cultura). Estuda, principalmente, temas de ética, sujeito, liberdade e feminino nas obras de Goethe.

Luiz Paixão Lima Borges é doutorando em Literatura Brasileira na Faculdade de Letras da UFMG, na qual se titulou mestre em Literatura Brasileira e Bacharel em Letras. É dramaturgo e diretor de teatro.

Marcel de Lima Santos é Ph.D. em Estudos Literários pela University of Nottingham, na Inglaterra (2003). Atualmente, é professor de Literaturas de Língua Inglesa da Universidade Federal de Minas Gerais e membro do Centro de Estudos Shakespeareanos. Tem experiência na área de Letras, com diversos livros, traduções e artigos científicos publicados, inclusive nos Estados Unidos, na Austrália e na Inglaterra, atuando, principalmente, nos seguintes temas: Literatura Inglesa, Religião, Poesia, Literatura Comparada e Etnopoética. Dentre suas obras publicadas, destacam-se: *The Ethnopoetics of Shamanism* (New York: Palgrave, 2014); *Jim Morrison: o poeta xamã* (Belo Horizonte: UFMG, 2013) e *Xamanismo: a palavra que cura* (São Paulo: Paulinas, 2007).

Matheus Trevizam é bacharel e licenciado em Letras pela Universidade Estadual de Campinas (Unicamp), além de mestre e doutor em Linguística pela mesma Instituição; realizou estágio pós-doutoral na Universidade de Paris-Sorbonne. Desde 2006, leciona na UFMG, onde atualmente é Professor Associado (nível 2) de Língua e Literatura latina. É autor de vários livros e traduções completas, entre elas a de Varrão, *Das coisas do campo*, indicada para o "Prêmio Jabuti" do ano de 2013, Catão — *Da agricultura* (2016) — e Ovídio — *Arte de amar* (2016).

Miriam Piedade Mansur Andrade possui graduação em Letras (Licenciatura — Inglês) pela Universidade Federal de Minas Gerais (2003) e mestrado em Estudos Literários: Literaturas de Expressão Inglesa pela Universidade Federal de Minas Gerais (2006). Doutora em Letras, Estudos Literários, pela Faculdade de Letras da Universidade Federal de Minas Gerais. Bolsista pós-doutorado Capes/PNPD do POSLIT - Faculdade de Letras da UFMG.

Principais áreas de atuação: os inícios da modernidade inglesa com John Milton e William Shakespeare; literaturas norte-americana e inglesa do século XIX; diálogos entre literatura e religião.

Paola Arcipreti dos Santos é mestranda em Letras pela Universidade Vale do Rio Verde (UNINCOR). Possui graduação em Letras pela Faculdade de Filosofia, Ciências e Letras Professor José Augusto Vieira (2001) e graduação em Pedagogia pela Universidade Federal de Juiz de Fora (2010). Atualmente, é professora da educação básica no Estado de Minas Gerais. Tem experiência na área de Letras, com ênfase em Letras, relações entre Literatura e Música Popular Brasileira e Formação de leitor.

Sérgio Lima possui graduação em Letras pela UFMG. É mestre em Teoria da Literatura pela Universidade Federal de Minas Gerais, com enfoque nos seguintes temas: literatura portuguesa, negatividade e intersubjetividade na literatura, literatura e sociedade, modernidades literárias, filosofia e política. Atualmente, é doutorando em Estudos Literários pela Universidade Federal de Minas Gerais, com pesquisa em torno dos campos poesia, crítica e filosofia. Atua nas áreas de literatura, filosofia, crítica literária, poesia portuguesa, poéticas do contemporâneo, negatividade e linguagem. É membro do Núcleo Walter Benjamin. Tem por área de atuação as Literaturas Modernas e Contemporâneas e como linha de pesquisa as Literaturas e políticas do contemporâneo.

Tereza Virgínia Ribeiro Barbosa é licenciada em Letras pela Universidade Federal de Minas Gerais (UFMG), além de mestre pela mesma universidade, doutora pela Universidade Estadual Paulista (Unesp/Araraquara) com estágio sanduíche pela Universidade de Coimbra (Portugal). Desde 1983, leciona na Faculdade de Letras da Universidade Federal de Minas Gerais (UFMG), onde atualmente é professora Titular em Língua e Literatura grega. É autora de vários livros e traduções bem como das adaptações de Homero para quadrinhos, *Ilíada* e *Odisseia* indicada para o Acervo Básico do Livro Infantil e Juvenil pela Fundação Nacional do Livro Infantil e Juvenil (FNLIJ), 2014.

Tiago José Theisen possui graduação em Filosofia (2010) e Teologia pela FAJE (2014). Mestre em Filosofia pela Faculdade Jesuíta de Filosofia e Teologia (FAJE) / Bolsista CAPES. Bacharel em Filosofia e Teologia.

ÍNDICE REMISSIVO

1ª EDIÇÃO [2018]

Esta obra foi composta em Minion Pro e Din sobre papel
Pólen Bold 70 g/m² para a Relicário Edições.